Rosas de papel

Olga Nolla

Rosas de papel

ALFAGUARA

ROSAS DE PAPEL
D. R. © Olga Nolla, 2001

 ALFAGUARA M.R

De esta edición:
D. R. © Aguilar, Altea, Taurus, Alfaguara, S.A. de C.V., 2002
Av. Universidad 767, Col. del Valle
México, 03100, D.F. Teléfono 5688 8966
www.alfaguara.com.mx

- Distribuidora y Editora Aguilar, Altea, Taurus, Alfaguara, S.A.
  Calle 80 Núm. 10-23, Santafé de Bogotá, Colombia.
- Santillana S.A.
  Torrelaguna 60-28043, Madrid, España.
- Santillana S.A.
  Av. San Felipe 731, Lima, Perú.
- Editorial Santillana S.A.
  Av. Rómulo Gallegos, Edif. Zulia 1er. piso
  Boleita Nte., 1071, Caracas, Venezuela.
- Editorial Santillana Inc.
  P.O. Box 19-5462 Hato Rey, 00919, San Juan, Puerto Rico.
- Santillana Publishing Company Inc.
  2005 N. W. 86th Avenue, 33122, Miami, Fl., E.U.A.
- Ediciones Santillana S.A. (ROU)
  Constitución 1889, 11800, Montevideo, Uruguay.
- Aguilar, Altea, Taurus, Alfaguara, S.A.
  Beazley 3860, 1437, Buenos Aires, Argentina.
- Aguilar Chilena de Ediciones Ltda.
  Dr. Aníbal Ariztía 1444, Providencia, Santiago de Chile.
- Santillana de Costa Rica, S.A.
  La Uruca, 100 mts. Oeste de Migración y Extranjería, San José, Costa Rica.

Primera edición: marzo de 2002

ISBN: 968-19-0956-9

D. R. © Diseño de cubierta: Angélica Alva Robledo, 2002

Impreso en México

Índice

Primera parte:

El baile del gobernador

Segunda parte:

Quiéreme mucho

Epílogo:

Cierra los ojos y verás

A mi padre J.A.B. Nolla dedico este intento por conocer su mundo, el Puerto Rico de los gobernadores norteamericanos; y también lo dedico a mi hija Olga Isabel, mi mejor amiga.

Agradezco la ayuda de Carmen Silvia Arroyo Zengotita y Norma López de Victoria, bibliotecarias del Centro de Estudios Avanzados de Puerto Rico y del Caribe, por haberme facilitado los documentos históricos que prendieron la chispa de mi inspiración. Agradezco también la colaboración de la doctora Mercedes Casablanca en los procesos de investigación histórica. Otras personas de la Universidad Metropolitana que contribuyeron con su ayuda al desarrollo de esta historia fueron el director del Departamento de Humanidades, el señor César Cruz Cabello, por apoyar mis funciones como escritora residente de la universidad, y el señor rector, doctor Federico Matheu, por concederme el puesto de escritora residente durante los años 2000 y 2001. Agradezco también la asesoría de la profesora de Historia Nilsa Rivera y de los profesores del laboratorio de computadoras Roxana Santos, Edgardo Millán, Daniel Malavé y María Miguel. Agradezco, finalmente, la asesoría en lo referente a la música popular del cineasta Radamés Sánchez.

Primera parte:
El baile del gobernador

1

En aquel tiempo, los niños desnudos con las barrigas hinchadas de lombrices se sentaban en los escalones esculpidos en el barro rojo de la montaña y sus madres les escarbaban las cabezas para extirpar las liendres que se les adherían a los pelos. Las tropas de una joven nación, que se convertiría a lo largo del siglo en la más poderosa que jamás se hubiera visto sobre la faz de la tierra, habían arribado a la isla de Puerto Rico hacía ya algunos años y los valles de las costas estaban divididos en zonas de cultivo, piezas de cepas de caña de azúcar atravesadas por callejones de tierra y zanjas de desagüe. En hileras primorosamente dibujadas crecía aquella yerba bendita o quizás maldita que Dios quiso prosperara en los climas tropicales y Colón trajo a América en su segundo viaje. Oriunda del Tíbet y del subcontinente de la India como la yuca y el coquí son de Puerto Rico, la caña de azúcar fue llevada al sur de España por alguien cuyo nombre se ha perdido entre los escombros de los años.

Los españoles cultivaron la caña de azúcar en las islas del Caribe que lograron colonizar antes de que las otras naciones europeas les arrebataran las más pequeñas. En aquellos días cada nación ambicionaba poseer un pedacito de trópico donde cultivar la caña de azúcar. De esta manera vino a suceder que nuestras islas fueron las fincas donde se producía aquello sin lo cual no podían confeccionarse los bizcochos, las mermeladas, las tartas y los chocolates de una Europa adicta al placer del paladar. Poseer un pedacito de tierra donde hacer azúcar resultaba indispensable a la libertad de las naciones europeas y a la vida de los palacios con pasillos de espejos iluminados por lámparas colgantes. Inglaterra y Francia, Dinamarca y Holanda agarraron cada uno su pedazo de costa tropical como elemento indispensable en la carrera hacia la modernidad. Cada diciembre, entonces, las costas de las islas del Mar Caribe se vestían de un blanco perlado como si fueran novias conducidas al altar, pues de las altas yerbas sembradas en los valles surgían espigas espumosas de flores y semillas. Luego, más tarde, los europeos encontraron que podían extraer cristales de azúcar al hervir remolachas que sembraban en la mismísima Europa y ya nuestras islas perdieron un poco su razón de ser. Pero, por algunos años todavía, el cultivo de la caña de azúcar trazó su ruta económica. En Puerto Rico, muy particularmente, sucedió después de que llegaran las tropas estadounidenses y se instalara una administración colonial de acuerdo al modelo británico y a tono con el mercado mundial.

Tomás Alberto Herrera Sanmartín nació en el 1902. Amaneció con el siglo, como dirían nuestros poetas de entonces, floridos en el decir en tribuna política y en sus galanteos con las damas. Amaneció con el siglo y con una nueva administración de gobierno que hablaba en inglés. Doña Josefa Sanmartín, que se había criado en las haciendas cafetaleras de Maricao, no entendía una palabra de lo que decían aquellos señores, pero cuando se encontró encinta de su segundo hijo supo de inmediato que era varón. Un ángel se lo dijo. Ella ayudaba a la jovencita que le lavaba la ropa a colgar los pantalones del marido a secar al sol cuando oyó un murmullo de alas grandes y creyó sería un águila de ésas que vuelan bajito buscando nidos para robar los huevos a los ruiseñores y a los pitirres.

—Será un varón y lo llamarás Tomás Alberto —dijo una voz susurrante como las ramas del bosque.

Doña Josefa lo miró y pensó que soñaba. Era esbelto y trigueño, de pelo hasta los hombros y manos fuertes. Vestía una túnica azul probablemente de hilo y tenía unas alas de plumas blancas como ella nunca había visto en gallina alguna. Había soñado ángeles así, pero no esperaba que fueran como los había soñado. Pensó por eso que aún elucubraba disparates y miró a la jovencita que la acompañaba a tender ropa para así despejar el engaño. La niña miraba al ángel tan embelesada que no parecía estar en este mundo. Al parecer no sueño, se dijo doña Josefa, qué suceso tan extraordinario. Puso ambas manos sobre su vientre y el ángel sonrió. Entonces alzó el vuelo lentamente, extendiendo las alas en un sube y baja cadencioso y leve hasta ir ganando altura y perderse sobre las copas de los árboles y los copos de nubes blancas que salpicaban el cielo.

La joven, que se llamaban Adela, se arrodilló frente a ella y le beso las manos.

—¡Oh señora, es usted bendecida entre todas las mujeres! —dijo conmovida.

Josefa Sanmartín se sintió extraña, no era para tanto, murmuró para sí; en realidad, cada niño que va a nacer es un milagro de Dios y amerita un ángel que lo anuncie; no significa nada, no me voy a asustar. Acarició el pelo de Adela y la hizo poner de pie.

—No te quiero de rodillas, nena, eso no.

Lo mismo le diría a los hijos que iría pariendo a través de los años porque su padre se lo había inculcado desde que tenía uso de razón.

—Hay que ser orgulloso, sin dignidad la vida no vale la pena —le murmuraba siempre el viejo cafetalero—. Hay que darse a respetar —repetía.

Al decir esto, su padre miraba hacia el cielo nuboso que asomaba la cara entre las altas ramas de los árboles de la montaña.

Nunca dudó que él tuviera razón. La palabra de su padre, un administrador de fincas de café, era siempre final. Cuando don José Herrera se fijó en ella y la pidió en matrimonio, a ella ni se le ocurrió protestar. El señor Herrerra era un comerciante español que compraba café en las fincas de Maricao, había sido soldado por unos diez o quince años y ahora tenía un colmado en la plaza de Aguadilla, justo frente a la iglesia y cerca de la fuente del Ojo de Agua.

—¿Por qué al renunciar al ejército no regresaste a España, al pueblo de tus antepasados? —fue una de las primeras preguntas que le hizo Josefa cuando don José se sentó frente a ella en el ancho balcón frente a la casa.

—Me gustó Puerto Rico. Quise hacer mi hogar y construir una familia en esta hermosa isla habitada por gentes honradas y encantadoras y por mujeres bellas como usted —contestó don José.

—Umjú —pensó Josefa: tantas palabras bonitas no me huele bien el guiso, el que adorna tanto es para disimular.

Lo pensó pero no lo dijo.

No se atrevió a protestar cuando su padre le indicó que se casaría con don José Herrera dentro de un mes porque era un buen partido, era español y blanco y había siempre que mejorar la raza; y además, tenía un buen negocio en el centro de Aguadilla. Josefa viviría en el mismo pueblo.

Josefa dijo sí y se dejó tomar las medidas para el traje de novia, se lo dejó entallar y finalmente su madre y sus tías la emperifollaron para la boda, con velo y ramo de flores. Y se casó y la llevaron a vivir a una casa cerca de la playa donde en vez de arrullarla las ramas del bosque sacudidas por la brisa la dormían las olas al lamer las arenas. Exactamente nueve meses después de la noche nupcial nació Carlos Enrique y a los tres meses de nacer éste ya estaba esperando a Tomás Alberto.

Al perderse el ángel entre las nubes, se tocó la barriga otra vez. Se alegraba de que fuera varón, era lindo que el ángel se lo hubiera dicho. Así José Herrera se tranquilizaba porque ya tendría dos hijos varones que perpetuaran su apellido y su negocio. Ojalá ahora le permitiera descansar un poco. Josefa anhelaba pasar el día mirando el mar sin pensar en otra cosa a ver si aprendía a quererlo, a ver si se acostumbraba a ese cuerpo de agua salada que se perdía en el horizonte y que la separaba de otras tierras donde otras mujeres como ella suspiraban por lo desconocido.

Se tocó la barriga y sonrió, como había hecho el ángel. Adela quiso ponerse de rodillas otra vez.

—No, mija, te he dicho que no —y la puso en pie. También le dijo:

—Vas a guardarme este secreto. Que nadie sepa que vino el ángel. Sólo tú y yo, ¿me oyes?

—Sí, señora —balbuceó Adela.

No sólo le guardaría el secreto durante toda su vida sino que jamás abandonaría su servicio, convencida que había sido marcada para siempre por la visita del ángel. Sus hijas y sus nietos servirían a los Herrera Sanmartín sin cuestionarse que pudieran hacer otra cosa.

Tomás Alberto Herrera Sanmartín nació entonces en el pueblo de Aguadilla, en la costa noroeste de Puerto Rico, una noche sin luna del 1902. Una partera ayudó a Josefa a parir; durante tres o cuatro horas la señora Herrera gritó sin poderse aguantar. Después, la partera le dio el nalgazo de rutina al bebé y éste también gritó con toda la fuerza de sus pulmones. Que era mucha. Nadie dudó que este niño iba a llegar lejos. Desde bebé sabía lo que quería. Miraba fijo al hermano y le arrebataba los juguetes sin pedirlos y sin preguntar. Claro que el otro, Carlos Enrique, protestaba a gritos. No tenía un pelo de bobo, no señor, pero Tomás Alberto era demasiado. Josefa se asombraba de su inteligencia, ya a los tres años se sentaba a conversar con su papá y con su hermano y sabía leer y escribir. A los cinco años ingresó en la escuela y lo fueron saltando de grado hasta que se graduó de Escuela Superior a los quince. En la graduación recitó un poema de Campoamor y otro de Rubén Darío. También recitó a Walt Whitman:

I hear America singing, the varied carols I hear,
Those of mechanics, each one singing his as it
should be blithe and strong,
The carpenters singing his as he measures his
plank or beam,
The mason singing his as he makes ready for
work, or leaves off work,
The boatman singing what belongs to him in
his boat...

Era un asombro escuchar a Tomás Alberto recrear los
acordes de la canción de América que Whitman construyó con el esfuerzo honrado de sus trabajadores.
Pronunciaba cada palabra con precisión y fluidez, los
versos salían de su boca como si cantara acompañado
de una guitarra. Eran un asombro en verdad aquellos
versos que cantaban al trabajo de los humildes, pensó
Tomás Alberto, y sintió que los versos le llegaban a lo
más hondo del corazón al recitar el canto a Lincoln:

O Captain! My Captain!
Our fearful trip is done,
The ship has weathered every rach,
the prize we sought is won.

Ese fue el año que los puertorriqueños fueron declarados ciudadanos americanos, el 1917, y la graduación era una fiesta para celebrar el acontecimiento.
Por eso los niños recitaron a Edgar Allan Poe:

Tell me what thy lordly name is on the Night's
Plutonian shore!
Quoth the Raven; "Nevermore".

Hacia el final de la ceremonia Tomás Alberto tuvo que recitar de memoria la Declaración de la Independencia de los Estados Unidos de Norteamérica. Como escribió Thomas Jefferson en 1776, declamó:

> We hold these truths to be self-evident, that all men are created equal, that they are endowed by their creator with certain unalienable Rights, that among these are Life, Liberty and the pursuit of Happiness.

Luego cantaron el *Star Spangled Banner*.

Quizás el maestro de inglés, el señor Perkins, lo hizo para darle por la cabeza a don José Herrera, que era un español terco que no había querido renunciar a la ciudadanía española cuando se hicieron los cambios oficiales, pero lo cierto es que lo hizo y don José no lo esperaba. Se sentía incómodo sentado en el salón cerrado de una escuela norteamericana, escuchando a su hijo recitar de memoria un texto del cual no entendía ni una palabra.

—Cuando vaya al colmado me las cobro —pensó—. Le venderé cebollas podridas.

Doña Josefa tampoco entendía ni papa del largo discurso de su hijo, pero se admiraba de su memoria prodigiosa, de su facilidad de palabra, de su dominio del inglés y de la perfecta tranquilidad y compostura con que se dirigía a los presentes. Al parecer varios funcionarios del gobierno norteamericano que allí estaban pensaron lo mismo, pues luego de la ceremonia le llovieron ofertas para estudios universitarios. Las universidades de Wisconsin, Columbia, Yale y Harvard, a través de representantes, se mostraron interesadas en facilitarle becas a Tomás Alberto, quien agradeció gentilmente a todos y tomó nota de las ofertas. También hubo ofertas de instituciones de filántropos norteamericanos como Mellon y Guggenheim. Como estaba tan joven, quince años todavía, no se veía obligado a tomar una decisión de inmediato, de modo que decidió pensarlo por un año y durante ese tiempo trabajar con su padre en el colmado. Don José Herrera al principio no quería, deseaba cosas mejores y más elevadas para sus hijos y más aún para éste, que dominaba a la perfección el lenguaje de los invasores, pero luego accedió porque tal vez no era mala idea que Tomás Alberto entendiera lo que era un trabajo duro y sacrificado, cuestión de disciplina, aunque por las tardes y durante los veranos sus hijos siempre lo habían ayudado en la tienda, sí señor.

Pero no era lo mismo día a día desde las siete de la mañana a las siete de la noche durante meses y años. Josefa estuvo de acuerdo y el verano siguiente sus dos hijos mayores trabajaron en el colmadito, que se llamaba *El delfín de oro*. Carlos Enrique no había terminado su Escuela Superior y regresaría en agosto al salón de clases; entonces se quedaría Tomás Alberto solo con su padre, cogiéndole el golpe a los negocios, como hubiera dicho el abuelo de Maricao.

Tomás Alberto se levantaba a las seis de la mañana diariamente, tomaba café negro sin azúcar sentado frente a su padre, su madre y sus hermanos, y si acaso era posible comía algún pedazo de pan. Se sumergía en el trajín de la tienda de siete a doce, que era mucho porque casi todas las señoras del pueblo y los alrededores hacían sus compras de ocho a once más o menos. Las señoras más acomodadas venían acompañadas de sus sirvientas, que cargaban cestos para llevar los chorizos, el bacalao, los granos, el arroz y los tubérculos que hubiera disponibles, aceite de oliva si había llegado algún barco de España. Las señoras humildes venían solas o arrastrando una cadena de hijos y si no podían comprar bacalao compraban algunas yucas, malangas o yautías para matar el hambre.

Había señoras muy adineradas que se aparecían de vez en cuando. Eran las esposas de los dueños de las haciendas de caña de azúcar y aparecían en automóviles conducidos por choferes uniformados. Eran escasos los automóviles para el 1917, se dice que había unos cinco mil en toda la isla, así que tener uno era exhibir una condición de superioridad económica que no dejaba lugar a dudas. Los señores que se habían enriquecido con el alza en el precio del azúcar debido a la guerra en Europa no titubeaban en demostrarlo. Tomás Alberto era particularmente aficionado a los blancos pies calzados con zapatillas de gamuza francesa que bajaban de aquellos automóviles cuando el chofer uniformado abría la puerta. A pesar de los billetes verdes que les atiborraban los bolsillos, los señores no se habían zafado del gusto por el bacalao, el chorizo, las viandas y el arroz y habichuelas. No había día del pavo que se los amortiguara. Por eso las exquisitas señoras se veían obligadas a visitar *El delfín de oro*, y Tomás Alberto se embelesaba mirándolas y deseándolas, por qué no, claro que no lo confesaba a nadie, se mordía las ganas en el silencio y la oscuridad de su alcoba, aunque sospechaba que su padre no había dejado de notarlo.

2

Dos semanas antes de que las tropas norteamericanas desembarcaran en la isla de Puerto Rico por la Bahía de Guánica, el joven banquero John Dandridge Durham Chesterton escribió una carta a su cuñado Charles Cabot Spenser, quien en ese momento ocupaba un escaño senatorial por el estado de Massachusetts:

Querido Charles:

No dudo que vayamos a quedarnos con la isla de Puerto Rico. Ya conoces los éxitos de Teodoro Roosevelt en las colinas de Cuba. Como sabes que soy un imperialista empedernido, quiero ser de los primeros en llegar a la segunda isla. De territorio no es extensa, pero los que ocupen primera fila se quedarán con lo mejor. He averiguado y me dicen que allí la producción de azúcar es relativamente poca. ¡Esto hay que remediarlo de inmediato! Según he oído decir, los capitales locales no han podido dar completamente el salto de la producción en la hacienda a la producción en centrales azucareras. Hemos visto en Louisiana cómo el producto de la central es superior al de la hacienda y promete mayores ingresos.

Para comenzar, tengo planificada una empresa bancaria en unión a dos socios que están interesados en invertir. Podemos reunir un capital inicial de 200,000 dólares, pero pensamos que si el gobierno de los Estados Unidos nos designa depositarios de su capital operacional en Puerto Rico, esto nos daría un prestigio sin igual. Espero tu pronta atención a este asunto ya que puedes hablarle directamente al Presidente Mc Kinley.

Quedo en espera de tu respuesta,
J.D.D. Chesterton

La respuesta del sofisticado senador, cuya esposa era hermana de la esposa de J.D.D. Chesterton, no se hizo esperar.

Querido John:

Aplaudo tu iniciativa. La invasión será casi de inmediato, y al cabo de unas semanas te espero en Washington para los asuntos pendientes. Estoy de acuerdo en que no perderán tiempo en determinar cómo se van a dividir los despojos, aunque ten por seguro que la propiedad de los puertorriqueños, y hasta la de los españoles, será respetada.

Mis cariños a Louise. ¿No le importará cambiar Boston por Porto Rico, aunque sea por pocos meses? No dejes de preguntarle; Nannie no la querría infeliz y ella no está acostumbrada al trópico.

Saludos afectuosos,
Charles

Al escribir la anterior, Charles Cabot Spenser escribió otra carta dirigida personalmente al Presidente William Mc Kinley:

Querido William:

Unos caballeros de Boston, de la más elevada reputación, con abundante capital y amplio apoyo de otras empresas, están empeñados en fundar un banco en Porto Rico. Desean ser nombrados agentes fiscales del gobierno estadounidense. Mi interés en este asunto se debe al hecho de que mi cuñado, el señor J.D.D. Chesterton, de Kidder, Peabody y Compañía, es uno de los socios. Es hijo del Almirante Chesterton, a quien conoces. Quedaría en deuda contigo si me concedes este nombramiento.

Afectuosamente,
Charles Cabot Spenser

Unas semanas más tarde, J.D.D. Chesterton le escribe a su cuñado:

Querido Charles:

De Ford y yo arribamos a Washington bien apertrechados. Lo primero que hicimos fue reunirnos con el Secretario del Interior, a quien entregamos una carta de Henry Lee Higginson y Compañía. El Secretario Bliss fue muy atento y prometió hablar con Lyman Gage, el Secretario del Tesoro. Como te encontrabas en tu casa de verano en las costas de Nahant debido al accidente sufrido por tu hijo Charles Junior, que espero se encuentre completamente restablecido (¿qué es un tobillo torcido cuando sólo tienes cinco años?), procedimos a reunirnos en tu oficina con tu secretario particular, quien nos presentó a Charles Herbert Allen. El señor Allen, Subsecretario de la Marina, fue amabilísimo. Debes apreciarlo mucho, ya que te estuvo alabando durante toda la reunión. A él le interesa Porto

Rico y no descarta trasladarse a la isla a ocupar alguna posición oficial en un futuro no muy lejano. Nos hizo saber que el Presidente Mc Kinley veía con muy buenos ojos nuestra gestión y que, si fuera necesario, él personalmente nos presentaría al Presidente.

Al cabo el martes nos reunimos con Lyman Gage, quien fue igualmente amable y nos expresó que el Presidente no veía inconveniente alguno en que nuestro banco oficiara como depositario gubernamental. Gage nos pareció un personaje imponente. Su larga barba blanca y su chaleco de seda gris con alfiler de oro y perlas en la corbata le otorgaban un aire de gravedad solemne. Su vasta experiencia como presidente del First National Bank de Chicago y luego como presidente de la Asociación de Banqueros Americanos se traslucía en la autoridad con la que se dirigía a los presentes.

Todo parecía desenvolverse como habíamos planeado, pero abruptamente, el miércoles en la mañana, Gage cambió de actitud. Cuando fuimos a verlo a su despacho, nos atendió a regañadientes. El Presidente no está interesado en atenderlos, dijo. No hay por qué hacer ese nombramiento que ustedes gestionan, añadió, si se hace será dentro de algún tiempo, no hay prisa. Luego de decir esto siguió trabajando en sus papeles y no volvió a dirigirnos la palabra.

Yo me sentí insultado y De Ford, quien tiene el cuero más duro, se limitó a cuestionar las razones. Aquí hay gato encerrado, dijo para sí. No teníamos cómo averiguarlo, pero no nos dimos por vencidos. De inmediato me puse en comunicación con Charles Allen, quien nos informó que Mc Kinley ya había dado instrucciones a Gage para que nos otorgara el nombramiento.

Te aseguro que ignoro las razones que ha tenido Gage. Son un misterio. Claro que debe haber otros banqueros, y buenos amigos suyos, que desean el nombramiento. Sabía que no podía perder tiempo. El primero que llega se sirve con la cuchara grande. Los hombres de negocios no podemos olvidar este precepto. Me he enterado que la compañía North A. Trust de Nueva Jersey ha sido nombrada agente fiscal del gobierno norteamericano en Santiago de Cuba. Ya ves que no es cierto que los nombramientos pueden esperar. Debo mover este asunto. Si se te ocurre algo envíame un telegrama.

Cariños,

J.D.

La próxima carta de J.D.D. Chesterton fue escrita desde su elegante residencia en Clarendon Street, en Boston.

Querido Charles:

Regresamos a Nueva York con una copia del nombramiento en los bolsillos. Te aseguro que si no es así, no regreso de Washington. Es cuestión de proponerse las cosas y de tener fuerza de cara. El mundo es de los que se atreven.

El jueves me aparecí temprano en el despacho de Gage y le informé que él debía estar operando bajo premisas equivocadas, porque el Presidente me había enviado mensaje informándome que había dado instrucciones al Secretario del Tesoro para que nos diera el nombramiento. Gage me miró asombrado. Debe haberse preguntado: ¿Y este nene qué se ha creído? Me contestó que discutiría la cuestión con el Presidente en la reunión de gabinete que tenían esa misma mañana. Entonces me acordé de muchos de tus consejos y le dije que estábamos perdiendo tiempo y que aunque le agradecía sus cortesías era preferible que yo me reuniera personalmente con Mc Kinley.

Me miró de arriba a abajo, se mesó la larga barba blanca y dijo, olímpicamente:

—Bien, si usted cree poder obtener una entrevista.

Cuando regresé menos de una hora después, luego de haber visto al Presidente y con un mensaje indicando se prepararan los papeles del nombramiento para que él pudiera firmarlos lo antes posible, no tuvo más remedio que tragarse la rabia que sentía y ordenó a sus empleados que prepararan los papeles de la Secretaría del Tesoro. Esperé por ellos, los llevé a la oficina del Presidente, y luego que los firmara, regresé con ellos a la oficina de Gage. Estuve desde las diez de la mañana hasta las tres de la tarde en este correcorre. De Ford y yo regresamos a Nueva York en el tren de las cuatro de la tarde.

Mc Kinley me impresionó muy positivamente. Estaba informado de todos los trámites de nuestro negocio, detalle por detalle y parte por parte. Muestra mucho interés en los nuevos territorios que le hemos arrebatado a España, muy en especial en las Filipinas y en Porto Rico. Tiene verdadero interés en que nuestro negocio prospere y fue muy caballeroso. Creo que volveré a votar por él.

Gracias de nuevo y un abrazo a Nannie. Louise le escribirá mañana sin falta.

Cariños,
J.D.

La carta de Louise a su hermana Ana se lee así:

Querida Nannie:

Salimos para Porto Rico la semana próxima. Iremos en un transporte de la Marina. Llevaremos el primer depósito del gobierno, depósito del banco y nuestro equipaje. Aún no he decidido si llevarme la jaula de canarios. ¡No puedo vivir sin mis pajaritos! Pero debe haber pájaros preciosos en Porto Rico. J.D. está a cargo de toda la operación. Te digo que este marido mío es algo serio. No cesa de trabajar desde que sale el sol hasta entrada la noche. Casi no lo veo. Si así es aquí, ¿cómo será en Porto Rico?

Me entusiasma la aventura de viajar a un lugar exótico. Viviremos por unos meses en Ponce, la ciudad de mayor desarrollo industrial, y tendremos en el futuro una casa en La Central, pero también vamos a alquilar una casa en San Juan; cuestión de poder ir a las fiestas del gobernador Brooke. ¡No me las voy a perder! Ya te contaré. Un abrazo a Charles Junior, que me cuentan ya camina con ayuda de una muleta.

Miles de besos,
Louise

Ana le contesta unos días después:

Louise querida:

¡No vayas a beber el agua sin hervirla primero! Tienes que tomar muchas precauciones. No dejes que te piquen los mosquitos; transmiten infinidad de fiebres y otras enfermedades tropicales. Anoche conversaba con un profesor de Harvard que me explicó los complicados procesos de reproducción que tienen los insectos. Además de ser inteligentísimo, era guapísimo, dos factores que no siempre coinciden. En fin, que quedé impresionada. Le conté que mi hermana iba para Porto Rico y me advirtió de los peligros.

No te olvides de procurar a William; sé que estuvo a cargo de una división en la flota naval que atacó a Guánica el 25 de julio pasado. No me escribe hace años. ¡Ese hermano nuestro es un falso! Recuerdo que siempre mostró preferencia por ti. Debe estar viviendo en Ponce, aunque quizás el general Brooke se lo llevó para San Juan. Dile que me escriba. Sabes que lo adoro.

Besos,
Nannie

La próxima carta en este flujo de correspondencia entre las dos parejas es de J.D.D. Chesterton. Tiene fecha del 12 de septiembre de 1898, el lugar es Ponce y está escrita en el papel oficial de De Ford y Co.

Mi querido Charles C. Spenser:

Aún no he podido sopesar muy bien la situación, pues ha sido muy breve nuestra estadía, pero de algo estoy seguro: debemos apresurar el proceso de cambio de moneda. Las autoridades militares han determinado que dos pesos puertorriqueños de plata equivalen a un dólar estadounidense, pero no es seguro. Ayer De Ford y Compañía pagó 56 centavos estadounidenses por cada peso de plata para aligerar los negocios y el flujo de capital. ¡Los comerciantes quieren les paguemos de 63 a 67 centavos! Encuentro el trabajo interesantísimo; ¡me siento como un gallo de pelea! Por cierto que el domingo asistí a una gallera aquí en Ponce y no podía creerlo. Acaban de declarar ilegal el deporte de la riña de gallos y nadie se da por enterado. Los asistentes eran un populacho apasionado; gritan desaforadamente y gesticulan con ardor al hacer sus apuestas. Los gallos de pelea son animales bellísimos, de grandes plumas color marrón, tornasoladas, negras, blancas y amarillas, anaranjadas y azules. Algunos gallos son totalmente blancos. Tienen grandes crestas rojas, picos fuertes y espuelas feroces. Al pelear se despedazan unos a otros. Se sacan los ojos y la sangre salpica por todas partes. Es un espectáculo que me hace pensar en la chusma de la Roma de los césares.

En general, el panorama es prometedor. Aunque al cabo se decidiera pagarles 50 centavos por cada peso a los comerciantes puertorriqueños, mientras más pronto lo sepan, mejor será. Se aproximan la zafra azucarera y el recogido del café y con esta incertidumbre financiera el movimiento de capital va a estar limitado. Si surge la ocasión en el Senado, insiste en que urge tomar acción en el asunto.

Cariños,
J.D.

Pocos días después, J.D. Durham Chesterton envió otra carta al Senador Cabot Spenser:

Querido Charles:

En Ponce hemos padecido un brote de histeria colectiva. Circularon rumores de que iba a haber una revolución, un levantamiento de fuerzas nativas. Ya nos veíamos corriendo para abordar los barcos de la

Marina de Estados Unidos que por suerte velan las 24 horas por nosotros, anclados frente a las costas de Ponce. La silueta de sus quillas y sus potentes cañones se recorta contra el horizonte caribeño confiriéndole una belleza inigualable. También se regó el chisme de que había una epidemia de fiebre amarilla. Tuve que hacerle una visita al general Guy V. Henry, quien está al mando de las tropas en Ponce, y me aseguró que eran rumores escandalosos "de gente bochinchera que no tiene algo mejor que hacer"; esas fueron sus palabras.

El general Henry es un hombre alto, flaco y huesudo y con largos bigotes blancos, a quien no le gusta que le lleven la contraria. Es tuerto de un ojo y pasa con facilidad del tono afable al irascible. Él ordena y exige ser obedecido. Dicen que será el sucesor del gobernador Brooke. Por lo menos puedo afirmar que comunica seguridad.

Cariños a Nannie y a vuestro bello Charles Cabot Junior.

Un abrazo,
J.D.

Charles Cabot Spenser responde enseguida desde su casa de verano:

Querido J.D. Durham:

Ya he escrito al Presidente sobre el cambio de moneda y lo importante que resulta acelerar el proceso. Me dirijo a él personalmente porque no me imagino que el Secretario del Tesoro vaya a prestar atención a mis comentarios. Me han contado que Gage se encuentra resentido ante la manera en que

le pasamos por encima sin tomar en cuenta su autoridad.

No olvides informarme los detalles,

Charles

Charles Cabot Spenser fue reelegido senador por el
estado de Massachusetts en enero de 1899 y jugó un
papel determinante en las votaciones del Senado re-
ferentes al Tratado de París, donde se determinaron
los acuerdos de la Guerra Hispanoamericana. Tan
pronto se firmó el Tratado y fue aprobado por el Senado, J.D.D. Chesterton y sus socios compraron las
tierras donde establecerían la Central Aguirre. Por
decreto de Mc Kinley, el cambio de moneda oficial
se llevó a cabo en enero de 1899 y se pagaron 60
centavos estadounidenses por cada peso de plata puertorriqueño.

3

Josefa Sanmartín no entendía muy bien todos los cambios que se estaban llevando a cabo, pero sabía que las fincas de café en Las Marías y Maricao, donde ella se había criado, no estaban tan prósperas como antes. La gente decía que la culpa era del huracán. Sobre todas las cosas, ella se acordaba del rugido del viento; había sido como un ejército de leones desafiando a Dios. Era ensordecedor. La casa de madera donde vivían temblaba como si fuera un terremoto y no un temporal lo que estuviera sucediendo. La lluvia hinchada de viento azotaba la tierra y quería comerse las puertas y las ventanas de la casa. Sin duda era el ruido lo más que había marcado su alma, pero las maderas al ceder ante el empuje y ser arrancadas de sus goznes también dejaron su huella. El techo de zinc del balcón de enfrente voló. Hizo un ruido terrible al estrellarse contra unos árboles de toronja.

Ella se estremecía abrazada a la madre. Los cuatro hijos estaban acurrucados alrededor de las faldas de la madre y el padre los abrazaba a los cinco. Ellos sabían que él moriría si fuera necesario para que nada les sucediera. Fue un ocho de agosto de 1899 y hacía escasamente un año que los norteamericanos habían peleado en El Guasio. Era el día de San Ciriaco en el calendario de los santos y por eso le pusieron ese nombre a la violencia de aquella lluvia. Josefa Sanmartín recordaba que había salido el sol a las seis como todos los días y que a las ocho y treinta de la mañana volvió a oscurecer. Ya para las diez de la mañana parecía la noche más cerrada. No se veía ni lo que uno tenía enfrente y los pájaros del bosque habían enmudecido. Josefa tenía miedo de que el viento se chupara la casa. Se acordaba haber pensado que la oscuridad cerrada era una boca oscura que iba a tragárselos. Pero lo peor era el rugido de los leones en celo. Cuando fue amainando respiraron aliviados. Se tocaban unos a otros para comprobar que estaban vivos.

San Ciriaco destruyó el 80% de la cosecha de café y el 60% de los arbustos. Y el café no era como la caña de azúcar, que se siembra en hileras el pedazo de caña y enseguida retoña, crece y en doce meses se puede recoger una cosecha. Los arbolitos de café tardan varios años en dar fruto. De modo que le echaban la culpa del deterioro de los cafetales a San Ciriaco. Tal vez por eso su padre se la había entregado en matrimonio al español. Sería la necesidad.

Entregada como estaba a la crianza de sus hijos, Josefa no tenía tiempo para pensar mucho. Tres años después de nacer Tomás Alberto había nacido Margarita, y luego tres años después Luis César, y finalmente Mariaelisa. El ángel no había vuelto a anunciarle un bebé y eso la preocupaba, pero estaba conforme con el bienestar de su marido y con ver crecer a sus hijos bien fuertes y saludables. Casi no se enfermaban y, además, Tomás Alberto era un niño especial. El día de la graduación de Escuela Superior ella lo miraba y lo miraba y casi no lo podía creer: aquel jovencito alto y flaco de pelo negrísimo y abundante y ojos vivaces recitaba de memoria poemas de Walt Whitman y declamaba la Declaración de Independencia de Estados Unidos frente a una concurrencia de jíbaros que no entendían ni papa de lo que decía, pero que lo aplaudieron rabiosamente.

—Debe sentirse orgullosa de su hijo —le dijo míster Perkins en inglés al ir a felicitarla.

Ella miró a Tomás Alberto para que le tradujera y él, sintiéndose incómodo, bajó la vista. Carlos Enrique vino en su auxilio y, al entender, ella se sintió extraña y buscó a su marido, pero él había salido al patio para poder respirar porque se asfixiaba. Margarita, Luis César y Marielisa felicitaban al hermano superdotado mientras él parecía abochornado, miraba a su madre y a sus hermanos y miraba al señor Perkins y no sabía qué responder. Cosa rara, pensó Josefa Sanmartín, porque Tomás Alberto siempre, en toda ocasión, sabía qué decir. Y si no sabía se lo inventaba. El día de la graduación quizás fue demasiado halago y temía que su padre se enojara. Por eso fue mejor que trabajara aquel año en *El delfín de oro*. Desde que el mundo es mundo, vender bacalao, yuca y malanga no le había hecho daño a nadie.

A las doce del mediodía cerraban el colmado por una hora para subir a la casa a almorzar. Vivían en la segunda planta, con ancho balcón que abría a la plaza, con una sala, un comedor, cuatro dormitorios, un baño y una cocina. En los bajos, detrás de *El delfín de oro*, estaban los cuartos donde dormían las sirvientas, unas letrinas y las piletas de lavar ropa. Más allá del

patio donde tendían a secar las sábanas y los calceti-
nes, al otro lado de la Calle Comercio, se veía el mar.
Y también se escuchaban las olas romper contra las
piedras de coral y las arenas. A veces, mientras su padre se tomaba una breve siesta, Tomás Alberto caminaba hasta el Ojo de Agua, un manantial que manaba
al pie de la montaña que llegaba casi hasta la playa.
La gente decía que en el 1493 Cristóbal Colón se
había detenido a reabastecer de agua a sus barcos en
este manantial. Era lógico que así fuera, pues la sed
que abrasa las gargantas de los marinos los instiga a la
rebelión. En honor a la gesta heroica de Colón, el
gobierno español había construido unas paredes con
molduras neoclásicas a ambos lados del cauce, justo
donde afloraba el manantial. En las esquinas con pe-
destales de capiteles griegos se elevaban las estatuas
de mármol blanco; luego el agua caía en cascada a un
segundo nivel, a un estanque donde bebían caballos,
perros y gatos, y donde algunas mujeres recogían agua
para lavar ropa. Tomás Alberto serenaba su corazón
contemplando las tres mujeres de mármol blanco
mientras escuchaba el fluir abundante del río entre-
tejerse a los murmullos de las olas del mar.
  La Fuente de la Princesa del Ojo de Agua y el
parque que habían construido a su alrededor, al que
llamaban El Parterre, quedaban a unos escasos minutos de su hogar y desde muy niño los frecuentaba con
sus hermanos. Carlos Enrique y Margarita lo acompañaban a comprobar el milagro permanente del agua
brotando de la tierra. Ahora él venía solo porque ellos
asistían a la escuela. Fue un año que Tomás Alberto
nunca olvidaría porque lo acercó a su padre y comprendió el valor del trabajo. Simplemente, aunque

uno esté cansado, tiene que seguir adelante. Persistir y no aceptar la derrota, le decía don José.

—¿Por qué nunca has querido regresar a España? —le preguntó un día a su padre. Acababan de comprarle dos racimos de plátanos a un jíbaro que los había traído personalmente.

Lo miró a los ojos. El padre esquivó la mirada.

—Estoy bien aquí —respondió apretando las mandíbulas. Y se puso a contar los plátanos que tenía cada racimo.

—Dime entonces quiénes eran mis abuelos, cómo eran tus padres y qué hacían, dónde vivían...

—Otro día lo hago —dijo don José, tercamente hermético.

Pero ese día no pudo ser, porque unas horas más tarde don José cayó doblado sobre unas yautías que organizaba en dos canastos frente al mostrador. Sintió como si tocaran a la puerta de su mundo interior, dos golpes fuertes con el puño cerrado. Y luego se hizo la oscuridad. Tomás Alberto escuchó el estruendo de un cuerpo al caer sobre unas mesas de madera y corrió a socorrerlo. Cuando lo tomó en sus brazos ya no respiraba.

Tomás Alberto lloró sin saber por qué lloraba. Él nunca lloraba. Él era el más fuerte, él era un joven invencible. Además, los hombres no lloran. Pero su padre adorado, que pocas veces le había dado un beso, yacía inerte entre sus brazos. Sintió que lo vaciaban por dentro, y que en aquel desfiladero desértico que era su alma todos los pájaros eran negros.

Josefa Sanmartín también lloró a José Herrera. A través de los años había aprendido a amarlo por su honestidad y por cierta dulzura involuntaria que a veces se colaba entre los goznes de la armadura detrás de la cual escondía sus sentimientos. Después del entierro reunió a sus hijos y les dijo:

—Ahora yo estoy a cargo del negocio. Ustedes seguirán estudiando. Tomás Alberto y Carlos Enrique entrarán juntos a la Escuela de Leyes en Río Piedras. Margarita y Mariaelisa serán maestras. Es una profesión digna para una mujer. Es necesario que las mujeres se hagan de una profesión. Una sociedad de mujeres educadas será infinitamente más rica en pensamiento y obra. Luis César será médico. He observado que se la pasa jugando a que cura a los demás.

Su voz sonaba firme y serena y los hijos la escucharon en silencio. Nadie se atrevió a cuestionar su decisión. Sólo Tomás Alberto logró articular:

—Yo debo quedarme a cargo de *El delfín de oro*, madre, yo conozco el negocio, me he estado entrenando por un año.

Josefa Sanmartín casi gritó, algo descontrolada ahora:

—¡De ninguna manera! Usted estudiará universidad. ¡Especialmente usted! Era la voluntad de tu padre, ¿me entiendes, Tomás?

El tono autoritario casi se convertía en súplica. Los hijos percibieron las grietas con que el dolor resquebrajaba los muros de aquel carácter recio y no se atrevieron a protestar.

Desde aquel día Josefa se hizo cargo de los libros de contabilidad de *El delfín de oro*: la oferta y la demanda, las compras y los gastos, las ventas y las ganancias, la variedad de la mercancía. Tomás Alberto la instruyó todo lo que pudo y no dejó de asombrarse ante la inteligencia de su madre, quien parecía saberlo todo y siempre quería aprender más. No se conformaba con saber un poco de cada cosa. Cuando Carlos Enrique y él tomaron el tren hacia Río Piedras en agosto del 1919, iba tranquilo. Ya había hecho contacto con un campesino para que le suministrara carbón vegetal. Cada vez que vinieran a visitar a su madre y regresaran, llevaría los sacos como equipaje y los revendería en Río Piedras. Con lo que ganara se irían ayudando. Tomás Alberto no perdía el instinto de los negocios heredado del padre. Se hospedaron en una casa de familia en Río Piedras, una señora viuda que alojaba estudiantes y les lavaba la ropa para mantener a sus hijos. Carlos Enrique y Tomás Alberto compartieron una pequeña habitación donde apenas cabían los mosquiteros sobre los catres, pero al otro día se presentaron a clase en la Escuela de Leyes sonrientes y entusiasmados.

Una vez ingresados en la Escuela de Leyes viajaron con frecuencia a Aguadilla. El año anterior, el 11 de octubre de 1918, todavía estaban allí cuando tembló la tierra por más de dos minutos. Varias paredes de ladrillo se derrumbaron. En Aguadilla se cayó parte del techo de la iglesia. En *El delfín de oro* no hubo mayores daños, ya que la estructura era de maderas, pero no dejaron de romperse algunos potes de aceitunas y alcaparrados y algunas botellas de jerez. Pasaron el susto junto a su padre y a su madre y ayudaron a Josefa Sanmartín a sobreponerse. Pero a los pocos minutos de temblar la tierra volvieron a asustarse. Vieron a la gente en medio de la plaza gritando que el mar se retiraba de la costa y unos entraban al colmado a decir que venía el fin del mundo que mencionaba la Biblia y otros los instigaban a que huyeran hacia el monte. José Herrera se negó a moverse de su casa. Tanto él como su familia morirían de pie si era necesario y defendiendo lo que les correspondía, determinó sin dudar un instante. Bien sabía el viejo comerciante español curtido por los años, que al ellos abandonarlo eran muchos los hambrientos que invadirían el colmado para llevarse plátanos y yautías, bacalao, cebollas, arroz, café y calabazas. De manera que de allí no se movieron aunque escucharan temblando de miedo el regreso del mar que se había retirado; nunca lo vieron porque se refugiaron en la segunda planta, pero escucharon la ola romper y era un rugido como de una tropa de bestias feroces. La ola rompió en la Calle Comercio, paralela a la costa, y las aguas espumosas llegaron hasta la plaza y entraron al colmado por debajo de las puertas, de modo que el arroz se mojó y el azúcar también. Ellos arriba escucharon el mar fluir entre los cimientos de las casas y romper puertas y llevarse sacos, pero se abrazaron unos a otros y respiraron aliviados al ver cómo las aguas regresaban a la arena y al coral de las costas.

Fue cuando llegaron las noticias de Mayagüez que se asustaron de verdad. En Mayagüez, una ciudad un poco más al sur, bordeando la costa oeste, la tierra había temblado por más de dos minutos y se había producido una grieta en el fondo del mar frente a la ciudad. Al suceder esto, el mar se había retirado de la playa y había caído en el desfiladero submarino. Pocos minutos después, la grieta se cerró y el agua salió empujada por la presión del cierre hasta formar una ola gigantesca. Alguna gente que vivía en la playa, al ver que el mar se retiraba, corrieron al fondo a recoger peces y moluscos varados en la arena. Otros sintieron el poder de fuerzas sobrenaturales y se arrodillaron frente a imágenes del Sagrado Corazón de Jesús para pedirle clemencia. Aun otros, en medio de los escombros de sus viviendas, intuyeron que algo inexplicable iba a ocurrir y corrieron hacia el centro del pueblo, lejos del mar. Fueron los únicos que conservaron la vida. La ola arropó la costa y rompió una milla adentro. Sus aguas llegaron hasta el parque Suau y en su arrastre se llevaron mujeres, niños, ollas y cucharas, carros, bueyes y sacos de arroz. Miles de personas perecieron ahogadas.

Al otro día de la catástrofe Tomás Alberto y Carlos Enrique alquilaron unos caballos y fueron hasta Mayagüez. No podían creer lo que veían: cadáveres de seres humanos y animales esparcidos por todas partes, debajo de carretas de bueyes y arrinconados en los techos que permanecían en pie. Aquellas imágenes se les alojaron en el cerebro para siempre y desde entonces cobraron un respeto casi religioso al mar. Temieron por sus padres, que vivían tan cerca de las olas. Sucedió frente a Aguadilla y sucedió frente a Mayagüez y frente a toda la costa oeste, sólo que con más intensidad en unos lugares que en otros. Pero no nos morimos después de todo, y aquí estamos mi hermano y yo, y mi madre y mi padre y mis otros hermanos están en Aguadilla mientras esta pobre gente comienza a podrirse entre los escombros de una ciudad destruida, reflexionó Tomás Alberto.

—La vida es frágil —concluyó. Era mucho pensar para sus pocos años, casi parecía anticipar lo que sucedería, ya que pocos meses más tarde su padre murió entre sus brazos.

Al ingresar en las aulas de la Escuela de Leyes de la Universidad de Puerto Rico, Tomás Alberto impresionó a todos con los relatos del terremoto y la ola marina. El profesor le pidió que contara lo sucedido con lujo de detalles y lo que no recordaba se lo inventó, pero lo importante era, después de todo, cómo se expresaba. Y en eso no había quién se le parara al lado.

Ese primer año de estudios los hermanos estuvieron yendo y viniendo en tren de Aguadilla a Río Piedras. La parte más linda del viaje era cuando atravesaban el túnel de Guajataca. Ya en el segundo año, Tomás Alberto decidió aceptar una beca de la Universidad de Yale y otra de la Institución Guggenheim. Se decidió por Yale y no por Harvard por recomendación de un maestro en la Universidad de Puerto Rico. El profesor Dickens era graduado de Yale y sentía lealtad hacia su Alma Mater. Recibía anualmente la publicación de los egresados de Yale y asistía a sus reuniones. Por su parte Tomás Alberto se hubiera quedado en la Universidad de Puerto Rico, se sentía satisfecho con lo aprendido, pero míster Dickens insistió hasta convencerlo.

—Sólo te ofrecerán puestos importantes si eres graduado de Yale y Harvard o de alguna universidad perteneciente al Ivy League. El gobierno de Estados Unidos opina que sólo los graduados de estas universidades están capacitados para asumir puestos importantes, de responsabilidad pública —afirmó.

—¿Y eso es verdad? —cuestionó Tomás Alberto.

—Por supuesto que no, pero eso no importa —rió míster Dickens—. Importa lo que piensa el Congreso.

Y añadió:

—¿Tú crees que el mundo es como debe ser?

Tomás Alberto pensó en su padre y en los escombros de la ola marina de Mayagüez y respondió:

—No.

Míster Dickens volvió a reír:

—Pues ya has aprendido algo que te servirá de mucho en la vida.

Pero quedó aturdido cuando Tomás Alberto, en vez de quedarse pensativo, volvió a preguntar:

—¿Y quién decide cómo debe ser el mundo?

Míster Dickens puso una mano en su hombro:

—Muchacho, ¡la justicia! Eso mismo que estudias para ejercer la profesión de abogado.

Y sonriendo como quien dudara de lo que acababa de decir, míster Dickens le dio la espalda y caminó hacia las oficinas centrales de la universidad.

Tomás Alberto se fue entonces a Yale en New Haven, Connecticut, y allí estuvo tres años quemándose las pestañas de tanto leer y tomando café para no dormirse. Odiaba el frío y le hacía falta su madre.

También le hacían falta sus hermanos; jugar con ellos en la playa y en el Ojo de Agua de El Parterre; pero cuando se sentía desfallecer se acordaba de su padre y persistía.

En Aguadilla, mientras tanto, Josefa Sanmartín atendía *El delfín de oro* y criaba a sus hijos. Ya Margarita asistía a la Universidad de Puerto Rico y cursaba su primer año para adquirir una maestría en Educación, cuando Josefa sintió un batir de alas que la dejó sin aliento.

No puede ser, pensó, ¿será posible? Le ordenó a Adela que velara la mercancía y salió al patio de atrás.

Allí estaba, efectivamente, el ángel, con sus grandes alas blancas, su cabello hasta los hombros y su túnica azul.

—Pensé nunca volverías —dijo Josefa—. ¡Hace ya tantos años!

—No pareces haber desperdiciado el tiempo —observó el ángel. Y al decir esto la miraba de arriba a abajo.

—Mi marido murió hace tres años —ella apenas pudo decir.

—Lo sé —dijo el ángel—. Era un buen hombre. En Puerto Rico tuvo paz y encontró la felicidad.

Josefa hubiera querido averiguar quién era en verdad José Herrera, sus orígenes en España, en qué remota aldea nació, por qué nunca quiso regresar, pero no se atrevió a preguntar. El ángel, que sabía lo que ella hubiera querido averiguar porque a veces tenía el poder de leer el pensamiento, le advirtió:

—No quieras preguntar más. Debe bastarte con saber que fue feliz contigo.

Sonrió y la invitó a sentarse a su lado. Entre sábanas y toallas tendidas al sol, se sentaron sobre unas piedras y estuvieron un buen rato conversando. Al cabo Josefa temió que Adela se preocupara e hizo amago de levantarse, pero el ángel no se lo permitió.

4

Desde un apartamento en la calle Tetuán, en el Viejo San Juan, Louise le escribe a su hermana Ana:

Querida Nannie:

Todo lo encuentro divertido. En especial aquí en San Juan. Me asomo al balcón a menudo; la gente que pasa es muy interesante. Fíjate que yo pensaba que la población sería más africana, como sucede en las otras islas del Caribe, pero no es así. Una de dos, o no trajeron tantos esclavos a Porto Rico, o los trataron tan mal que se murieron más rápido que en las otras islas. En serio que sorprende, Nannie. Entre las clases acomodadas hay mujeres preciosas y caballeros muy elegantes. Además, son muy educados. Muchos caballeros han estudiado en España y tienen ese aire sofisticado que provee la ciudad europea.

He asistido a varias recepciones y han sido impecables; bien servidas por sirvientes uniformados que lucían guantes blancos. Las señoras puertorriqueñas son muy doctas en cuestiones de etiqueta; debo aprender de ellas cómo dirigir esta servidumbre, porque encuentro que los puertorriqueños son orgullosos. Es difícil darles órdenes; no les gusta obedecer. Esta noche ofreceremos una cena. Lo haré en una mesa para doce personas y la comida será servida por camareros con guantes blancos. ¡Hoy me estreno como anfitriona en Puerto Rico! Ya te contaré.

Cariños,
Louise

Una semana después, le escribió nuevamente a su hermana:

Querida Nannie:

La comida quedó como era de esperarse, pero me hiciste falta. Hubieras disfrutado las langostas frescas que serví de primer plato. Las acompañé con vino blanco italiano, es el mejor. Estaban verdaderamente deliciosas. Me las trajeron, vivas todavía, de un pueblito que se llama Loíza Aldea. La langosta del Caribe es más sabrosa que la de las costas de Massachusetts. Tiene un perfume inigualable. Ya las probarás el año próximo cuando vengas de visita a Porto Rico. Todos los señores y señoras invitados se desvivieron en alabanzas. Vino el gobernador Allen, que como sabes nos ha ayudado tanto, y vino un señor elegantísimo que se llama Luis Muñoz Rivera. Declama poemas para entretener a las damas, que en las fiestas suelen rodearlo toda la noche. A él no parece molestarle que las mujeres lo persigan. Tampoco a William parece molestarle. Me refiero a nuestro hermano. ¡Si vieras cómo lo asedian las señoritas! Él se pavonea entre ellas con su uniforme blanco de la Marina, sus seis pies de alto y sus galones de coronel sobre los hombros. Le hablé de ti y lo insté a que te escribiera. Me dijo que lo haría, pero nunca se sabe. Lo vi muy entusiasmado con una señorita. Espero no vaya a enamorarse, porque aunque ella es de familia muy distinguida y hablan inglés, es una gente diferente a nosotros. Uno nunca entiende lo que están pensando.

A veces me parece que me miran con resentimiento. No podría culparlos. Después de todo, invadimos su país y nos quedamos con las mejores tierras y con el gobierno. Yo en el lugar de ellos sentiría odio hacia los invasores, pero con ellos nunca se puede estar seguro. Ya sabes lo que sucedió cuando instalamos el gobierno civil. La gente no quería. Los hacendados protestaron. Preferían al General Davis, y ante el anuncio de que las tropas serían retiradas invadieron la oficina del general y se declararon en contra de la medida. Nosotros queremos proveerles un gobierno democrático y no parece interesarles. Tienen miedo. Claro que no todos. El señor Muñoz Rivera, el que te mencioné que declamaba poemas, no es así. Tampoco el señor Roberto H. Todd, quien también asistió a la cena. Lo que sí se perfila con bastante claridad es que el gobernador Allen no tiene muchos adeptos. No creo durará mucho en el puesto.

Cariños a Charles Cabot y a los niños,
Louise

Aunque John Dandridge Durham Chesterton nunca tuvo intención de establecer su familia el año entero y permanentemente en Puerto Rico, los primeros años le dedicó bastante tiempo a la organización de la central azucarera. Para el uso exclusivo de él y su familia y para uso del administrador mandó construir una casa, con anchos balcones alrededor, que los trabajadores del cañaveral llamaron *La casa grande*. Su construcción siguió el modelo de las haciendas cañeras de Louisiana, lo cual induce a pensar que veían la Central Aguirre como una extensión del sur de los Estados Unidos. Para uso de los contables, ingenieros, químicos y otros profesionales norteamericanos que laboraban en la central, construyeron unos ranchones o bungalows de madera trepados en socos. Les pusieron ventanas de tela metálica para impedir la entrada de los insectos porque las señoras norteamericanas se quejaban de las picadas de mosquitos. Una noche hubo que llevar un bebé hinchado al hospital debido a las picadas que lo habían crucificado.

Los balcones de las casas estaban entonces protegidos por tela metálica, al igual que las ventanas de los dormitorios y de la cocina. En las noches que volaban las polillas y las cucarachas se las veía chocar contra los alambres entretejidos. Detrás de la protección que proveían las telas metálicas, la noche tropical se sentía amenazante, millones de animales pululaban en sus árboles, yerbas, arbustos y enredaderas.

Los sonidos se revolcaban hasta sumar una honda respiración; era como el aliento de un monstruo semidespierto.

En la década de los veinte y para su propio uso, Durham Chesterton mandó construir un hotel de mampostería con balcones alrededor. Lo llamó el Hotel Americano. Sentado en los sillones detrás de las barandas de cemento invulnerables a las polillas, J.D. Durham veía el molino de Aguirre, las chimeneas, las oficinas centrales, la vía del tren que descargaba caña y las vías que iban hasta el muelle. Durham

Chesterton mantuvo siempre su residencia principal en Clarendon Street, Boston, pero viajaba a Aguirre por lo menos tres o cuatro veces al año. Le encantaba mirar, desde la colina donde colocó su Hotel Americano, las miles de cuerdas que incluían sus posesiones. Cuando Teodoro Roosevelt visitó a Puerto Rico en el 1906, J.D. no dejó de venir para atenderlo personalmente en *La casa grande*. Viajó en un buque directamente de Boston al muelle de Aguirre y se trajo consigo a su Louise y a las dos hijas que ya para esa fecha tenía. Luego le escribiría a Charles Cabot contándole del suceso.

Querido Charles:

Louise, las niñas y yo viajamos con el gobernador Beekman Winthrop a recibir a Teddy. Lo acompañamos desde San Juan hasta Mayagüez, porque sabes que Teddy decidió desembarcar por la costa oeste y luego cruzar la isla en tren y en automóvil para verla y apreciar la situación de los territorios adquiridos. Venía de Panamá, donde supervisó personalmente los trabajos de ingeniería que se están llevando a cabo en la construcción del Canal. Me mostró fotos. Tenía muchas porque, como sabes, Teddy viaja acompañado de un equipo de fotógrafos. Sabe cómo darse importancia y publicidad y promover su imagen. La construcción del Canal de Panamá es algo impresionante. Haremos posible que los océanos se conecten. ¿Te das cuenta de la importancia histórica de nuestra hazaña? Teddy sí que se da cuenta y no va permitir que las generaciones futuras lo olviden. La compara con la de Cristóbal Colón, y con las de Marco Polo y Magallanes.

Es un tipo simpático. Primero fue conmigo hasta el Ojo de Agua de El Parterre en Aguadilla, donde supuestamente Cristóbal Colón reabasteció de agua a sus barcos en el 1493. Teddy bebió agua de la elegante fuente adornada con estatuas de mármol blanco que construyeron allí los españoles. Creo que Teddy se sentía Cristóbal Colón, descubridor del Nuevo Mundo, cuando hundió sus manos en el agua cristalina del manantial. Juró que nunca había bebido un agua más deliciosa. Louise estaba horrorizada y se negó a beber ella y se lo prohibió a las niñas. Dijo que se contagiarían con enfermedades tropicales. Teddy se rió de ella y le preguntó si todas las señoras de Boston eran tan ridículas. Como él no es tipo de tenerle miedo a nada, hace burla de una mujer como Louise, pero ella lo que sucede es que es precavida. Lo malo fue que las niñas se rieron de su mamá y el Presidente las instigó a beber y bebieron con él. ¡Sólo tienen cuatro y seis años! Esperemos no se enfermen. Winthrop se vio obligado, por no parecer cobarde, a beber. Yo tomé la precaución de no hacerlo por dar apoyo a Louise y por no tener que soportar sus peleas después. Teddy pensaría que soy un imbécil.

Lo invité a la Central Aguirre, por supuesto, y me sorprendió que aceptara mi invitación. Viajamos por la costa sur y atravesamos San Germán y Ponce. Íbamos en tren y dondequiera que pasábamos la gente se alineaba a ambos lados de las vías y aplaudían a Teddy al pasar. A él le encantó la experiencia, especialmente cuando le tiraban flores silvestres, lirios y margaritas, y algunas le caían sobre los hombros y las puntas de los zapatos.

Ha tenido suerte nuestro Teddy. Hace cinco años era vicepresidente y ascendió a la presidencia cuando mataron a Mc Kinley. Nosotros estábamos consternados y a él le venía como anillo al dedo. Me acuerdo de aquella vez, en los jardines de la Casa Blanca, en que asistíamos tú y yo a un desayuno. Entonces era sólo vicepresidente, pero como era héroe de la Guerra Hispanoamericana todos estaban pendientes de él. Se convirtió en el centro de la atención del mundo entero cuando asumió la Presidencia de Estados Unidos. Pero no ha dejado de ser simpático. Recuerdo que en aquella ocasión se paseó por el césped montado en un caballo blanco de crines rizadas. Si veía que alguna dama lo contemplaba llena de admiración, halaba las bridas para que el caballo se encabritara un poco. Si podía pararse en las patas traseras mejor todavía. Es una imagen que siempre comunica poder y seguridad.

Algo parecido hizo en Aguirre. Me pidió caballos para que recorriéramos las fincas y nos facilitaron unos alazanes de paso fino verdaderamente preciosos. Tú los has montado cuando has venido de visita. Teddy quedó encantado con los animales. Eran de piel marrón, con estrellas blancas en la frente y crines rubias. Aquella tarde el sol iluminaba el mundo con una luz blanda y cabalgamos por los callejones de las piezas de caña por un buen rato. Al vernos pasar, los trabajadores aplaudían y en varias ocasiones Teddy paró su alazán en las patas de atrás para demostrarle a aquella gente lo macho que era su presidente.

Esa primera noche alojé al séquito de Roosevelt y al gobernador Winthrop y su familia en un hotel de Aguirre, y al Presidente Roosevelt lo alojé con nosotros en *La casa grande*. Puedes estar seguro de que en la lucha que libramos en el Congreso por conservar las tarifas a la caña de azúcar extranjera, de ahora en adelante tendremos un aliado. Al otro día regresamos a San Juan; diez automóviles en caravana subiendo por los riscos de la carretera que aquí llaman "La Piquiña". No hay duda de que los españoles eran tremendos ingenieros. Me enteré hace poco de que habían traído obreros de las Filipinas a trabajar en esta carretera. Se lo dije a Roosevelt y se interesó. No le conté lo otro que me contaron: que al terminar la carretera los españoles montaron a los filipinos en barcos, y que decían que supuestamente para devolverlos a las Filipinas, pero en vez de llevarlos hasta allá los tiraron en el mar para que se ahogaran. Eso puede ser un chisme de los puertorriqueños, ya sabes que odiaban a los españoles; por eso no se lo conté a Roosevelt. No vaya a pensar que soy un chismoso, aunque no dudo de que esté dispuesto a pensar mal de los españoles y alimentar la leyenda negra. Casi todos los políticos son unos chismosos.

Regresamos a San Juan y esa segunda noche dormimos en la residencia oficial de Beekman Winthrop, el palacio de Santa Catalina que también llaman La Fortaleza. A Roosevelt le encantó la casa y el romanticismo de sus escaleras de mármol y sus lámparas de cristales franceses. Con sus grandes bigotes y sus trajes de chalecos de seda, no dudo que Teddy fantaseara que era un príncipe de otros tiempos.

No hace daño jugar. Teddy sabe quién es y sabe lo que quiere. Entiende que los Estados Unidos es una nación poderosa. Quiere que seamos cada vez más poderosos y más libres. La mayor parte de los norteamericanos le agradecemos su audacia. Estamos orgullosos de tener un presidente como él. Al otro día se embarcó en el crucero de la marina que lo había dejado en Mayagüez y había bordeado la costa norte para recogerlo en San Juan.

Fuimos al muelle a despedirlo. Mis hijas nunca olvidarán esta experiencia. Al menos eso espero. El Presidente les regaló fotos de él para que las enmarquen y las cuelguen en sus dormitorios. Además, el Presidente había jugado con las niñas a los indios y los vaqueros en los salones de La Fortaleza, debajo de las fabulosas lámparas. Parecía tan divertido que hasta a mí me dieron ganas de disfrazarme de indio. No lo hice por Louise y ahora me arrepiento. ¡No todo el mundo puede jugar a los indios y los vaqueros con el Presidente de los Estados Unidos!

Viajaremos de regreso a Boston en pocas semanas. El negocio va bien; la producción en aumento. Todo normal. Los veré pronto.

Un abrazo,
J.D.

En aquellos años la Central Aguirre se había convertido en un *trust* de inversionistas de Massachusetts, y J.D. Durham Chesterton era el presidente de la corporación. En 1905 Aguirre reportó una ganancia neta de más de medio millón de dólares y su producción alcanzó más de veintiocho mil toneladas de azúcar. Pero aún siendo tan gigantesca, para el 1907 tuvo problemas. Una severa sequía había tenido como consecuencia el que sólo cosecharan once mil toneladas de azúcar en la zafra de 1907 a 1908. Ese año no se pagaron dividendos a los inversionistas. En un momento difícil como éste, J.D. temía que los senadores demócratas, quienes apoyaban un mercado libre y sin tarifas, eliminaran los impuestos que el azúcar extranjera debía pagar al entrar al mercado norteamericano. La tarifa del azúcar había protegido a la industria de Louisiana y Florida y a la remolacha de Kentucky. También protegía la producción azucarera de los territorios de Hawai, las Filipinas y Puerto Rico. Era una verdadera situación de privilegio que aseguraba el desarrollo sostenido de Aguirre y su prosperidad. J.D. Durham le escribió a Charles Cabot Spenser innumerables cartas instándolo a que defendiera la tarifa.

Querido Charles:

Recuerda que sin la tarifa de azúcar el negocio se tambalea.

Debemos invertir capital en un sistema de riego. Si bien las tierras de los valles de la costa norte y la costa oeste no necesitan riego, la costa sur-Lajas, Guánica, Ponce, Salinas, a veces sufre de periodos en los que no llueve. Este año también debemos resembrar muchas tierras, lo cual conlleva reinversión. Dudo que podamos pagar dividendos por segundo año consecutivo. El asunto de la cuota no es tan problemático, porque total, la concedida a Puerto Rico nunca la hemos cubierto, ni siquiera sumando la producción de todas las centrales, las de propietarios norteamericanos y las de propietarios puertorriqueños.

Louise tiene un padecimiento que los médicos no logran precisar. Ya no puede acompañarme a Porto Rico, algo que la entristece pues disfrutaba mucho de la sociedad portorriqueña y de sus fiestas y reuniones.

Sabes que Louise es muy observadora y le gusta estudiar las costumbres de otras culturas. Las dos niñas, sin embargo, están creciendo bien y son muy saludables.

Volveré a comunicarme pronto contigo.

Un abrazo,
J.D.

La muerte de Louise pocos meses más tarde entristeció profundamente a J.D. Durham Chesterton. Al parecer padeció un cáncer mal diagnosticado. Nunca se aclararon bien las circunstancias. J.D. intentó volver a casarse al cabo de tres años para que sus hijas tuvieran una madre, pero este segundo matrimonio duró poco. Durante casi toda su niñez, entonces, las niñas pasaron largas temporadas con la Tía Nannie. Ana Ashton le hablaba de Louise a las niñas y les leía las cartas que Louise le había enviado desde Puerto Rico. Ambas familias se sintieron más unidas que nunca. En los meses de verano disfrutaban de la casa que los Spenser tenían en las costas de Massachusetts: surcaban las islas en veleros y se bañaban en playas de aguas heladas. También las niñas jugaban con sus primos. Fueron años de grandes logros políticos para Charles Cabot Spenser. Sin embargo, J.D. Durham Chesterton tenía el aspecto de un hombre muy cansado. Aquella energía que solía caracterizarlo había desaparecido. A pesar de esto, no dejó de luchar por la Central Aguirre y gracias a los esfuerzos de su cuñado se pudo evitar por un tiempo que eliminaran la tarifa proteccionista.

Hasta el 1913 únicamente. En esa fecha los demócratas ganaron las elecciones y finalmente los enemigos de las tarifas lograron que se derogaran, tanto en la Cámara como en el Senado. Surgía entonces la pregunta: ¿podría la industria azucarera en Puerto Rico sobrevivir sin el privilegio competitivo? Esta pregunta, que siempre pareció corroer las bases de la industria azucarera puertorriqueña, quedó pospuesta gracias al advenimiento de la guerra del 1914. Los campos de remolacha europeos se cubrieron de cadáveres y no pudieron producir azúcar. Ante la escasez, el precio del azúcar en los mercados mundiales subió espectacularmente. Los Estados Unidos restauraron las tarifas porque el esfuerzo bélico les exigía los fondos. Nunca antes fueron mejor negocio las centrales azucareras puertorriqueñas.

5

Tomás Alberto entró en el despacho de J.D. Durham Chesterton sin inspeccionar las puntas de sus zapatos a ver si las tenía empolvadas. Le habían hablado tanto del personaje, quien en sus predios privados era una especie de rey, que no sabía si se iba a encontrar con una versión del legendario rey Arturo de Inglaterra, con un Henry Morgan vestido de caballero o con Buffalo Bill.

—Buenos días, joven, tome asiento —dijo Chesterton.

—Gracias, señor.

—Me lo han recomendado tanto por sus ejecutorias académicas en Yale, como por la manera en que al hablar deslumbra a los jueces y a los jurados de sus días en Corte.

—Hace pocos meses que trabajo de fiscal en Mayagüez —dijo Tomás Alberto con modestia.

Y añadió:

—Me acabo de graduar.

—Lo he mandado a llamar porque me interesan sus servicios, señor Herrera Sanmartín —dice ahora con énfasis J.D. Ya eran demasiados rodeos para su mente anglosajona, acostumbrada a ir directo al grano.

—Usted dirá, señor Chesterton.

—Pues le diré que un joven abogado puertorriqueño como usted, buen ejemplo de los beneficios
que provee la presencia norteamericana en Puerto
Rico, es lo que necesita nuestra corporación.

—¿En qué puedo serle útil? —indagó, ahora
curioso, Tomás Alberto.

—A nosotros nos interesa, ante todo, un buen
negocio. ¿Y usted sabe lo que esto significa? Ante todo,
una buena ganancia.

—Durante la guerra en Europa las ganancias de
Aguirre fueron espectaculares —se atrevió a sugerir
Tomás Alberto.

—Sí, claro, ¡la guerra! ¡La guerra! Pero son situa-
ciones de excepción. El problema es obtener un buen
margen de ganancia en circunstancias normales. Y
Puerto Rico tuvo, durante los primeros diecinueve
años de ocupación norteamericana, dos condiciones
que, al juntarse, eran inmejorables. En primer lugar,
salarios bajos. Quiere decir un costo de producción
bajo. Si a esto añadimos que nuestra azúcar entraba
al mercado norteamericano sin pagar tarifas y que el
azúcar de Brasil, Venezuela, Cuba o Colombia pagaba tarifas, verá usted las ventajas. Vendíamos al mismo precio, pero el beneficio era mayor.

Tomás Alberto asintió. Recordó de pronto su
regreso a Puerto Rico unos ocho meses atrás. Su madre y todos sus hermanos habían ido a recibirlo al
muelle de la Bull Lines. Hacía tres años que no los
veía y sintió una alegría infinita al percibir aquellas
manos agitarse desde lejos en señal de saludo. Al pie
de la escalera del carguero estaban ellos esperándolo:
Carlos Enrique, Margarita, Luis César, Mariaelisa y,

en medio de todos, como el corazón encendido de una flor, su amada madre. Tres años sin verlos le habían secado el alma; al menos, así se sintió cuando, al verlos de nuevo, se le cubrieron de rosas sus jardines interiores. Al regresar, Puerto Rico le pareció distinto. Como venía graduado de una prestigiosa universidad norteamericana, todos le hacían reverencias. Por suerte, su madre no. Ella lo trató como siempre: con respeto y admiración, pero si tenía que regañarlo por olvidarse de dar las gracias o por no lavarse las manos antes de sentarse a la mesa dispuesta para la cena, o por no unir el cuchillo y el tenedor en el centro del plato al terminar de comer, lo hacía. De inmediato le llovieron las ofertas de trabajo. Aceptó el empleo de fiscal en Mayagüez. Carlos Enrique ya era fiscal en Arecibo.

—Comprendo, señor Chesterton. Pero los costos de producción subieron —comentó regresando a la realidad.

—¡Y continúan subiendo! —exclamó el rey de los cañaverales.

—Verá usted —añadió—: estos cortadores de caña ahora son ciudadanos americanos desde el 1917, y el Partido Demócrata y las uniones obreras insisten en subir los salarios. Me dan ganas de recoger mis motetes e irme a Colombia o a la República Dominicana.

—Son países inestables políticamente, señor Chesterton, no le conviene.

—Lo sé, muchacho, por eso estás aquí. Quiero que nos representes en cort, y que le des la vuelta a las leyes para que no tengamos que pagar unos impuestos atrasados que nos están cobrando. Son impuestos a la propiedad. Luego hay que ver cómo en eso de los salarios pagamos lo menos posible.

—Sí, señor.

Y al decir esto observó con detenimiento a Chesterton. Pasaba de los cuarenta pero conservaba una elegancia aristocrática juvenil, tal vez porque no había engordado esa barriga colgando sobre la correa de los pantalones que suelen alimentar los varones prósperos al rozar los cincuenta años y tal vez porque no había perdido el pelo. Lo tenía lacio, gris y recortado con esmero. No supo si admirar o detestar a este hombre que se creía dueño de Puerto Rico y le impartía órdenes.

—Ya lo mandaremos a llamar entonces, señor Herrera. Se hace necesaria una reunión con la junta directiva de la Central Aguirre —dijo Chesterton, dando por concluida la entrevista.

Tomás Alberto asintió, se puso de pie y estrechó la mano que le extendían.

"Esta mano nunca ha cortado caña", pensó al sentir la suavidad de aquella firmeza, y dijo:

—Muy buenos días, señor Chesterton, ha sido un placer —y salió de la oficina. Un automóvil con chofer lo esperaba en la puerta para devolverlo a Mayagüez. Lo habían ido a recoger aquella misma mañana.

Durante los meses siguientes enviarían por él varias veces, y fueron varios los entuertos y los líos que tuvo que desenredar y volver a enredar en Corte. Al cabo J.D. Durham Chesterton pareció complacido y un día lo hizo llamar para invitarlo a quedarse en el Hotel Americano de Aguirre. El joven fiscal se presentó en el hotel a eso de las cinco de la tarde y su sorpresa fue grande. Meciéndose en un sillón de caoba de alto espaldar de los que solían adornar los balco-

nes del hotel estaba J.D. Durham Chesterton, y tomaba el té acompañado por dos hermosas señoritas.

—Señor Herrera, es un gusto verlo —dijo Durham Chesterton cuando se acercó al grupo.

—Permítame presentarle a mis dos hijas, Jennifer —una joven de una belleza inigualable le sonrió y
le extendió la mano, la cual Tomás Alberto besó con
fervor— y Vivien.

Otra bella joven le extendió la mano, la cual besó
con igual reverencia.

—Tuvieron la gentileza de acompañarme en este
viaje. Llegamos ayer en un buque directamente de
Boston —explicó Chesterton.

—¿Conoce usted Boston? —preguntó Jennifer.

Tomás Alberto asintió. Había visitado la ciudad
en varias ocasiones como parte de sus labores académicas y se desbordó en alabanzas. También había asistido a debates en la facultad de leyes en Harvard.

—Ciertamente, señorita —dijo suavemente—...
¿Viene a Puerto Rico a menudo?

—Solíamos venir con nuestra madre cuando éramos muy pequeñas —comentó Vivien—; ya casi
nunca venimos, pero cuando Nannie nos leía las cartas de Mami, en todas ellas escribía de Puerto Rico. A
Mami le gustaba.

—¿Por qué no nos acompaña a cabalgar un rato?
Después nos daremos un chapuzón en la piscina
—sugirió Jennifer.

Tomás Alberto miró a Durham Chesterton,
quien sonreía:

—Claro, muchacho, acompaña a las niñas. Los
caballos están ya listos. Si no trajiste pantalones de
montar ya mismo se te consiguen.

—No señor, y tampoco traje trusa de baño. Pensé iba a reunirme con el presidente de la unión de los trabajadores. Lo siento —se excusó Tomás Alberto.

—No es problema —señaló divertido Durham Chesterton e hizo llamar a un empleado del hotel para que le consiguiera al joven fiscal lo que necesitaba. En menos de diez minutos ya Tomás Alberto se calzaba unas botas de montar y bajaba a los establos del hotel.

Las niñas, como buenas aristócratas anglosajonas de Nueva Inglaterra, montaban como expertas. Le llamó la atención que montaran como los hombres y lo hicieran en pantalones; ni en Connecticut ni en Boston había tenido la oportunidad de montar a caballo y ni siquiera de acercarse a clubes de equitación.

—¿Las norteamericanas visten pantalones para montar a caballo? —se atrevió a preguntar.

Jennifer y Vivien se rieron a carcajadas. Se miraban entre sí y se reían.

—Somos mujeres modernas, señor fiscal —dijo Vivien con un aire de coquetería. Y al decir esto azuzó al galope su alazán andaluz. Jennifer y Tomás Alberto la siguieron al galope por la recta bordeada de palmas que conduce a la entrada de Central Aguirre. Tuvieron que detenerse frente a un brazo mecánico.

—Va a pasar el tren —dijo Jennifer aplaudiendo como una niña.

Y, efectivamente, una locomotora negra con chimenea botando humo se aproximaba por el lado izquierdo. Mientras los vagones cargados de caña pasaban frente a ellos, Tomás Alberto las observó. Estaban disfrutando como niñas el paso del tren. Para ellas era vivir una experiencia al estilo de las novelas de aventuras. Para él, sin embargo, los vagones cargados de caña y los trabajadores descalzos cortando con machete las espigas dulces en los valles de Puerto Rico eran otra historia. Pero sin duda que las niñas eran preciosas. Jennifer tenía el cabello rubio y los ojos azules que la tradición anglosajona había consagrado como imagen perfecta. Vivien era de cabello castaño, pero sus ojos azules protegidos por largas pestañas la ubicaban igualmente entre los iconos de la cultura norteamericana. Aquellas princesas lo deslumbraban.

Cuando terminaron de pasar los vagones, que se dirigían al molino de la central a descargar, Tomás Alberto quiso darse importancia y asumió un tono altanero:

—¿Sabían ustedes que estos caballos que montamos tienen un paso que el caballo en los Estados Unidos no tiene? Son caballos de paso fino, como dicen en el sur de España. Son caballos más pequeños...

—De eso ya me había dado cuenta...—interrumpió burlonamente Jennifer.

Él continuó:

—Es un caballo árabe. Es el caballo que los moros trajeron a España cuando la invadieron y tiene un paso corto, así...

Y al decir esto Tomás Alberto puso su caballo en paso y el animal caminó en tensión, con un paso corto que robaba el aliento.

—¡Oh, qué lindo! —dijeron ambas, aplaudiendo.

—Quiero probar, ¡enséñame! —exclamaron al unísono.

El joven les indicó cómo recoger las bridas y pegar las rodillas al caballo, y al cabo de varias confusiones los caballos cogieron el paso.

—¡Qué maravilla! —exclamó Jennifer.

Después de varios ratos de un trote con un paso fino alternando con ratos de galope, regresaron al hotel y se zambulleron en la piscina. A pesar de que no nadaba muy bien, Tomás Alberto tampoco se ahogaba. Pero no se preocupó porque había logrado impresionarlas con su destreza en el paso fino del caballo de raza andaluza. Agradeció en silencio a la memoria de don José Herrera el que los llevara, a Carlos Enrique y a él, a las fincas de Maricao a montar caballos. El excomandante de caballería del ejército español había instruido a sus hijos varones, desde pequeños, en el arte de manejar caballos. Jamás se le ocurrió que les serviría de algo en este mundo de máquinas, pero uno nunca sabe, pensó, lo que se aprende siempre aprovecha.

Esa noche, durante la cena, J.D. Durham Chesterton lo observó divertido:

—Se preguntará usted por qué lo he mandado a buscar...

—No me quejo, señor...

Chesterton rió a carcajadas.

—¡Nunca entenderé a los puertorriqueños! Sabrá Dios lo que usted está pensando... Pero en fin, le diré que mis hijas deseaban conocer puertorriqueños. Por eso lo invité. Resulta que su tía Nannie Ashton, quien las ha criado durante los últimos años, les ha hablado de Louise, mi difunta esposa, y les ha leído las cartas que Louise le escribía desde Puerto Rico. En ellas Louise habla mucho de los puertorriqueños...

Tomás Alberto notó que se entristecía, pero fue sólo un parpadeo. Se repuso y continuó:

—He invitado a un grupo de jóvenes de la sociedad ponceña a que pasen mañana por el hotel. Uno de esos pasadías, como los llaman ustedes, para complacer a mis nenas.

Jennifer y Vivien se mostraron entusiasmadas:

—Ya verá, señor fiscal, lo bien que lo vamos a pasar.

Jennifer añadió:

—Dice Papi que cocinarán comida típica, un cerdo asado, creo, y un arroz guisado con un grano que se me olvida el nombre...

—Arroz con gandures... —aventuró Tomás Alberto. Comenzaba a incomodarle la situación porque se sentía como un animal al que colocan en un escaparate para estudiarlo, o como esos insectos que clavan a una mesa para contarle las patas antes de disecarlo.

—Papi nunca aprendió español... ¿Usted qué cree de eso, señor fiscal? —dijo imprudentemente Vivien—. Mami sí que quería aprender.

Durham Chesterton se defendió:

—¡Mejor es que los puertorriqueños aprendan inglés! Pero no lo hacen, señor Herrera, usted es excepcional; y otros caballeros de su educación, por supuesto, pero la población, ¡ni soñarlo!... Son unos infelices desarrapados e ignorantes, ¡qué se puede esperar!

Tomás Alberto sintió que el agua de los sentimientos se le volvía turbia y para disipar tensiones comentó:

—Me parece que su madre, la señora Louise Ahston, debe haber sido una dama muy inteligente.

Comenzaba a preocuparle la fiesta que J.D. Durham Chesterton había organizado. Ojalá y fuera cierto que eran sólo jóvenes de la alta sociedad ponceña. No quería que Rosaura de Mirasol lo encontrara allí. Tampoco quería que se enterara de que él estaba allí. Lo segundo era más difícil, porque aquellas jovencitas de la alta sociedad, que se la pasaban de fiesta en fiesta, se lo contaban todo unas a otras. Había conocido a Rosaura de Mirasol hacía sólo unas tres semanas, en una fiesta en el Casino de Mayagüez, y desde que la vio pensó que nunca en su vida había visto una mujer más bella. No era únicamente su belleza física lo que lo atraía, sino la belleza de la dulzura de su voz y su mirada y el hecho de que fuera instruida. Había asistido a la Universidad de Puerto Rico en Río Piedras para tomar cursos en lenguas, historia y literatura. Ella misma se lo había informado aquella noche en el Casino cuando él la invitó a bailar. Los presentó un hermano de ella, Rafael de Mirasol, a quien conoció en Corte durante un caso por el asesinato de un camionero de la Central Libertad. Y él, al ver aquellos ojazos negros, no perdió tiempo.

—¿Me concede esta danza?

Rosaura asintió. Le habían hablado del fiscal. Era famoso por su destreza con las palabras. Y efectivamente, mientras bailaban no paró de hablar sobre los encantos de las señoritas de Mayagüez. Lo más que le gustaba de Rosaura era que no era tonta como casi todas las demás señoritas. Conversaba sobre temas históricos con mucha soltura. Rosaura era hija del dueño de una central azucarera en Mayagüez, don Pedro de Mirasol, y el viejo había insistido en que sus hijas —tenía cuatro— estudiaran igual que sus hijos varones —tenía tres—. No para que ellas ejercieran una profesión, porque eran princesas que no se suponía que trabajaran, sino para realzar su belleza. Asumía don Pedro, quizás ingenuamente, que los jóvenes caballeros puertorriqueños compartían su afición por la conversación femenina. A don Pedro le encantaba la sobremesa que oficiaba todas las noches. Él se sentaba a la cabecera de una larga mesa y su esposa en el otro extremo. A ambos lados se alternaban los varones y las niñas, aunque el mayor de los varones, Rafael de Mirasol, solía ocupar la silla a la derecha de don Pedro.

Oficiando desde la cabecera, don Pedro formulaba preguntas a sus hijos. Durante la guerra, por ejemplo, discutían los avances de las tropas aliadas, las victorias en batalla y los reveses. En el 1917, con el advenimiento de la ciudadanía estadounidense, Rafael había sido llamado al servicio militar activo y había servido gustoso. Por suerte, las tropas puertorriqueñas del batallón donde él había sido ubicado no llegaron a ser enviadas al campo de batalla. Había quienes decían que don Pedro movió cielo y tierra para que no hubiera ni la más remota posibilidad de que su hijo fuera detectado por la mirilla de un francotirador alemán. Durante los años en que se prologó el servicio militar, el asiento de Rafael quedó vacío, pero al poner la mesa siempre se colocaban el plato y los cubiertos, y la copa de plata se llenaba de agua helada al igual que las otras siete copas de plata.

Don Pedro, un fervoroso creyente en la democracia, se sentía orgulloso de que su hijo fuera un soldado de las tropas aliadas. A la entrada de la casa, en el recibidor, había una foto ampliada de Rafael en su uniforme de infante norteamericano. En público se sentía orgulloso de su hijo; era en privado que quienes lo conocían dudaban de su patriotismo. Simplemente su amor por ese hijo era muy grande, casi desmesurado, comentaban las señoras chismosas de los balcones de Mayagüez.

El amor por sus hijas también se destacaba como excepcional. Decían que por sus hijas don Pedro daba la vida. En las conversaciones después de cada cena, entonces, don Pedro les preguntaba sobre la guerra cuando la hubo, porque quería estuvieran conscientes del mundo en que vivían y de los procesos históricos que estaban sucediendo, y en tiempos de paz les conversaba sobre libros y muy especialmente sobre la Historia de España. Como sabía de memoria pasajes enteros del *Poema de Mio Cid*, los recitaba en voz alta para que sus hijos también los memorizaran:

La oración fecha, — la missa acabada la an,
salieron de la eglesia, — ya quieren cavalgar.
El Çid a doña Ximena — íbala a abraçar;
doña Ximena al Çid — la mano l' va besar,
llorando de los ojos, — que non sabe qué se far.
E él a las niñas — tornolas a catar:
a Dios vos acomiendo, — e al Padre spiritual
agora nos partimos, — Dios sabe el ajuntar.
Llorando e los ojos, — que non vidiestes atal,
assís parten unos d' otros — como la uña de la carne.

Y era verdaderamente como la uña al separarse de la carne que don Pedro se sentía al separarse de aquellos hijos. No era casualidad que les leyera aquel pasaje —aunque a veces leía otros que describían fieras batallas—. Los versos que describían la despedida de Ruy Díaz y doña Jimena y sus hijas era como si él mismo los hubiera escrito, y hablaban por él del sentimiento de su corazón y de la manera profunda en que él pensaba el amor de un caballero por su familia.

Criada en este hogar entonces, Rosaura era una joven que se destacaba no sólo por su belleza, sino por sus conocimientos y por su facilidad para la ternura. Había conocido en su padre a un hombre que sabía amar a las mujeres porque las respetaba. Cuando escuchaba a sus amigas hablar de padres que maltrataban a las esposas y a las hijas y que juraban que las mujeres no valían nada, no lo podía creer. Ella desconocía esa realidad. No ignoraba que existiera, porque oía hablar a las sirvientas entre sí, porque oía hablar a la gente en los comercios del pueblo y porque en la escuela escuchó a sus amigas contarse horrores. Pero ya había cumplido veintidós años y no había aceptado novio debido a que la mayoría de los hombres, al compararlos con la delicadeza de su padre, le parecían unos patanes y unos brutos. Todo lo cual fascinó a Tomás Alberto, quien tuvo ojos para percibir aquel tesoro que bailaba vals, danza y bolero con la misma facilidad con que describía las luengas barbas del Cid.

Al otro día del baile en el casino de Mayagüez le envió una carta y una semana después le envió otra. Aún no había recibido respuesta y estaba pensando en escribir de nuevo. No perdía las esperanzas, pero no quería que Rosaura, si venía a la fiesta de la Central Aguirre con Rafael y con su hermana Elvira, lo encontrara con una princesa anglosajona sentada a su izquierda y otra a su derecha. Decididamente esa imagen no iba a causar buena impresión, no señor. Además, era equivocada. Rosaura desconocía que él trabajara para J.D. Durham Chesterton.

Por suerte Rosaura y sus hermanos no asistieron. Tal y como anunciara Chesterton, los invitados eran jóvenes de la clase adinerada de Ponce, que era una gente diferente. Exhibían apellidos alemanes, corsos, franceses y catalanes en sus escudos familiares, y eran hijos y nietos de los emigrantes europeos que habían convertido a Ponce en la ciudad más industrializada y próspera de Puerto Rico en el siglo anterior. Vivían como grandes señores en sus elegantes casas de balcones franceses en la fachada y patios interiores cuajados de enredaderas perfumadas y limoneros. Algunas de estas familias tenían negocios de importación de comestibles y bebidas, otras tenían fundiciones de metales y construcción de barcos, empresas de pesca y construcción de viviendas, pero la mayoría había invertido capital en las fincas y centrales de caña de azúcar. Durante la guerra, las familias criollas de la industria azucarera se habían enriquecido tanto, o casi tanto, como las empresas norteamericanas. Una familia ponceña hasta había mandado a construir un castillo medieval en lo alto de una colina, detrás de la ciudad, para ver las luces de Ponce desparramarse por el valle en las noches en que se asomaban a las terrazas almenadas.

Los jóvenes de la aristocracia ponceña poseían una fuerte personalidad. Estaban muy seguros de sí mismos y casi todos los varones habían estudiado en universidades en los Estados Unidos, gracias a lo cual Tomás Alberto pudo encajar en sus esquemas mentales. Se defendió como pudo de las bromas, porque criados unos con otros en las piscinas y las canchas de tenis de los clubes deportivos, miraban a Tomás Alberto como a alguien que no pertenecía a su círculo cerrado. Y lo miraban, estúpidamente, con cierto desdén.

Cosa que en ningún momento sintió de parte de Jennifer y Vivien. Ellas meramente disfrutaban, desde una distancia prudente, la conversación de aquella juventud que en el fondo les parecía extraña porque hablaban muy duro y, aunque fuera ilegal, bebían demasiado ron. A ellas les gustaba nadar de un extremo a otro de la piscina y tirarse de cabeza del trampolín y las puertorriqueñas preferían protegerse del sol. Pero bailaron un ritmo africano llamado "plena" al son de un conjunto musical de un barrio de Ponce y bailaron seis-chorreao y mazurkas al son de un trío de guitarras de las montañas de Adjuntas. Fue una fiesta encantadora. Tomás Alberto bailó con Jennifer y con Vivien, quienes sólo podían moverse torpemente, desprovistas de gracia, y bailó con varias señoritas ponceñas expertas en los ritmos afroantillanos, que se movían como vecinas del barrio más pobre e insistían en averiguar si era aguadillano o mayagüezano. Insistía en que era aguadillano y no le creían. Jamás averiguó por qué. Pensó que eran un racimo de niñas caprichosas y tontas. A los varones no los encontró tontos. Bebían sin moderación y se jactaban excesivamente de sus atributos varoniles, pero sabían lo que querían. Sabían que estaban en el mundo para ganar dinero. Acumular un capital era un objetivo definido en la mente de cada uno de ellos. Lo que tuvieran que hacer para lograrlo les tenía sin cuidado. Tomás Alberto no tuvo duda de que iban a aprovechar las circunstancias históricas que les había tocado vivir.

6

Los temores de Tomás Alberto eran infundados, porque ni Pedro de Mirasol ni sus descendientes estuvieron jamás en la Central Aguirre. De hecho, don
Pedro no fue invitado ni siquiera una vez a los predios de Aguirre. J.D. Durham Chesterton no tenía
interés alguno en los hacendados puertorriqueños
dueños de centrales. Si don Pedro hubiera querido
visitar las instalaciones de Aguirre por aquello de ver
la maquinaria y estudiar las técnicas de molienda, no
habría podido entrar. Unos guardias armados vela-
ban día y noche el acceso a los terrenos donde estaban la fábrica, el Hotel Americano, el Hotel
Puertorriqueño, las casas de los técnicos y de los empleados norteamericanos y puertorriqueños de la administración y las demás facilidades tales como un
banco, un colmado, una ferretería, una farmacia, unas
tiendas repletas de mercancías, un hospital, un cine
y una estación de correos. Aguirre funcionaba como
un pueblo de los Estados Unidos continental: limpio, organizado, eficiente y autosuficiente. También
era un recinto cerrado a la mayoría de los puertorriqueños. Ricos y pobres sabían que al final de aquella
carretera, bordeada por palmeras con troncos pinta-

dos de blanco en la base, había un lugar donde estaba prohibido entrar. Tampoco la policía estatal tenía
acceso.

Don Pedro de Mirasol sabía esto y le incomoda-
ba, pero era poco lo que podía hacer o decir. Las relaciones que los hacendados criollos establecían entre
sí eran otra cosa. Las familias que se conocían y se
visitaban y se habían visitado por generaciones, que
emparentaban y volvían a emparentar con cada nueva juventud que exige redención, hacían negocios unos
con otros con la misma facilidad con que daban su
palabra en un conflicto familiar. Las relaciones entre
los Enríquez y los De Mirasol, por ejemplo, entre
don Pedro y sus hermanos y los hermanos Enríquez,
eran las mismas que habían sido antes de llegar los
norteamericanos. Lo que ahora era distinto consistía,
sobre todo, en la disponibilidad del dinero. Antes de
que los gringos invadieran la isla un 25 de julio de
1898, ya don Pedro le vendía toda la producción de
sus fincas a Norteamérica. Pagaban mejor que en el
mercado mundial. De manera que don Pedro y los
otros hacendados vieron con buenos ojos el acceso
inmediato al mercado norteamericano que significó
la anexión política. Antes de cosechar el azúcar ya
tenían comprador seguro.

Pero por sobre todas las cosas estaba la disponibilidad del dinero. El cultivo de la caña de azúcar
requería una inversión considerable cada año en des-
yerbe, pesticidas, resiembra, abonos y equipo para
poder movilizar la zafra y la molienda. Cada año se
tomaba prestado a los bancos el efectivo necesario, y
desde el arribo de los bancos norteamericanos no sólo
prestaban más dinero, sino que a un interés más bajo.

Don Pedro había logrado levantar su central, a la que llamó, misteriosamente, Central Libertad, aprovechando la abundancia de capital norteamericano.

Este factor económico creó un conflicto, consciente o inconscientemente, en don Pedro y en algunos hacendados criollos. Odiaban a los norteamericanos, pero ¿cómo odiar a quienes los habían hecho ricos? ¿Cómo odiar a quienes les compraban sus productos y les prestaban dinero para trabajar? Don Pedro no estaba totalmente consciente del problema. No quería estarlo. Políticamente, votaba por el partido de don Antonio R. Barceló porque pensaba que era un hombre honrado que amaba a su país. A sus hijos no les hablaba de política. Cuando Rafael le habló de ingresar al Club de Leones, una institución norteamericana de hombres de negocios que operaba a lo largo y a lo ancho de los Estados Unidos, desde la costa atlántica hasta la costa del Océano Pacífico, del Río Grande a los Grandes Lagos, hizo una mueca:

—¿Leones, hijo? —rugió con su vozarrón de trueno.

Y añadió enojado:

—¿Recuerdas lo que sucedió cuando el león se escapó de la jaula en el palacio del Cid en Valencia?

—¿Y qué hacía un león en una jaula allí, en medio de la casa del Cid? —preguntó Rafael, que siempre había querido preguntar exactamente eso y no había podido porque sus hermanas no lo dejaban hablar durante la sobremesa.

—¡Y eso qué importa! —reaccionó don Pedro, entre airado y divertido.

—Probablemente al Cid le gustaba contemplar al animal, el poder que emana de su presencia, de su gran cabeza y sus crines doradas... —se atrevió a sugerir Rafael.

—Es probable, hijo. A tu madre le gusta contemplar los arbustos de flores azules —observó don Pedro. Y cerró los ojos un instante. Pero de inmediato volvió a insistir:

—¿Y qué hizo el Cid, te acuerdas?

—Me acuerdo de que sus yernos, aterrados, se escondieron. Eran de la alta nobleza, pero eran cobardes. Y los hombres del Cid lo rodearon, armados de sus espadas, para protegerlo mientras dormía...

—¡Cuando el Cid despertó enfrentó al león, quien ante él dejó de rugir y amenazar, bajó la cabeza y regresó a la jaula! ¿Leones has dicho, hijo? Los de la estirpe del Cid, los de su lengua y religión, metemos a los leones en jaulas.

Rafael protestó:

—Es necesario pertenecer a un club de estos que han inventado los norteamericanos, padre, porque es el único lugar donde podemos conocer socialmente a los norteamericanos que viven en Puerto Rico y establecer contactos personales con ellos. Si voy al National City Bank a pedir prestado para una zafra, por ejemplo, y me atiende otro miembro de los Leones, me tratará con mayor deferencia.

Don Pedro se quedó pensativo por un rato y luego dijo a su hijo:

—Debes tener razón. Haz lo que quieras.

Tampoco se opuso cuando su segundo hijo, Eduardo, le informó que pensaba ingresar al Club Rotario. La verdad es que si no era en esos clubes, los norteamericanos y los puertorriqueños apenas se veían las caras. Los norteamericanos se mantenían aparte, tenían sus barrios cercados, sus escuelas y sus fiestas, y hubo hijos de funcionarios gubernamentales que, criándose en Puerto Rico, jamás aprendieron a hablar español. Si no hubiera sido porque el gobernador era norteamericano, y también la mitad de los miembros de su gabinete, incluyendo figuras de mucha exposición en la prensa tales como el ministro de Educación y el jefe de la Policía, y estaban, claro está, los campamentos de tropas militares, no había por qué enterarse de que los norteamericanos controlaban a Puerto Rico.

Sin embargo, y extrañamente, al principio don Pedro se opuso al noviazgo de Rosaura con Tomás Alberto. Le habían contado que el joven fiscal trabajaba para la Central Aguirre. Además, no pertenecía al círculo cerrado de familias de abolengo al cual él pertenecía. Sabía que era inteligentísimo y que era capaz de convencer al diablo de que rezara un padrenuestro, pero ¿quiénes eran sus antepasados? ¿Qué sabía Tomás Alberto Herrera Sanmartín sobre el cultivo de la caña de azúcar?

Al regresar de Aguirre aquel día de la fiesta junto a la piscina del hotel, Tomás Alberto lo primero que hizo fue volver a escribir a Rosaura:

Muy estimada amiga:

Hace varios días que espero su respuesta y no se decide a escribirme. Me conformo con tres líneas. Algo aliviarán el sufrimiento que padezco por usted. ¡Si desde que la conocí no puedo pensar en otra cosa! Por favor tenga compasión y déjeme saber que ha leído mis cartas. ¡Pasan los días y nada sé de usted!

Iré esta noche a pasear por la plaza. Quizás usted vaya con su madre y sus hermanas a tomarse un helado y pueda verla, aunque sea de lejos.

Su admirador,
Tomás Alberto Herrera Sanmartín

Al día siguiente volvió a escribir:

Rosaura:

¡Qué hermosa estaba usted anoche! El color azul le queda muy bien. La vi de lejos en la tienda de helados. No me atreví a acercarme, pero espero haya ido porque yo se lo sugerí en mi carta. Estuve largo rato dando vueltas por la plaza, paseando y conversando con otros caballeros mayagüezanos, cuando de pronto la vi. Su madre iba al frente y sus tres hermanas la rodeaban. Venían caminando por la Calle Méndez Vigo y cuando entraron en el área de la plaza, frente a la alcaldía, fueron directamente a la heladería. No se sentaron en algún banco a la luz de los faroles, como yo esperaba. Al comprar los helados enfilaron al camino de regreso. ¡Quién sabe qué advertencias le habrá hecho don Pedro!

¡Pero la vi! Eso es lo que importa.

Su fiel admirador,
Tomás Alberto Herrera Sanmartín

No era el joven fiscal de los que se dan por vencidos fácilmente. Aunque no recibía respuestas de Rosaura de Mirasol, continuaba escribiéndole y preguntaba por ella a todo el que pudiera conocerla. En un pueblo pequeño como Mayagüez, pronto se corrió la voz de que el fiscal andaba enamorado de una de las hi-

jas de don Pedro. Vinieron a decírselo, y el viejo es-
pantó las habladurías como quien espanta moscas:

—¡A mi hija no se acerca nadie! El que se atreva
tiene que vérselas conmigo...

A los pocos días, Rafael y Eduardo se encontraron con Tomás Alberto en la Corte por un asunto de
unas contribuciones atrasadas y lo primero que hizo
fue preguntarles por Rosaura.

—¿Y cómo está la princesa más bella del palacio
que habitan? —exclamó en un arrebato de inspiración.

—Tengo cuatro hermanas preciosas, Tomás Alberto —le contestó, con toda malicia, Rafael.

—Te estás burlando, lo sé... Deberías compade-
cerme. Tú eres mi amigo.

—Te ha dado duro, muchacho. Cógelo con calma...

—¿Van al baile del Casino esta noche?

—Es probable... Date la vuelta —dijo Rafael al
despedirse. Tomás Alberto notó que Eduardo le dirigía una mirada socarrona, pero no le importó.

Esa noche fue uno de los primeros en subir las
escalinatas del Casino. El salón de baile abría a unos
balcones y desde los balcones se veía la plaza. Una hora
más tarde, después de saludar a casi todos los abogados
que encontró y conversar con la mayoría de los señores
sobre lo que había dicho ese día el gobernador Towner,
la vio entrar. Venía acompañada de su hermano Rafael,
de su hermana Elvira y de su madre. Llevaba el pelo
recogido en un moño y vestía un traje largo de encaje
blanco. Fue tal su emoción al verla que tuvo que recos-
tarse de una columna. Simplemente, al entrar ella no
había más chicas en el baile. No veía a más nadie.

Esperó un poco a que saludaran y se sentaran en
una mesa y al cabo se dirigió, nervioso, y la increpó:

—¿Puede concederme la pieza número cuatro, por favor, señorita? —Rosaura lo miró entre complacida y molesta y apuntó el nombre de Tomás Alberto en su carnet, junto al número cuatro.

Al llegar esa pieza, se levantó gustosa a bailar con Tomás Alberto. Era un vals y él supo deslizarla por la pista de baile con destreza. Quería que ella se sintiera como una gran dama vienesa. Él sabía que de todas las mesas los miraban y cuchicheaban. ¡En el pueblo no se hablaba de otra cosa! "¡El fiscal está enamorao!", le gritaban por la calle, "está enchulao".

Esa noche, mientras bailaban, no dejó de alabarle su paso ligero. Ella le confesó, un poco ruborizada, que en la intimidad de sus dormitorios las hermanas practicaban el vals frente al espejo. Tomás Alberto se imaginó la escena y rió. La inocencia de Rosaura lo conmovía. Sólo para el final de la pieza pudo rogar:

—¿Sería posible que en algún momento yo recibiera respuesta a mis cartas?

Rosaura, más firme ahora, lo miró fijamente a los ojos:

—Lo pensaré, señor fiscal —dijo con mucho aplomo.

Dicho lo cual regresó a la mesa donde estaba sentada junto a su madre y su hermana y en la próxima pieza se levantó a bailar con Rafael.

Tomás Alberto la estuvo mirando de lejos el resto de la noche, sin decidirse a pedirle otra pieza. Bailó una danza con Elvira por cumplir con la familia y hacia la medianoche, antes de concluida la música, vio cómo la señora De Mirasol y sus hijos se levantaban y abandonaban la fiesta.

Esa noche, desde la soledad de su dormitorio, escribió:

Rosaura:

Bailar con usted fue como estar en el cielo. No puedo imaginar felicidad más absoluta que tenerla entre mis brazos, moviéndonos al compás de una música sublime. Se comprende que la realeza europea haya adoptado este baile para sus fiestas. Sus acordes nos transportan a otro mundo.

Espero que asista al baile del Círculo de Recreo de Cabo Rojo. Entiendo estará muy amena la fiesta, con dos orquestas y premios que serán rifados entre los asistentes. Sé que don Pedro había pensado asistir, pues muchos de sus parientes la patrocinan. Son gente buena con quien conviene siempre mantenerse en contacto.

Su adorador,
Tomás Alberto Herrera Sanmartín

Al otro día, para su inmensa sorpresa, recibió la siguiente carta:

Señor Herrera:

Tal y como usted supuso, asistiremos al Círculo de Recreo de Cabo Rojo. Son parientes de mi padre a quienes aprecia mucho. También son colonos de su central azucarera. Usted hará bien en estar presente, pues conocerá personas que le serán de utilidad en la práctica de su profesión.

Nos veremos el sábado en la noche.

Atentamente,
Rosaura de Mirasol

Recibió la cartita en su oficina y el corazón quería salírsele del pecho. Tuvo que disimular su alegría frente a sus secretarios. Con la menor excusa, los envió a hacer recados y se encerró. Entonces pudo dar rienda suelta a su euforia. Brincó en el aire varias veces y bailó en la punta del pie. Cantó música de negros y se subió al escritorio a bailar lo que cantaba. Se reía y se reía. ¡Al fin le había respondido! ¿Quería eso decir que estaba dispuesta a escuchar sus cuitas de amor? Se sentía el hombre más afortunado del mundo y quiso comunicárselo a Rosaura.

Sin pensarlo dos veces, se sentó en su escritorio de fiscal y escribió:

Mi dulce Rosaura:

Gracias a usted soy el hombre más feliz del mundo. Me siento capaz de escalar las cimas del Monte Everest. Lo que usted quiera haré; por su amor seré militar y dirigiré batallas; seré cantante de ópera y cantaré Celeste Aída. Se lo cantaré a usted, que está hecha de cielo. Cuando Dios hizo el cielo, reservó un pedazo para hacer su cuerpo...

Iré el sábado sin falta. Espero saludar a usted y a su familia en tan grata ocasión.

Quedo a sus pies.

Su admirador incondicional,
Tomás Alberto Herrera Sanmartín

Envió la carta por mensajero, y ya que aún faltaban varios días para el baile del Círculo de Recreo de Cabo Rojo, tomó la decisión de visitar a su madre en Aguadilla. Así podría aliviar un poco la tensión de la espalda y las mandíbulas. Alquiló un automóvil con chofer para que lo llevara a Aguadilla y a las pocas horas ya se encontraba frente al balcón de su madre.

Sentada en un sillón detrás del mostrador de *El delfín de oro*, ella lo esperaba. Le abrió los brazos y él se arrodilló para entregarse por completo.

—Válgame Dios, hijo, que pasaban los días y no se te veía la cara. Tus hermanos comenzaban a protestar.

—Usted sabe lo que me sucede, madre. Aún no sé si ella me querrá.

Algo sabía Josefa Sanmartín, algo le había mencionado el hijo en algunas conversaciones telefónicas y durante la última vez que se había detenido a saludar en Aguadilla camino de San Juan. Pero ignoraba los detalles.

—De seguro te quiere. Verás lo que te digo. Tendría que estar loca si no te quiere y por lo que me cuentas no tiene un pelo de boba —lo consoló.

—Es que no puedo vivir sin ella —se quejó el hijo.

—Sí claro, te comprendo. Pero primero vamos a ver a tus hermanos. Te esperan ansiosos.

Ya por el pueblo se había corrido la voz de que el fiscal estaba en casa de su madre y la gente se arremolinaba frente al balcón de la casa para verlo. Se estaba haciendo famoso por los casos que llevaba en Corte. Criminal que cayera en sus manos no salía absuelto; Tomás Alberto hablaba con una soltura que todos envidiaban. Era especialmente diestro con las ideas; no había quien le ganara en un debate. Esa noche, su hermano Carlos Enrique le sugirió:

—Chico, deberías meterte en política.

Su hermana y el marido estuvieron de acuerdo. Margarita se había graduado de maestra de la Universidad de Puerto Rico, se había casado y trabajaba en una escuela elemental de Aguadilla. Marielisa aún estudiaba en la Universidad de Puerto Rico en Río Piedras y no estaba presente. Su hermano Luis César estudiaba medicina en Estados Unidos gracias a unas becas federales y tampoco se encontraba con ellos esa noche. Pero Carlos Enrique, que acababa de abrir una oficina de práctica privada en Aguadilla, volvió a insistir:

—Hombres como tú son lo que necesita este país.

Tomás Alberto protestó:

—Tendría que pensarlo...

Al decir esto pensaba en J.D. Durham Chesterton y en cómo reaccionaría a una decisión política suya y pensaba en don Pedro de Mirasol. No quería desatar el enojo de alguno de ellos y, posiblemente, el de ambos.

—Lo pensaré... —repitió en la sobremesa de la casa de su madre.

Josefa Sanmartín estuvo de acuerdo. Mejor era pensarlo. Podía proveer beneficios a largo plazo pero, dadas las circunstancias, por el momento era preferible esperar.

Esa noche Tomás Alberto regresó a Mayagüez pensando en la sugerencia de su hermano. Estaba claro que Carlos Enrique quería participar en una gestión política. Ya hablaría con él. En el fondo de su corazón, Tomás Alberto hubiera querido fundar un partido político independentista. Le gustaba leer a José de Diego. Pero J.D. Durham Chesterton jamás lo apoyaría. Si Tomás Alberto fundaba un partido independentista, J.D. empacaba sus bártulos y se largaba de Puerto Rico. Los hacendados criollos tampoco lo apoyarían. Disfrutaban del libre acceso al mercado norteamericano y se sentían protegidos por el ejército de Estados Unidos. En lo más hondo de su inconsciente colectivo caribeño, se habían sentido inseguros desde que en el siglo dieciocho los esclavos de Saint-Dominque se había rebelado y habían matado a todos los blancos franceses. Muchos de los hacendados blancos que lograron escapar de la revolución haitiana llegaron de refugiados a la costa oeste de Puerto Rico. Hacía más de cien años de este acontecimiento histórico, pero el miedo a que la masa de trabajadores de la caña se rebelara persistía. Ya no eran esclavos oficialmente, pero en la práctica seguían siéndolo por su pobreza y sus condiciones de vida. Ese miedo se había introducido en las arterias de la clase hacendada caribeña y había quedado depositado en cada célula de su sangre. Incursionar en la política no era una decisión fácil; arriesgaba demasiado. Tomás Alberto tendría que pensarlo.

7

Josefa Sanmartín se quedó pensando en la sugerencia que Carlos Enrique le hizo a Tomás Alberto, y
cuando el ángel entró en su alcoba esa noche fue lo
primero que le comentó. Antes de que el ángel la to-
mara entre sus brazos, la despojara del camisón de
seda rosa que se ponía exclusivamente para él y le
besara cada rincón de su cuerpo, lo increpó:

—¿Crees que Tomás Alberto debe aventurarse en
la política? —el ángel se sentó en el borde de la cama
y no le contestó. Se rascó la barbilla por un rato y
caminó hasta la ventana que abría al mar. Soplaba una
brisa deliciosa que sabía a la tierra que habitamos, a
los montes que nos alimentan y nos recogen cuando
tropezamos, porque soplaba del sur. Era por lo tanto
un aire que cruzaba la costa oeste y venía de las montañas boscosas de Rincón. Otras noches soplaba del
noroeste y la brisa olía a caracol, a cueva submarina y
a náufragos llorando. El ángel respiró hondo.

—No tengo que contestarte esa pregunta. Después me culparás por tus desvaríos.

—No lo haré, te lo prometo...

El ángel la miró, dudoso de su respuesta. Conocía las mañas de aquella mujer a la que amaba pro-

fundamente. Había esperado a que enviudara y criara a sus hijos. Le habían nacido canas esperándola y en los años en que llevaba queriéndola le habían nacido más canas todavía. Ya las plumas de sus alas no brillaban como antes. Ella, por el contrario, estaba cada día más hermosa. Los destellos que plateaban sus sienes hacían resaltar el brillo de sus ojos negros. La vida que había vivido con honradez y pureza daba a la mirada de Josefa Sanmartín una fiereza misteriosa. Quizás era el amor que él le regalaba, pero no se atrevía pretender tanto. Ella llevaba una dieta cargada de langostas frescas, bacalao y viandas y una rutina de ejercicios diarios. Gracias a los consejos del ángel, cada mañana caminaba rápido por la acera frente al mar, ida y vuelta hasta el parque Colón. A los cuarenta y ocho años estaba tan dura y deseosa como una jovencita.

El ángel dijo al fin:

—Tomás Alberto sabrá lo que tiene que hacer.

Josefa se rió de las mañas de su ángel. Cuando no quería asumir responsabilidades no había quien lo obligara. Ahora tendría que contentarlo. Se le acercó por la espalda, pues aún aspiraba la brisa que cruzaba la costa, y lo acarició. Desde la rabadilla hasta las vértebras del cuello lo fue besando hasta que él se dio la vuelta. Lo que tenía entre las piernas, endurecido y ansioso, la buscó.

Margarita y Marielisa ignoraban que el ángel visitara a su madre. Sospechaban que ella les ocultaba algo pero no se atrevían a preguntar. Aunque sí se atrevían, sin embargo, a confiarle a su madre todos sus lances amorosos. Margarita, que no era ni remotamente tan bella como su madre, era tan enamoradiza como cualquier hombre machista. De adolescente, en la Escuela Superior, estuvo enamoradísima de un maestro de historia. Daba la clase de historia de Puerto Rico en inglés, utilizando el texto de un norteamericano de nombre Miller que había sido secretario de Instrucción. Margarita quedó encantada con un libro que al fin le hablara del país en que vivía. Le hacía falta su padre. ¿Por qué se había muerto antes de contarle sobre su otra vida en la península, sus abuelos, las tierras donde había nacido? José Herrera no pareció darle importancia a esos asuntos. Parecía haber cerrado con llave la puerta que daba acceso a su vida anterior. Y luego había botado la llave a la basura. Borrón y cuenta nueva. Margarita, al igual que Tomás Alberto, hubiera querido saber. Quizás por eso se enamoró perdidamente del maestro, quien era norteamericano. Tom Frick no estaba acostumbrado a que las estudiantes se enamoraran de él porque era gordito y tímido, así es que la pasión de Margarita lo sacó de base. Aquello de encontrársela esperándolo al salir del salón de clases lo aturdía. ¡Era una niña tan inteligente! Lo acosaba a preguntas que él era incapaz de contestar. ¿Por qué los norteamericanos no le habían dado la independencia a Puerto Rico como se la habían dado a Cuba? Buscaba libros que le dieran una respuesta para contestarle a la niña y simplemente no los había. Un día, en una fiesta para maestros norteamericanos en Puerto Rico que ofrecieron en Fort Brooke, en San Juan, le preguntó a un oficial. El almirante de la Marina, con su gorra blanca y sus galones sobre los hombros, le respondió sin titubear:

—Porque nos dio la gana.

Ante el asombro de Frick, añadió:

—Razones militares, muchacho. No te tuestes el seso por eso. Si por mí fuera, les daba la independencia mañana. Son una partida de buscones, vividores y ventajeros. No se puede confiar en ellos. Te dan la puñalada por la espalda.

Tom quedó impresionado con las palabras contundentes del almirante, y aunque Margarita le gustaba, desde ese día rehuyó los encuentros con ella. Nada bueno puede provenir de una amistad tan desigual, pensó. De seguro terminaría despedido de su trabajo y en la cárcel.

Aunque obtuvo calificaciones excelentes, Margarita lloró amargamente el rechazo de Tom Frick. Se lo confió a su madre, quien la consoló lo mejor que pudo.

—Necesitas a tu padre, su protección y su sabiduría —pudo decirle. Pero era tan poco lo que podía hacer. Carlos Enrique y Tomás Alberto tenían que ocuparse más de su hermana; eso les dijo. Pero ellos estaban demasiado ocupados en sus asuntos, y esto sucedió en los días en que Tomás Alberto se embarcó para la Escuela de Leyes en Connecticut.

Por suerte, Margarita olvidaba tan fácilmente como se enamoraba, y una vez se graduó de Escuela Superior e ingresó a la Universidad de Puerto Rico se sumergió de lleno en sus estudios con un entusiasmo desaforado. Los fines de semana que viajaba a Aguadilla le confiaba a su madre todos sus entusiasmos y sus desilusiones. Josefa Sanmartín disfrutó los años universitarios de Margarita como si de los propios se tratara. El ángel se reía de ella:

—Debías irte a estudiar tú.

—¿Y entonces quién atiende *El delfín de oro*?

—Quisiera yo poder hacerlo —debió decir el ángel. Pero nunca, extrañamente, le dijo eso.

Cuando Margarita llegó un viernes por la tarde de Río Piedras y le trajo aquel joven espejuelado muy serio y juicioso para que lo conociera, el corazón de Josefa Sanmartín dio saltos de alegría.

—Este no está mal —pensó.

Y, efectivamente, al año siguiente de graduarse de la Universidad de Río Piedras, Margarita y Juan Pérez contrajeron matrimonio en una sencilla ceremonia en la iglesia católica de Aguadilla. Como ambos obtuvieron plazas en la escuela elemental José de Diego, Montaron casa no muy lejos de Josefa, en una casita frente al mar cuyos socos traseros se hundían en el agua.

Las hijas, por lo tanto, se mantenían cerca de la madre. Tan cerca como para confiarle sus ilusiones, los dobleces más íntimos de su corazón. Que lo hicieran sin esperar que su madre hablara de sus propios sentimientos asombraba a Adela, la sirvienta más fiel que haya jamás habido y que guardaba el secreto de Josefa como quien vela por la vida de un hijo. Ella había visto al ángel aquella primera vez, durante la anunciación de Tomás Alberto, y había vuelto a verlo varias veces en el patio, en la tienda, en el dormitorio de doña Josefa y volando sobre los techos del pueblo de Aguadilla. Adela se había casado y había tenido tres hijos, pero nunca abandonó el servicio en la casa de los Herrera Sanmartín. Sus hijos habían crecido y se habían independizado y uno de ellos ayudaba a doña Josefa en *El delfín de oro*. Una hija, Pilar, ayudaba con el lavado y el planchado de ropa de la casa. Adela había montado su propia casa durante algunos años, pero al enviudar había regresado a vivir en la caseta de madera de los bajos, ubicada junto a una letrina y destinada a la servidumbre. Adela era entonces la única que conocía al ángel. Cuando se lo encontraba sentado entre las yautías y las malangas de *El delfín de oro*, le preguntaba por su difunto marido:

—¿Leopoldo está contento en el cielo?

A lo que el ángel respondía:

—Contentísimo, Adela, por él no te preocupes. Se pasa el día recostado en una nube.

—A él nunca le gustó mucho trabajar, pero era muy bueno... —decía Adela, nostálgica.

El ángel la observaba moverse de un lado para otro y un día no pudo evitar el comentario:

—Tú eres al revés de Leopoldo; no puedes estar sin hacer algo —Adela se rió y siguió trabajando:

—Levántese, señor ángel, tengo que barrer detrás de esos sacos de verduras.

Otros días le preguntaba:

—¿Mis hijos van a estar bien?

O suplicaba:

—¿Me cuidarán cuando esté bien vieja?

Para Adela el ángel no tenía negativas ni rodeos. Sus predicciones eran siempre como las de los astrólogos, alentadoras y positivas.

Marielisa no había visto al ángel, pero sospechaba que su madre y Adela compartían un secreto. Aquellos cuchicheos entre la señora y su sirvienta no eran algo normal. Llegó a sentir muchísimos celos hasta que su madre la regañó:

—Deja esas boberías, mijita, si tú eres la niña de mis ojos, la consentida de esta casa, la bebé.

Y al decirle esto la acurrucaba entre sus brazos y le cantaba canciones de cuna. Cuando a Marielisa le tocó irse a estudiar a la Universidad de Puerto Rico de Río de Piedras, a Josefa le hizo mucha falta su bebé. Quizá si no hubiera sido por el ángel, no habría insistido en que estudiara. Pero el ángel no cedió:

—Tiene que estudiar igual que los otros. ¡Acaba de cortar el cordón umbilical!

Finalmente, con mucho esfuerzo, Josefa lo cortó y se sintió orgullosa de que su nena fuera tan estudiosa. Cuando le trajo aquel primer novio lo escudriñó de pies a cabeza. Era de Hatillo y sus padres eran dueños de una vaquería.

—¿Y tú vas a ser maestro en vez de ordeñar vacas?

—Quiero ser maestro de matemáticas —dijo el muchacho, muy seguro de sí mismo.

Nomás a Marielisa se le ocurre, los maestros de matemáticas son una gente rara, pensó Josefa, ¿y ese muchacho la ayudaría en sus cuentas de *El delfín de oro*?

Por suerte el noviazgo duró poco y consoló a Marielisa cantándole las canciones que solía cantarle cuando era recién nacida. Seis meses más tarde le trajo otro novio, un colorao de ojos azules cuyos padres tenían una finca de café en Lares. Con él pudo hablar de las florecidas perfumosas del arbusto del café y de la recogida de la semilla madura. El muchacho, de nombre Miguel Juan, se sentaba con ella en el balcón que daba a la plaza y hablaban las horas largas. Entonces los celos de Marielisa fueron por otra razón.

—Para evitar problemas será mejor que Marielisa y Miguel Juan se casen lo antes posible —le dijo una noche al ángel.

Decidieron que Marielisa se casaría tan pronto se graduara, así había menos peligro de que un día llegara sin anunciarse y se encontrara con el ángel sentado en el comedor compartiendo con Josefa una ensalada de langosta acompañada de tostones de plátano, cada uno con su buen plato enfrente. Otra opción era confiarle su secreto, pero temía nuevamente los celos de Marielisa.

Así andaban las cosas el día que Tomás Alberto se presentó en Aguadilla a llorar en los brazos de la madre y regresó a Mayagüez con una preocupación adicional corroyéndole los sesos. ¿Debería incursionar en la política? En ese momento, el paisaje político de la isla era complicado. En vez de haber partidos políticos comunes y corrientes, como había en otras partes del mundo democrático y como había habido hasta el 1924, ahora había en el poder una alianza entre el Partido Unión y un ala del Partido Republicano. Se llamaba, de hecho, La Alianza. Aunque Diego había militado en el Partido Unión hasta su muerte en el 1918, ahora el partido era diferente y no se sentía motivado. El otro matrimonio político, lo que llamaban La Coalición, tampoco le interesaba. A los puertorriqueños les tocaba luchar por su independencia, como había señalado De Diego, pero no era fácil abandonar los beneficios económicos que la anexión a un país poderoso significaba. Tomás Alberto no sabía si verdaderamente la anexión sería beneficiosa, pero al menos prometía serlo. Podía ser una inmensa mentira, un monstruoso engaño. ¿Qué iba a predicar él como político si lo único que sabía era que dudaba y desconfiaba de todos por igual? Como comenzaba en la práctica privada, Carlos Enrique ya habría visto lo conveniente que era para resolver casos el tener contactos en la Legislatura. Tomás Alberto se retorció en el asiento trasero del automóvil. Ya el cuerpo le diría qué hacer, pensó. Le preguntaría a Rosaura cuando pudiera; sería el sábado en el baile de Cabo Rojo, si lograba verla.

Al llegar al Hotel Colón, donde se hospedaba en Mayagüez, encontró en recepción una carta dirigida a él. Pensó primero en Rosaura, pero no le desagradó comprobar que era de Vivien Chesterton:

Muy estimado Sr. Herrera:

Fue un verdadero placer compartir con usted durante nuestro último viaje a Puerto Rico. Usted se parece al Puerto Rico que mi madre describe en sus cartas. Mi padre ve a la gente como un negocio. Es su profesión, yo no lo culpo. Yo lo quiero, pero sé que el mundo no es necesariamente como él lo ve.

Me gustaría, en un futuro no muy lejano, regresar a la isla y volver a conversar con usted. ¿Cree que podríamos visitar Ponce y, quizás, San Juan? ¿A modo de turismo? Esto no es un pedido; sólo considérelo.

Atentamente,
Vivien Chesterton Ashton

A Tomás Alberto lo asombró la audacia de la joven al querer ir más allá de la mentalidad del padre. Admiró el deseo, quizás la necesidad, de llegar a la madre. Se asustó un poco con la agresividad de Vivien. Las señoritas puertorriqueñas eran más recatadas. Esa noche durmió con un revoltijo de pensamientos dándole vueltas en la memoria.

Brincaban y saltaban, no querían quedarse quietos y despertó varias veces para beber agua e ir al baño a orinar.

Al día siguiente, al regresar de la oficina, volvieron a entregarle una carta en recepción. También era de Vivien y decía:

Muy estimado Sr. Herrera:

Ayer no le dije que he descubierto, entre las cartas de mi madre a Tía Nannie, una donde habla mucho de mi tío William Ashton. Resulta que se enamoró de una puertorriqueña y quería casarse con ella y la familia de acá de Boston no se lo permitió. Mami dice que Tío William sufrió mucho. Dice que iba a visitarla a su apartamento de la Calle Tetuán para quejarse y llorar en su falda. Parece que Tío William tenía sensibilidad, pero no se atrevió a rebelarse contra la familia y la tradición. Le importó más su carrera en el Departamento de Estado. Tío William fue transferido a Washington tres años después y terminó casándose con una bostoniana miembro de una de las familias más encumbradas. Actualmente viven cerca de nosotros aquí en Clarendon Street. Tiene tres hijos, todos varones, y Tío William es muy aficionado a Jennifer y a mí. Será porque nunca tuvo hijas. Será porque amaba a Mami. Viene a visitarnos cada vez que puede y nos trae regalos desde que éramos niñitas. Es un general de la Marina que ya está retirado, pero todavía participa en Consejos Especiales y asiste a reuniones en Washington. El es veterano de la Guerra Hispanoamericana y desembarcó en Guánica el 25 de julio de 1898. Siempre me lo dice con cierto orgullo, a veces con cierta preocupación. Creo que a menudo recuerda aquella novia puertorriqueña porque se pone triste. Tal vez me lo estoy imaginando; es sólo que ahora que he leído esa carta de Mami pienso sería por eso. Quizás se pone triste porque piensa en Mami.

Perdone le escriba una carta tan larga. Pensará que no tengo nada que hacer y la verdad es que estoy ocupadísima. Es sólo que me hace falta mi madre. Usted, que según me contó adora a la suya, podrá comprenderme. La sugerencia turística de mi primera carta sigue en pie. Espero se encuentre bien y su madre continúe en buena salud.

Atentamente,
Vivien Chesterton Ashton

Releyó varias veces la carta de Vivien. Se sintió halagado. ¿Qué significaba? No se atrevía a pensar que se había enamorado de él, pero su vanidad masculina se sentía trepada en un pedestal. ¡Una mujer tan hermosa y tan educada! E hija de John Dandridge Durham Chesterton. No lo podía creer. Al fiscal no le iba tan mal después de todo. ¡Quién lo hubiera dicho! Ahora se acercaría a Rosaura con mucho más seguridad. Sin pensarlo demasiado, contestó la carta de Vivien ofreciéndole ser su guía turístico cuando ella lo dispusiera y asegurándole que la amistad entre ambos era una relación importante. No mentía. Cada palabra que dijo al abrirle su corazón a Vivien era auténtica y verdadera. No se sintió en conflicto con su amor por Rosaura. Eran afectos diferentes. Pero no iba a apresurarse, tomaría la vida como viniera. No le resultaba desagradable el interés de Vivien, no señor.

El sábado a las ocho de la noche subió las escaleras del Círculo de Recreo de Cabo Rojo. Los patrocinadores acudieron de inmediato a saludarlo, agradeciéndole su presencia. Eran señores de familias distinguidas, los De la Rosa, los Alzamora, los De Soto, los Vázquez-Brenes, los De Mirasol, hermanos y primos de don Pedro. Estas fiestas tradicionales hacían posible la comunicación entre las familias propietarias del suroeste, fomentaban los enlaces matrimoniales y articulaban una conciencia de clase no muy clara políticamente pero, por el contrario, socialmente muy definida. Tomás Alberto era un arribista a esta clase, ya que sus padres no pertenecieron a ella, pero su educación excepcional y su talento indiscutible le brindaban acceso. La clase alta sabía que sin sangre nueva podía estancarse; si no se renovaba no sólo no crecía. Tampoco podría conservar sus privilegios. Tomás Alberto no cuestionaba que estuviera en su lugar. Siempre supo, desde que en *El delfín de oro* espiaba los delicados pies calzados en gamuza francesa de las esposas e hijas de los hacendados, que éste era su lugar o, al menos, podía llegar a serlo.

Fue repasando a las jóvenes sentadas junto a sus madres en las mesas. Rosaura aún no había llegado. No se sintió interesado en ninguna de ellas. Las había muy hermosas; Patricia de la Fuente, por ejemplo, era un camafeo. Sus delicadas facciones, su cuello y sus senos parecían esculpidos por un maestro orfebre de la corte de los reyes de Francia. Pero luego, si se sentaban a conversar, ella no lograba ensartar dos ideas. Claro, si Vivien Chesterton estuviera presente ya le habría pedido una pieza para que lo apuntara en su carnet. Vivien y Jennifer hubieran disfrutado este baile, pensó. Pero era imposible, su mundo y este mundo apenas se tocaban. Vivien se vería espectacular con un traje de baile largo, pensó Tomás Alberto, y enseguida le dibujó en su mente un traje de gasa azul con picos en el ruedo, unos zapatos de tacón alto plateados y un pañuelo de seda sobre la frente y atado atrás, sobre la nuca, a la moda de esos años. Le pediría un danzón romántico para que bailara música caribeña.

En esas andaba, elucubrando fantasías, cuando vio a Rosaura, Rafael, Eduardo y Elvira entrar a los salones caminando cuidadosamente detrás de don Pedro de Mirasol y su esposa. Acudió mucha gente a saludarlos con cariño y entusiasmo. Don Pedro era un hombre muy querido en la comunidad y, a pesar de ser dueño de la Central Libertad y también el orgulloso propietario de muchas fincas de caña de azúcar, fincas de ganado y árboles frutales, era una persona bondadosa que ayudaba a todo el que podía. Esa noche don Pedro vestía un traje de dril blanco muy en boga entre los hacendados caribeños y se destacaba entre los señores que lo rodeaban. Rosaura vestía un traje rosa sin mangas y un collar de perlas colgaba desde su cuello hasta su cintura. El pelo castaño con destellos dorados le caía sobre los hombros en delicados rizos. Lo tenía parcialmente recogido con una hebilla de nácar.

Tomás Alberto, paso firme y decidido, se aproximó a saludar a don Pedro con efusivas muestras de amistad. Besó la mano de su señora y besó las delicadas manos de Rosaura y Elvira. Saludó a los hermanos Rafael y Eduardo, quienes lo miraban como niños que acaban de hacer una travesura. Luego pidió una danza a Elvira. A Rosaura le pidió el número tres, un vals, el número seis, un fox-trot y el número diez, un pasodoble. Ella no vaciló en apuntarlos en su carnet.

8

J.D. Durham Chesterton no protestó cuando sus hijas quisieron acompañarlo en su viaje a Puerto Rico. A pesar de que les ofreció dos meses en Italia, insistieron en viajar con él a la isla del Caribe. Así pues, abordaron el carguero en el muelle de Boston y una semana más tarde atracaron en los muelles de Aguirre.

—Esta vez iremos a San Juan —dijeron Jennifer y Vivien.

Él estuvo de acuerdo. ¿Qué podía negarle a las mismas entretelas de su corazón? Cuando se marearon durante la travesía él mismo las cuidó. Las paseaba por cubierta para que el aire del mar les despejara la mente y el estómago. Les aguantaba la cabeza cuando vomitaban los desayunos, los almuerzos y las cenas. Buscó remedios en su botiquín personal y al fin obtuvo resultados positivos con un jarabe que un médico ponceño le había dado no recordaba en qué ocasión. Cuando se aproximaban a la costa de Puerto Rico una ola de peces rojos acompañó al buque por un trecho. El día anterior habían sido rodeados por una familia de ballenas que subían a la superficie para saltar y volver a sumergirse agitando las colas en el aire. Jennifer y Vivien hubieran querido hablar con ellas; parecía que iban a cantar, de hecho cantaron un buen rato, pero en un lenguaje incomprensible a las señoritas de Boston. No se lanzaron a nadar entre las ballenas porque J.D. Durham Chesterton se los prohibió terminantemente.

Al fin desembarcaron en el país tropical de J.D. Una vez instalados en el hotel, su padre las envió a San Juan en un automóvil blanco conducido por un chofer muy alto, negro y uniformado. A modo de chaperona, las acompañaría la esposa del administrador de Aguirre y se alojarían en el Condado Vanderbilt, frente a una playa del Océano Atlántico.

Lo primero que tenían en agenda era la visita al gobernador Towner en La Fortaleza. Allí Jennifer y Vivien, al ver las escaleras de mármol blanco, recuperaron aquellos días en que jugaron a los indios y a los vaqueros con Teddy Roosevelt Senior. Y recuperaron, muy en especial, aquella madre que estaba pendiente de ellas y las protegía, las acariciaba. Se lo contaron a Horace Towner porque no podían disimular, les saltaban las lágrimas a los ojos cuando recordaban a la madre. Y él supo respetar sus sentimientos. Horace Towner era un hombre amable de pelo y bigote canosos y espejuelos de lentes gruesos. Lucía una salud deteriorada y daba lástima observar que había perdido mucho peso recientemente. Le preocupaba sobremanera la isla de Puerto Rico y sus habitantes y estaba intentando mejorar la economía. Se llevaba muy bien con los funcionarios de los partidos políticos locales y les confesó a Jennifer y a Vivien que él pensaba que los puertorriqueños debían elegir su propio funcionario, un gobernador puertorriqueño.

—Tal y como estoy en este puesto, elegido arbitrariamente por el presidente de los Estados Unidos, no me siento depositario de mucha autoridad —subrayó.

Él estaba pensando viajar a Washington con don Antonio R. Barceló y con un joven que se llamaba Luis Muñoz Marín. Iría con ellos a plantear en el Congreso que los puertorriqueños se merecían elegir su propio gobernador.

Jennifer y Vivien lo escucharon con respeto, asombradas de que les contaran aquello que nada tenía que ver con ellas, pero más tarde lo comentaron, reflexionaron y pensaron que tal vez Towner quería se lo contaran a J.D. Durham Chesterton. Debía ser algo importante, concluyeron.

Luego de la tertulia en Fortaleza recorrieron a pie las calles de la antigua ciudad y fueron al Hotel Palace a tomar el té. Desde los balcones de los salones de espejos donde se reunieron con otras señoras norteamericanas residentes en San Juan, ubicados en un segundo piso, se podía apreciar un pedacito de la bahía de aguas plácidas.

—Lástima que derribaran las murallas —dijo una señora también de Boston, que había conocido a Louise Ashton—. Tu madre lo lamentaba —añadió dirigiéndose a Vivien. Y ante la mirada súbitamente interesada de Jennifer y Vivien continuó:

—Las derribaron a pico y martillo, los propios ciudadanos se unieron a los grupos de trabajadores. Eso fue antes de llegar nosotros. Louise decía que los americanos no hubiéramos destruido las murallas.

—Deben haber sido hermosas —suspiró Vivien, nostálgica.

—Eso decía tu madre. ¡Eran del siglo XVII! Te pareces mucho a ella; pero en cuanto a las murallas no sé, quizás no, quizás las hubiéramos destruido igual; la ciudad necesitaba abrirse al progreso.

La señora Evans, que así se expresaba, les indicó desde un balcón por dónde corrieron una vez las murallas. La antigua Puerta de San Justo ahora era sólo un espacio vacío.

Vivien y Jennifer escucharon las opiniones de aquellas señoras que usaban trajes de algodón blancos y floreados con falda hasta el tobillo y collares de perlas, guantes blancos y pequeños sombreros de tejido suave ceñidos a la cabeza. La mayor parte de las señoras en aquel salón de té iluminado por lámparas de cristales colgantes eran norteamericanas. Había un grupo de señoras puertorriqueñas en una esquina y Vivien preguntó por ellas. La señora Evans le respondió:

—Son esposas de unos abogados, que por cierto son la gente más pretenciosa que hay en esta isla. Quieren ser igual que los norteamericanos. Algunas de esas señoras sólo leen libros en inglés, por aquello de darse importancia...

Jennifer y Vivien observaron que las señoras puertorriqueñas miraban hacia la mesa donde ellas se encontraban como si escucharan lo que se decía y sonreían con gran dulzura. Vivien pensó que el ambiente era turbio. ¿Qué era lo que realmente estaba pasando? La señora Evans no mostró interés en levantarse a saludar a las señoras puertorriqueñas y las señoras puertorriqueñas no se atrevieron a acercarse.

Vivien y Jennifer pidieron regresar al Condado Vanderbilt y esa tarde terminaron zambulléndose en las aguas cálidas de un Océano Atlántico muy diferente al de las playas de Massachussets. Era mejor no pensar demasiado, pensó Vivien, exhausta.

Esa noche se decidió, por fin, a llamar a Tomás Alberto. No lo había hecho hasta ese momento por una indecisión inexplicable que le mordía la boca del estómago. Jennifer insistía:

—¿Cuándo lo vas a llamar?

Y ella como que sí como que no. ¿Qué habría hecho su madre en una circunstancia similar? Tendría que averiguarlo; no había remedio. Así es que descolgó el audífono y pidió a la operadora que la comunicara con el Hotel Colón en Mayagüez. Eran las nueve de la noche y Tomás Alberto se disponía a leer un episodio del *Ulysses* de James Joyce, una novela que le habían recomendado como lo último en la escritura artística. Comenzaba a ubicarse en el Dublín novelístico de Joyce cuando tocaron a su puerta. Abrió extrañado.

—Lo llaman por teléfono, señor fiscal —dijo el empleado de recepción. Se preocupó. ¿Sería su madre, que había enfermado? Bajó las escaleras con prisa.

—¿Señor Herrera? —dijo una dulce voz en un inglés bostoniano e inconfundible.

—¿Vivien? —contestó de inmediato.

—¿Cómo me reconoce? Nunca habíamos hablado por teléfono.

—No podía ser otra. Hay una sola Vivien Chesterton Ashton en el mundo...

—¡Es usted un encanto! Dígame entonces, ¿sabe dónde me encuentro? Adivine...

—Estará en el Hotel Americano de Aguirre, o quizás en Boston, pero se escucha muy claro para que esté tan lejos...

—¡Falló, falló! —dijo Vivien riéndose a carcajadas, y añadió enseguida, para que Tomás Alberto no se sintiera mal:

—Estoy en el Condado Vanderbilt, en San Juan; hoy visitamos al gobernador Towner. Es un señor muy amable que se preocupa mucho por Puerto Rico...

—Sí, Vivien, lo sé. Los puertorriqueños apreciamos sus esfuerzos... —dijo Tomás Alberto por decir algo, porque se ahogaba.

—¿Va a venir a verme a San Juan?

—Si tú quieres, por supuesto que sí.

—Lo espero mañana a la hora del té en los salones del Condado Vanderbilt... ¡Hasta mañana, señor Herrera! —dijo suavemente Vivien antes de colgar.

—Hasta mañana... —logró balbucear él. ¿Y ahora qué hacía? Por suerte el próximo día era viernes y no tenía caso en Corte, pero debía atender gente en su oficina y revisar papeles. Tomaría el tren de las diez de la mañana luego de trabajar desde la siete en su oficina, decidió mientras regresaba a su habitación. Y J.D. Durham Chesterton, ¿estaría enterado de algo? Hacía varias semanas que no lo llamaban de Aguirre. Tomás Alberto no esperaba la visita de Vivien.

Sentado frente al escritorio que tenía en su habitación, reinició la lectura del *Ulysses*. Aquella caminata de Stephen Daedalus por la playa oscura y fría de Dublín lo transportó a otra realidad y al cabo de un par de horas pudo dormir.

Eran las cinco de la tarde cuando el tren llegó a San Juan y un taxi lo llevó directamente al Condado Vanderbilt. Entró en los salones cargando una pequeña maleta y con un aspecto de viajero legendario que le hubiera encantado a James Joyce.

—Dígame, ¿viene usted de la Patagonia? —le dijeron Jennifer y Vivien al entrar Tomás Alberto directamente a los salones de té.

—Temí no llegar a tiempo. El tren es algo lento...

—¿En tren desde Mayagüez? Es usted arriesgado...

—Pero cumplidor siempre, señorita...

Jennifer y Vivien rieron divertidas. Tomás Alberto rió con ellas y se sentó:

—¿Creen que podría tomarme una taza de té? —Vivien le sirvió un bizcocho de chocolate y una taza de té.

—Gracias —murmuró Tomás Alberto ingiriendo lo que le brindaban sin hablar mucho.

—Parece tiene hambre —dijo Jennifer.

—Todo el día en el tren, parando en la estación de cada pueblo, se termina hambriento —asintió Tomás Alberto—, no te equivocas.

—¡Pobrecito! ¡Y ha hecho eso por nosotras! —exclamó, coquetísima, Vivien.

—Eso es poco, señorita. Por usted intentaría cambiar las estrellas de lugar...

—¿Nos va a enseñar San Juan? —dijo Vivien, fingiendo timidez.

—Debo estar en la oficina el lunes por la mañana.

—¡Quédese hasta el domingo por la tarde! Lo enviamos a Mayagüez en el carro con chofer que papi nos tiene a la puerta.

—En automóvil son sólo cinco horas de San Juan a Mayagüez... —reflexionó Tomás Alberto.

—Puede regresar como a las tres, ¡sí!, ¡sí! —corearon ambas.

—Está bien, entonces, si me excusan un momento, voy a alquilar una habitación por dos noches. Ya regreso.

Se levantó y se dirigió a recepción, donde le dieron la única habitación libre que tenían, en el tercer piso. Con la llave en la mano, subió en ascensor a su cuarto. Una puerta abría a un balcón desde donde veía las palmeras y la playa a sus pies y el mar de olas agitadas perderse en el horizonte. La habitación era lujosa: dos camas gemelas y muebles estilo colonial español, cortinas y colchas bordadas.

Contrastaba con la sencillez casi espartana de su habitación en el Hotel Colón. Debía economizar porque tenía varios negocios en mente, necesitaba el capital, sí señor, pero algunos gastos eran inevitables, gastos de operación, dirían los norteamericanos. Se miró en un espejo de marco dorado que colgaba de una pared. Se veía cansado, con ojeras pronunciadas; el traje lo tenía estrujado y polvoriento. Un viajero de los caminos del Señor, pensó recordando a James Joyce. Debía regresar a los salones de té. Se peinó un poco, se lavó la cara y se sacudió al polvo del traje de gabardina gris que llevaba puesto.

Bajó a la planta baja del hotel. Jennifer y Vivien celebraron su regreso: tenía que contarles todo lo que había hecho desde que dejaron de verse, hacía ya tres meses y pico. Sin pensarlo mucho, Tomás Alberto les contó del jíbaro que regresó a su casa y encontró a la mujer con otro hombre. Ambas reaccionaron igual:

—¡Oh! ¿Y qué pasó?

—Los picó en pedacitos con el machete, no podía hacer otra cosa.

Y añadió:

—Esta semana lo hice condenar a cincuenta años de cárcel.

—¿Por qué dices que no podía hacer otra cosa? —preguntó Vivien, siempre atenta a los cabos sueltos.

—Aunque no la hubiera querido para sí, se veía obligado, por exigencias de nuestra cultura, a matarlos. Era la única manera de limpiar su honor.

—¡Pero pasará en la cárcel el resto de su vida! —protestó Vivien.

—Pero con honra —afirmó, convencido, Tomás Alberto.

—Mami hablaba de lo orgullosos que eran los puertorriqueños, ¿te acuerdas, Jennifer? —comentó Vivien.

Jennifer asintió, pensativa, y decidieron caminar hasta el puente Dos Hermanos, que unía a la isla de San Juan con la península de El Condado. Caminaron disfrutando el anaranjado combinado con azul pavo y con gris plata del atardecer, una bóveda celeste con la que ni siquiera los pintores renacentistas italianos osarían competir. Antes de llegar al puente observaron la casa de Madame Luchetti, la madre de los hermanos Behn, los fundadores de la empresa telefónica internacional, la ITT. Jennifer y Vivien habían oído hablar de Sosthenes Behn y su hermano Hernand. Habían construido el puente que iban a cruzar y eran los que habían urbanizado el sector de El Condado.

—Sosthenes Behn no se detiene ante nada —señaló Tomás Alberto, quien lo admiraba mucho.

—Es preciosa la casa —señaló Vivien.

Apreciaron los techos inclinados sostenidos por sólidas columnas de mampostería.

—La diseñó un arquitecto checoslovaco de nombre Antonín Nechodoma; en realidad se crió en Chicago, donde estudió con Frank Lloyd Wright, pero vive aquí —dijo Tomás Alberto.

La casa, ubicada a la entrada de la laguna del Condado, disfrutaba de un lugar privilegiado. Desde sus terrazas se apreciaba el Océano Atlántico, la entrada a la laguna con el antiguo fortín de San Gerónimo guardándola y los mangles en los bordes de la laguna sumergiendo sus raíces aéreas, laberínticas, en el agua. Cruzaron el puente caminando. Tomás Alberto se alegró del episodio turístico, pues de otra manera no encontraría la ocasión de caminar estos espacios. Durante el día los niños descalzos de las calles de la capital se iban al puente a tirarse de cabeza en la laguna. Se zambullían con los andrajos mugrientos que llevaban puestos. A veces, porque no había reflexionado lo suficiente, Tomás Alberto envidiaba la libertad de aquellos niños.

Esa noche las hermanas lo invitaron a cenar en el restorán del Hotel Palace, en el mismo centro de la ciudad, y a la mañana siguiente pasearon nuevamente las viejas calles adoquinadas. Además, recorrieron Santurce y algunas urbanizaciones como Miramar. Por la tarde se llegaron hasta el parque nacional en las laderas del bosque de la montaña llamada El Yunque. El sábado en la noche disfrutaron de las orquestas en el salón de baile del Condado Vanderbilt. La esposa del administrador de Aguirre, que los había dejado pasear solos durante el día, esa noche los acompañó y Tomás Alberto bailó un danzón con ella, que estaba muy emocionada.

—Imagínese, señor Herrera, llevo cinco años en Puerto Rico y es la primera vez que bailo esta música. Vivo muy encerrada en la central...

Tomás Alberto no supo qué pensar al escuchar aquellos amagos de rebeldía. La señora Blair era una rubia delgada, alta y muy pálida que en aquel momento no estaba tan pálida porque se había pasado el día tomando el sol en la playa. Estaba más bien roja como un camarón y los manguillos del traje de baño se le marcaban en el escote y en la espalda. No le pareció que se viera muy bien, pero ella de seguro se encontraba regia con su traje de noche *strapless* y bailó como si acabara de descubrir el Orinoco.

El domingo en la tarde, luego de disfrutar de la playa un buen rato y de ingerir un desayuno de frutas tropicales, Jennifer y Vivien decidieron acompañarlo a Mayagüez. Lo dejarían allí y seguirían hasta Salinas.

—Papi llamó esta mañana, dice que volvamos; le hacemos falta —dijo Vivien.

Así entonces, a la una de la tarde ya enfilaban por la carretera de la costa norte en dirección a Mayagüez. Para que conocieran algo de Arecibo, Tomás Alberto las indujo a bajarse en la plaza principal y aprovecharon para estirar las piernas. Dos horas más tarde volvieron a bajarse en la plaza de Aguadilla y en la fuente del Ojo de Agua. Jennifer y Vivien recordaban algo de la fuente. Recordaban a Teddy Roosevelt Senior y a Louise Ashton, que no quiso beber.

—Mami quiso protegernos. Ese Teddy era un loco —dijo Vivien a Jennifer.

Entonces Tomás Alberto las llevó a *El delfín de oro*. Cuando entraron le pareció escuchar un batir de alas y se extrañó; su madre no permitía gallinas dentro del colmado. Pero no volvió a pensar en eso al recibir el abrazo efusivo de Josefa Sanmartín;

—¡Qué alegría, mi amor! —dijo ella sin ver otra cosa que no fuera su hijo.

—Madre, te quiero presentar a Jennifer y Vivien Chesterton...; y a la señora Blair —dijo Tomás Alberto con cautela.

La señora Blair no parecía muy cómoda en el colmado, pero Jennifer y Vivien estaban fascinadas; todo lo encontraban interesante. Subieron a la sala en el segundo piso y Adela les sirvió un café acompañándolo con bizcochos de coco y chocolate. Gracias a las traducciones de Tomás Alberto, conversaron un buen rato. Jennifer y Vivien no podía creerlo.

—¿Tu madre? ¡Parece tu hermana mayor! —le dijeron a Tomás Alberto cuando volvieron a emprender la marcha hacia Mayagüez. Aunque no entendían el español, les impresionó la conversación de doña Josefa. Manejaba una cantidad de información asombrosa para ser una señora que vive encerrada en un pueblo.

—Ahora sé de quién heredas tu cerebro tan ágil y despierto —comentó Vivien por decir algo.

Tomás Alberto se sintió orgulloso de su madre. También estaba orgulloso de sus amigas norteamericanas, que no desdeñaron la humildad del negocio de comestibles. No podía decir lo mismo de la señora Blair, que ahora lo miraba de otra forma. Cuando se despidió de ellas frente al Hotel Colón, cerca de la Plaza Colón de Mayagüez, pensó que su maroma había valido la pena. Ya eran las ocho de la noche y todavía les quedaban dos horas antes de llegar a Ponce. Les indicó que telefonearía a Durham Chesterton para informarle que iban de camino y que pasarían la noche en un hotel de Ponce. Era preferible. Como Chesterton no se encontraba en su habitación en el Hotel de Aguirre, tuvo que dejarle un mensaje.

Al día siguiente, un agitado lunes en la Corte, recibió una llamada en su oficina:

—Señor Herrera, sólo quería agradecerle sus atenciones...

Era J.D. Durham Chesterton. Era muy sincero su agradecimiento, y nada menos que expresado con acento bostoniano, sí señor. Tomás Alberto supo guardar silencio en ese momento en honor a los buenos modales, pero tres días después llamó personalmente a J.D. y le planteó su plan para un negocio. Él y dos socios más tenían en mente comprar una central azucarera en Hormigueros, cerca de Mayagüez, y un préstamo del banco donde Chesterton era presidente de la Junta de Directores le sería extremadamente conveniente. J.D. estuvo de acuerdo:

—Por supuesto, señor Herrera. ¿Va a meterse a cañero? ¡Me va a hacer competencia!

—Yo ni soñarlo, señor Chesterton, pero la central está en venta, tiene tierras aledañas incluidas y el precio es razonable, yo diría que es una ganga; en mi lugar usted haría lo mismo que yo; eso creo. Recuerde que usted ha sido mi maestro en este negocio. Con la zafra de dos años saldamos la deuda, ya verá.

Y efectivamente, dos años más tarde Tomás Alberto y sus socios saldaban la deuda y se encontraban dueños y señores de la Central Atenas y tierras circundantes. Don Pedro de Mirasol no dejó de asombrarse ante la rapidez con que crecía el capital de Tomás Alberto Herrera Sanmartín, pero no protestó cuando su hija Rosaura le informó que el señor Herrera le había regalado una sortija de compromiso.

La ceremonia se efectuó un domingo por la tarde. Don Pedro de Mirasol y su esposa recibieron en la sala de su residencia a Tomás Alberto Herrera, a su madre Josefa Sanmartín y a su hermano Carlos Enrique Herrera, quienes pidieron oficialmente la mano de Rosaura, la cual les fue concedida. Jennifer y Vivien habían regresado varias veces a Puerto Rico durante esos dos años, pero la relación entre Vivien y Tomás Alberto no había superado la etapa amistosa. Unos días después de llamar a Chesterton a pedirle el préstamo, Tomás Alberto había notado que Vivien se distanciaba; muy cortés y amable siempre, pero más fría. Ese año sólo la vio una vez más y fue en Ponce. Se sentaron en la plaza principal y caminaron por la Calle Isabel. Nunca olvidaría que Vivien, estando sentados frente a la fuente de los leones, le preguntó:

—Señor Herrera, ¿cree usted en verdad que mi madre murió de cáncer?

Luego intentó concertar otra cita, pero Vivien no le contestaba sus llamadas.

El distanciamiento no le extrañó. Adivinó conversaciones entre el padre y la hija. Le habrían leído la cartilla: ¡puertorriqueños no! Era una ley no escrita de los Ashton, los Spenser, los Chesterton y demás parientes. Es probable que Vivien hubiera querido conversar más a fondo con su tío William Ashton, pero en aquel momento no encontró la ocasión.

Cuando Rosaura de Mirasol y Tomás Alberto Herrera Sanmartín se casaron, un 8 de agosto de 1928, Jennifer y Vivien, que habían sido invitadas, no asistieron. J.D. Durham Chesterton tampoco asistió. Envió al señor Blair, el administrador de Aguirre, y a su señora, a que lo representaran. Adujo razones de trabajo. Envió un espléndido regalo, eso sí, veinticuatro copas de cristal de Bohemia, finísimas. Al abrir el regalo Rosaura y sus hermanos no lo podían creer.

Se casaron a las siete de la noche en la iglesia de La Candelaria en Mayagüez y los que saben de esos asuntos juraron que nunca habían visto una novia igual. Su traje era de encaje francés y su ramo de las rosas blancas más perfumadas. Asistieron las familias de los hacendados más distinguidos de la isla y asistió el gobernador Towner en persona. Vino acompañado de su gabinete: el capitán R.J. Van Deusen, secretario del gobernador; el honorable George C. Butte, secretario de Justicia; el honorable Juan B. Huyke, secretario de Educación; el honorable Frederick G. Holcomb, contralor; el honorable Pedro N. Ortiz, comisionado de Salud; el honorable Carlos E. Chardón, comisionado de Agricultura y Trabajo; el honorable Guillermo Esteves, comisionado del Interior; el honorable Juan G. Gallardo, tesorero; y el honorable E.J. Saldaña, secretario ejecutivo. Como era la primera hija que se le casaba, don Pedro de Mirasol no escatimó en gastos. El vestíbulo de su residencia en la Calle Méndez Vigo estaba forrado de claveles perlados y rosas blancas. Las galerías del patio interior, la sala, los pasillos y el comedor estaban igualmente engalanados. Recibieron a los invitados con champán francés y los manjares que saborearon fueron admirados y disfrutados por todos los asistentes. Aquella boda dio mucho de qué hablar en Mayagüez. Pasaron muchos años antes de que las señoras chismosas que se reunían por las tardes en los balcones hablaran de otra cosa.

9

Escasamente un mes después de la boda de Rosaura
y Tomás Alberto, el peor huracán en los anales de la
historia de Puerto Rico entró por la costa sureste y
salió por la costa noroeste; atravesó la isla de extremo a extremo. Sus vientos alcanzaron la velocidad
de 200 millas por hora cerca del ojo y todas las industrias agrícolas del país, el café, el tabaco, el azúcar
y los frutos menores, todo, absolutamente todo, quedó devastado. Le llamaron San Felipe y el nombre
pasó a ser sinónimo de destrucción. Rosaura y Tomás Alberto vivían en una casa alquilada en la Calle
Méndez Vigo, Rosaura no muy lejos de sus padres, y
a pesar de que reforzaron puertas y ventanas con pa-
neles y maderos, perdieron varias ventanas esa noche. El limonero y el árbol de aguacate que había en el
patio fueron arrancados de cuajo. El árbol de mangó
perdió todas sus hojas y la mayor parte de sus brazos.

No valía la pena preocuparse por esas cosas, dijo
Rosaura convencida, lo importante era que estuvieran vivos. Y así lo comprobaron, aliviados, al llegar
don Pedro con las noticias. Todo bien, pero:

—La cosecha de caña se perdió —le dijo a Tomás Alberto—. Se desbordaron el Río Yagüez, el

Río Guanajibo y el Río Añasco. Los valles están inundados.

Este último hundió la cabeza entre los brazos. No era fácil. Había comprado la Central Atenas hacía sólo dos años. Estaba empezando. Don Pedro lo consoló:

—No te preocupes, hijo. Se vuelve a comenzar. Si necesitas dinero yo te ayudo.

Y así, con el apoyo del suegro, volvió a sembrar sus tierras. Fueron años de grandes sacrificios, pues la caída de la bolsa de Nueva York, el 24 de octubre de 1929, produjo un caos en los medios financieros. Empezaban a levantar cabeza luego de San Felipe y ahora esto. Fueron muchas las compañías que fracasaron y el dinero dejó de estar tan disponible a los agricultores. Además, cayó el precio del azúcar. Durante esos años Tomás Alberto renunció a su trabajo de fiscal y abrió su propio bufete.

Rosaura lo apoyó en todo momento. Si hubiera podido ponerse a trabajar de maestra lo hubiera hecho. Llegó a sugerírselo a Tomás Alberto, pero éste reaccionó indignado:

—Mientras yo tenga dos manos con las que mantenerte, aunque sea cavando hoyos, tú no tendrás que trabajar.

Era absurdo, protestó Rosaura, ella se sentía obligada moralmente, ella se sentiría orgullosa de poder contribuir a la economía hogareña. Pero no hubo manera. Tal vez hubiera continuado insistiendo, pero al encontrarse embarazada tuvo que desistir.

De esta manera pasaron varios años, posiblemente los más difíciles en la historia de la isla. Las cifras de desempleados aumentaban y el hambre y las enfermedades arrasaban con los hogares puertorriqueños. A los niños flaquísimos se les inflaban las barrigas a causa de las lombrices. Los campos comenzaron a vaciarse y las ciudades a poblarse de arrabales. Tomás Alberto y su Central Atenas se reponían, sin embargo, gracias a la ayuda incondicional de las reservas de capital de don Pedro. Doña Josefa Sanmartín no se anduvo con rodeos:

—Tienes que agradecerle a don Pedro el que hayamos sobrevivido estos años malos... —le subrayó.

Entonces, para corresponder a la generosidad del suegro, pensó seguir la sugerencia que una vez le hiciera su hermano Carlos Enrique. Decidió incursionar en la política. No era una decisión fácil. Las elecciones del 1928 para elegir senadores y representantes a la Cámara las había ganado nuevamente La Alianza, pero en el 1929 don Antonio Barceló se separó del Partido Unión y, por consiguiente, de La Alianza. Entonces fundó el Partido Liberal, con la independencia en su plataforma. Lo acompañaba en el Partido Liberal el joven hijo de Luis Muñoz Rivera, Luis Muñoz Marín.

¿Pero cómo, si Tomás Alberto era cañero, iba a apoyar la independencia? Tuvo una larga conversación al respecto con don Pedro. Fue a visitarlo a su oficina en el edificio principal de la Central Libertad. Don Pedro vestía esa tarde un traje de dril blanco con corbata floreada en colores brillantes y lo recibió con la simpatía de siempre.

—¿Qué dices, hijo? ¿Qué te vas a meter a político?

—Puedo tratar de levantar la economía de este país.

—Está duro, hijo. La gente pobre se la pasa cosiendo y bordando en sus hogares, hombres y mujeres, para poder comer... Especialmente durante el tiempo muerto, cuando no hay zafra...

—Los liberales están en contra de la caña...

—Así parece...

—Puedo unirme al Partido de la Coalición. Aunque son de la unión de los republicanos puros de Barbosa y los socialistas de Iglesias Pantín, van a ganar las próximas elecciones.

—No me gustan. Están a favor de la anexión, de eso que llaman la estadidad, que es un disparate. Además, son socialistas; nos obligarán a subir los sueldos de los trabajadores en un momento en que no conviene —señaló don Pedro. Pero añadió, súbitamente interesado:

—¿Por qué dices que van a ganar las próximas elecciones?

—Al Barceló separarse de La Alianza, se lleva consigo un número considerable de votantes. La Coalición, por el contrario, tiene todos sus votos...

—¿Y si gana La Coalición nos van a imponer la estadidad?

—No, don Pedro. Eso no es tan fácil. Tendremos que pedirla varias veces, y con una victoria en las urnas de mayoría abrumadora. El Senado norteamericano tiene que discutirlo mucho antes de que nos la concedan.

—Eso dicen. A la hora de la verdad, no dan ná; vas a ver. Ya la pedimos una vez y nos la negaron.

—Entonces, ¿qué le parece si me postulo como senador por el distrito de Mayagüez?

—Si quieres, hijo, pero,... Se entiende que los trabajadores sean estadistas. Digo, quieren ganar los mismos salarios que los trabajadores norteamericanos, que son los trabajadores que más ganan en el mundo. ¡Lógico! A nosotros eso no nos conviene. Además, pagaríamos más impuestos...

—No se preocupe, don Pedro. La estadidad no vendrá. Yo lo que quiero es dinero federal, de Washington, para aliviar la miseria de la gente.

—A ver si defiendes a los dueños puertorriqueños de las centrales azucareras.

—Eso haré...

—¡Entonces adelante! ¿Qué estás esperando?

Al decir esto, don Pedro le dio dos golpes cariñosos en la espalda.

Esa noche, después de la cena, Tomás Alberto le dijo a Rosaura que iba a dar una vuelta y caminó hasta la Plaza Colón. Sentado en un banco debajo de la estatua de bronce de una dama europea decimonónica con un farol en la mano, comenzó a hilvanar hechos e ideas. El mundo está a tus pies, no te equivoques, Tomás Alberto, don Pedro ya verá quién soy yo. Iré a las oficinas de La Coalición mañana a inscribirme, ese señor, Martínez Nadal, no se va a negar, ya me tiene puesto el ojo. Además, el gobernador Roosevelt quiere conocerme mejor, eso me dijo la semana pasada. Lástima que el gobernador Towner renunciara, pero ya llevaba seis años haciendo algo que no se consideraba capacitado para hacer. Aún así, es el gobernador norteamericano que más tiempo ha durado, no, me equivoco, fue Yager que era demócrata, pero al final de su incumbencia me fui a la Universidad de Yale y a los seis años de Towner me los he chupado completitos. En la boda se veía cansado, pero asistió. Se lo agradecí mucho. Algunos de los miembros de su gabinete me impresionaron; son gente trabajadora. Me impresionó Carlos Chardón, tiene amigos en Washington y es un hombre muy culto, un intelectual. Vino a felicitarme personalmente y estaba encantado de conocer a Rosaura y a don Pedro. Dicen que tiene ideas socialistas, eso le han dicho a don Pedro, pero estoy seguro que lo que quiere es mejorar el nivel de vida de los trabajadores. Chardón cree que el gobierno debe adquirir tierras de caña y centrales. Cree que el gobierno debe tener mayor control sobre la economía; hay norteamericanos que piensan así, pero otros no, otros defienden a brazo partido la libre empresa, ese es un debate de día a día en el Congreso norteamericano. Iré a las oficinas de Miguel Ángel García Méndez también. No se negará. Conoce a mi familia porque es de San Sebastián y de Aguadilla. Son gente muy fina. Me acuerdo de sus hermanas, que venían a *El delfín de oro* a comprar verduras y bacalao. Está casado con una señora Ramírez de Arellano que conoce a Rosaura. Fueron a nuestra boda, me acuerdo. No, él no se negará...

Pensó un rato más y luego pensó más todavía. Estaba nervioso. El lunes 7 de octubre del año anterior había asistido a la toma de posesión del nuevo gobernador. A él lo había invitado don Antonio Barceló porque estaba considerándolo para que militara en el Partido Liberal. Fue una ceremonia sobria, pero impresionante. Teodoro Roosevelt hijo vestía el chaqué o traje formal que utiliza la aristocracia europea en actos oficiales diurnos: pantalones a rayas color gris, camisa blanca con yuntas de diamantes, corbata azul-gris claro, chaleco gris, chaqueta negra de levita, sombrero de copa. Con su mano descansando en la Biblia utilizada por su padre al jurar como Presidente de los Estados Unidos de Norteamérica, Teodoro Roosevelt Junior juró como el noveno norteamericano que oficiaba de gobernador civil en Puerto Rico. El juramento fue llevado a cabo por el juez del Tribunal Supremo, Emilio del Toro, y la ceremonia se celebró en una plataforma sobre las escalinatas del recién inaugurado edificio del Capitolio. El texto se leyó así:

> Yo, Teodoro Roosevelt, de Nueva York, nombrado gobernador de Porto Rico, juro solemnemente apoyar y defender la Constitución de los Estados Unidos y las leyes de Porto Rico contra todos los enemigos, extranjeros y conciudadanos; que le guardaré lealtad y fe inquebrantable a los mismos; que tomo esta obligación libremente, sin estar sometido a presiones indebidas ni desear rehuir mi responsabilidad; que llevaré a cabo los deberes del cargo que hoy asumo; si Dios permite.
> Teodoro Roosevelt (firmado)
> Suscrito ante mí, juez superior de la Corte Suprema de Porto Rico, en San Juan, Porto Rico, hoy lunes 7 de octubre de 1929 A. D.
> Emilio del Toro (firmado)

La cúpula romana y las escaleras y las columnas de mármol blanco proveyeron la dignidad clásica y milenaria que la escena requería. Si bien es cierto que la lluvia, que por momentos se convertía en aguacero torrencial, estorbó a los asistentes, no impidió que los actos se llevaran a cabo. Don Teodoro quiso establecer un precedente y leer su discurso en inglés y en español. Fue un gesto aplaudido con entusiasmo por una concurrencia cada vez más mojada que comenzaba a estornudar y a toser.

—¡La lluvia no me detendrá! —declaró, en perfecto español, el gobernador Roosevelt.

Y añadió:

—Un poco de agua no importa, ¿no les parece?

El público rió y la señora Eleanor Butler Alexander Roosevelt, esposa del gobernador y que estaba sentada en la plataforma entre el juez Emilio del Toro y don Antonio R. Barceló, también pareció divertirse y soportar la lluvia con estoicismo. Sólo que, después de un rato, no pareció divertirse tanto. Aunque se protegía con un parasol de tela estampada en vivos colores, no le servía de mucho. Sombrero, traje, zapatos y guantes blancos estaban igualmente ensopados. Luego de leer las veintiséis páginas de su discurso sin inmutarse, don Teodoro miró a su esposa, consternado, y cambió de parecer. Utilizando un castellano correctísimo se disculpó por no leer su discurso en español. Iban todos a acatarrarse, se excusó, terminarían con pulmonía, incluyendo su propia esposa quien, si las miradas mataran, ya él sería carne de sopa.

La multitud lo aplaudió agradecida. ¡Aquellas veintiséis páginas de nuevo! Todas las promesas de mejorar la salud y la educación eran suficientes en un idioma aunque no lo entendieran muy bien. El reverendo Mc Allister puso fin a los actos con una invocación a Dios y una bendición extensiva a los invitados. A continuación, el gobernador y su esposa se trasladaron a La Fortaleza, donde luego de cambiarse de ropa y acceder a recibir vigorizantes masajes de expertas enfermeras procedieron a recibir delegaciones de distintas partes de la isla. Tras el almuerzo, pasaron el resto de la tarde en el hipódromo. No era ningún secreto de Estado que a don Teodoro Junior le gustaban las carreras de caballos, afición que heredó del padre. La tarde del lunes 7 de octubre de 1929 no tuvo suerte en las apuestas, pero admiró a los animales y entregó la copa de oro al caballo ganador.

El baile de la noche, celebrado en el Teatro Municipal, coronó el día. Las orquestas se lucieron con sus blues y sus ritmos afrocaribeños y don Teodoro intentó algunos pasos de rumba. El momento culminante de la noche fue cuando don Antonio Barceló bailó una danza con la señora Roosevelt. No se registra un momento igual en el archivo de imágenes del inconsciente colectivo. Tomás Alberto bailó la danza con Rosaura, no muy lejos de don Antonio, y se sintió partícipe de un momento memorable. Todas las lámparas de cristal del teatro estaban iluminadas. En el lugar donde suelen estar las butacas para escuchar la función estaba la pista de baile. Las mesas fueron organizadas en el escenario, en los palcos y en los pasillos. Las orquestas ocupaban el foso que suelen ocupar en las funciones regulares. Cuando entonaron el himno oficial, el *Star Spangled Banner*, todos se pusieron de pie. Cuando entonaron el himno no-oficial, la danza *La Borinqueña*, don Teodoro se sentó, pero se dio cuenta inmediatamente de su error y volvió a ponerse de pie.

Tomás Alberto recordó aquel día memorable y pensó un poco más. Aún no le había revelado a Rosaura su decisión de entrar al ruedo político. Repasó, una por una, las estatuas de la Plaza Colón de Mayagüez. A la verdad que no había otra plaza en Puerto Rico que tuviera unas estatuas comparables. Había ocho parejas de estatuas de bronces, de cinco a seis pies de alto, sosteniendo faroles. Dos hombres sin camisa lucían sombreros egipcios; dos damas sin camisa, tetas al aire, también llevaban puesto el sombrero de Tutankamen; cuatro diosas grecorromanas vestían sobrias túnicas; dos señoras europeas con cinturitas de corsé contrastaban con otras dos señoras egipcias, vestidas esta vez, y dos princesas africanas de torsos desnudos. Una última pareja de señoras europeas, de vestimenta dieciochesca, sostenían faroles. Quedaba la última pareja, la número nueve, que era su preferida: dos pajes renacentistas, con calzas y pantalones cortos de bombacho, se apoyaban en lanzas medievales. Eran dieciocho estatuas en total, en parejas pero cada una diferente, y eran todas preciosas. En la base decían: Patente Santa María, fundidas en Barcelona. Ni siquiera San Juan, la capital, tenía estatuas así en alguna plaza. El Cristóbal Colón de San Juan, frente al Teatro Municipal, tenía un almirante genovés de mármol coronando el pedestal. El Cristóbal Colón de la plaza de Mayagüez coronaba su propio pedestal con mayor esplendor. En primer lugar, era de bronce y la bola del mundo que pisaba y la capa que caía de sus hombros en pliegues abundantes lo eran también. Medallones en relieve con los rostros de los reyes Isabel y Fernando y el padre Antonio de Marchena se destacaban en el pedestal. Y sobre todo, y muy especialmente, se destacaban los cuatro sostenes del pedestal. Eran cuatro reyes indígenas, dos de los cuales eran, según el modelo de la realidad, lampiños. Uno de éstos lucía un aro en la nariz. Los otros dos reyes indígenas, más imaginativos y fantasiosos, lucían coronas de plumas y sendos bigotes.

Era una plaza como ninguna otra, sí, pero, ¿qué le diría a Rosaura?

—Voy a postularme como candidato a senador por el distrito de Mayagüez...

—¿Qué dices?

Imaginaba su estupefacción. Rosaura lo miraría como quien mira un animal raro. En los actos de la inauguración de Roosevelt le había comentado que los políticos nunca decían la verdad. Querían estar de buenas con todo el mundo y eso era imposible. Eran monstruos de vanidad, siempre pensando en sí mismos, siempre mirándose al espejo. Como Narciso, terminaban ahogándose en su propio reflejo. Lo miraría sorprendida. ¿Por qué no le había consultado sus planes? No se lo pudo explicar. Era probable que temiera su negativa. No quería saber lo que Rosaura pensaba. ¿Y su madre? Josefa Sanmartín le daría su apoyo. De eso estaba seguro. Y Carlos Enrique, por supuesto. Ya tenía dos hijos, un machito y una niña, y Margarita tenía dos varoncitos gemelos, se estaba llenando de sobrinos y doña Josefa de nietos. Y él que sólo tenía a su niña mimada, a su bebé Carmen Silvia, la única. Rosaura no podía tener más hijos, eso había dicho el médico antes de operarla. Iría mañana a las oficinas de La Coalición, se lo diría después a Rosaura. Se lo diría después de hablarle del negocio que tenía en mente. No se podía confiar en la caña, claro que eso no se lo decía a don Pedro, había que inventarse otras cosas. Tenía planes de montar una fábrica de refrescos, gaseosas con sabores de frutas, uvitas y chinitas, e incluiría la elaboración de una cerveza criolla. También tenía pensado montar una estación de radio, no le veía futuro a la caña de azúcar, la

gente abandonaba los campos para venirse a la ciudad, los arrabales crecían día a día, se trepaban ansiosos por las laderas de los montes aledaños al casco
urbano. Además, era lo que se veía venir en las tertulias a las que asistía en el Palacio de Santa Catalina.

Regresó a su casa con un remolino de ideas gi-
rándole en la cabeza. Rosaura lo recibió con un largo
beso en la boca.

—Estaba preocupada... —dijo al cabo.

Él la miró y se odió a sí mismo, aunque breve-
mente. Era bellísima. Por dentro y por fuera. ¿Por
qué no se conformaba con lo que tenía, si era muchísimo? ¿Qué era la ambición? ¿Por qué necesitaba acceso al poder político? ¿Por qué tenía que demostrarle
a don Pedro y a J.D. Durham Chesterton que él era
tan macho como ellos? ¿O más? ¿Era eso? ¿Era sólo
un asunto de hormonas masculinas?

—Rosaura... —dijo al fin. La abrazó conmovido. Le acarició el pelo y la besó detrás de la oreja
izquierda. La tiró sobre la cama y la desvistió, besán-
dole los senos con fervor, como si rezara. Luego la
penetró diciéndole al oído que la amaba más que a
nada en el mundo, cosa que justo en aquel momento
no lo hacía político porque era verdad. Ella gritó de
placer. Gritó tres veces.

—Rosaura... —volvió a decirle unos tres minutos después, cuando volvió a besarla, ahora más despacio y más profundamente.

—¿Quieres decirme algo? —apenas pudo balbucear ella.

—Creo me postularé como candidato a un escaño en el Senado de Puerto Rico por el distrito de
Mayagüez...

Lo dijo con la mayor naturalidad que pudo reunir, como si le estuviera contando que su secretario no había ido a trabajar ese día. Ella saltó en la cama y se sentó en el centro doblando las rodillas y recogiendo las piernas.

—¿Cómo? —casi gritó.

Tomás Alberto no se había equivocado. Era evidente que se sentía afectada. Había abierto los ojos como si viera un dinosaurio.

—Hace tiempo que lo vienes considerando, ¿verdad? Por eso asistes a las tertulias que organiza el gobernador Roosevelt a la hora del té...

Él asintió. Le contó su conversación con don Pedro. Rosaura se sorprendió:

—¿La Coalición, dices?

Se recogió los cabellos con un peine.

—No entiendo tus razones. ¿Las tienes? ¿Puedes explicarme por qué?

—No...

—Esa gente no se parece a ti...

—No... —asintió Tomás Alberto.

Cualquier explicación sobraba. Él no estaba pidiendo la aprobación de ella. Ya había decidido tomar una ruta. Lo que ella pensara no iba a alterar su decisión.

En un cuarto contiguo, la bebé comenzó a llorar. Rosaura se levantó para atenderla.

10

El Teatro Municipal nunca se había visto como la noche del baile de inauguración del gobernador Roosevelt. Las lámparas de cristales cortados a mano que colgaban del techo brillaban con más intensidad, y los candelabros de plata en las mesas, con sus tres velas en cada uno de sus tres brazos, se añadían a la luminosidad imperante. La mesa del gobernador, ubicada en el escenario, tenía espacio para veinticuatro personas y un mantel de encaje blanco lucía sus exquisitos bordados desde esa posición. Todas las mesas en los palcos y en los pasillos vestían manteles de hilo blanco. Las numerosas puertas del teatro que abrían al exterior, bien custodiadas por policías, estaba abiertas de par en par para que fluyera la brisa que subía de la bahía.

Cuando Teodoro Roosevelt Junior entró al teatro, de su brazo la señora Eleanor Butler Alexander Roosevelt, vestía una etiqueta clásica, con corbata de lacito, botones de oro en la camisa y solapas de seda en la chaqueta. Él estaba impecable y ella, con su traje de seda azul, no lo desmerecía. De su cuello colgaba un collar de perlas que terminaba en una amatista rodeada de brillantes. Dijeron sus discursos y bebie-

ron champán. De primer plato comieron sus calama-
res al ajillo y de plato principal saborearon finas lonjas de salmón ahumado y de res asada, rociadas con
miel y limón. Pero sobre todo bailaron. En el foso de
la orquesta tocó primero la orquesta de Duke Ellington. Había viajado en barco desde los muelles de
Nueva York directamente a los muelles de San Juan
para amenizar el baile. El ritmo de sus trompetas,
trombones y saxofones y el piano del maestro pusieron a la concurrencia a bailar sin remedio. No había
quien no se emocionara al oír a Juan Tizol elaborar
sus solos de trombón. Era como si el instrumento
estuviera vivo; lo dejaba soltarse y volar, lo dejaba sentir lo que la música podía decir, que era mucho. La
riqueza de los arreglos de Ellington se combinaba con
el *feeling* de sus músicos latinos para explorar nuevos
efectos en sus orquestaciones bailables. Claro que tocaron un vals, se lo exigieron los bailarines y era su
negocio. Y lo bailó don Antonio Barceló con la señora Roosevelt. Y lo bailó Teodoro Roosevelt Junior con
la esposa de Carlos Chardón. Y lo bailó Miguel Ángel García Méndez con su esposa Fredeswinda Ramírez de Arellano. Y lo bailó don Roberto H. Todd,
alcalde de San Juan, con su señora esposa. Y lo bailó
don Santiago Iglesias Pantín con su señora, y don
Luis Muñoz Marín con su esposa norteamericana.
Columpiaban sus cuerpos y giraban, el ritmo osci-
lante los llevaba a ejecutar pasos largos. Lo bailó Tomás Alberto Herrera Sanmartín y su joven esposa,
Rosaura de Mirasol. Si así lo deseaban, podían soñar
que bailaban en un salón vienés o parisiense; eso hizo
Rosaura. Como si soñara frente a un espejo. Pero la
realidad era que aquella música tradicional europea,

que alimentaba los sueños románticos de las bellas
señoritas de Puerto Rico y el mundo, palidecía cuando Duke Ellington se sentaba al piano a entretejer
sus ritmos afroamericanos con las melodías anglosajonas. Ellington ejecutaba lenta, suavemente, melodías
en el piano y luego daba paso a las trompetas, el bajo
y la batería. Cuando el trombón de pistones de Juan
Tizol sustituía a la voz humana como relieve sobre el
fondo de ritmos iba más lejos, exploraba unos aires y
unos perfiles que la voz ignoraba; era otra voz, ahora
era la voz de un alma que se dibujaba desafiante, sin
miedo frente a un mundo más rico por ser incierto,
injusto e implacable.

La orquesta también ejecutó un charleston y un
fox-trot, bailes que gozaban de gran popularidad en
Nueva York durante esos años. Había que ver a don
Antonio Barceló bailando el charleston con la señora
Roosevelt; quiso hacerse el moderno aunque siempre
conservando la estampa de perfecto caballero. La señora Roosevelt se reía de las contorsiones del cuerpo
que ensayaba, bromeando, don Antonio. Ella bailaba el charleston como una experta, abriendo y ce-
rrando las rodillas y cruzando los brazos. Ni que
acabara de llegar de París; era tan definitiva su elegancia, tan contundente.

Uno de los aspectos que definió la noche como
una ocasión inolvidable fue el conjunto de Canario.
Bajó al foso de la orquesta tan pronto Duke Ellington se tomó un receso y sorprendió a todos con una
plena ponceña. Eran tres panderetas, un güiro y dos
guitarras. Entonces la voz de Canario cantó: *Santa
María, líbranos de todo mal, ampáranos Señora, de este
terrible animal.* De más está señalar cómo se apresu-

raron a poblar el salón de baile los jíbaros vestidos de impecable etiqueta que bebían champán para acompañar las lonjas del salmón ahumado. Fiel al ejemplo teatral y efectista de su padre, don Teodoro Junior tomó la decisión de bailar la pieza con la mujer más bella de la fiesta. Y escogió, para sorpresa de todos, a la señora Herrera Sanmartín. Rosaura lucía esa noche un traje suelto, estilo saco, bordado en lentejuelas plateadas. El collar de perlas de su madre colgaba hasta su cintura. Cuando el señor gobernador la invitó a bailar aquella música que había escuchado cantar toda la vida a los negros de las barriadas y los cañaverales, los ritmos se le metieron en la sangre y bailó con don Teodoro como si hubieran bailado juntos aquella alegría desde la cuna. *En un barrio de Aguadilla, serían como las seis, se ha presentado el demonio, dando salto en el batey*, cantó Canario. Rosaura se rió con ganas...

—¿Usted contrató esta música? —le preguntó al gobernador.

—Lo hice porque es muy famoso en Nueva York. Quise traerlo para que los puertorriqueños lo escucharan. Me dicen que nació en Ponce. Pero vive en Nueva York. ¿No le gusta, señora?

—¡Me encanta!... Además, me sé la letra...

Y mientras bailaba, Rosaura cantó con Canario: *Telefonean de Aguadilla que de los cielos vieron bajar a la Virgen Santa María con su coro celestial...*

—¿Entiende lo que canto, señor gobernador?

Y continuó: *Tenía cara de buey, el pecho de un toro bravo, tenía patas de yegua y yarda y media de rabo...*

—Es el demonio... —musitó don Teodoro Junior, mirando un poco asustado la alegría con la que

Rosaura cantaba. Al bailar con él lo enseñaba a moverse siguiendo el compás, *Santa María*, cantó el coro de seis músicos, las tres panderetas, las dos guitarras y el güiro, *líbranos de todo mal...*

—Cante usted conmigo, don Teo... *Ampárame, Señora, de este terrible animal...*

Era nada menos que el diablo, qué gente extraña que le canta al diablo, pensó don Teodoro, y escuchó fascinado los últimos cuatro versos: *Una vieja cogió un machete para poderlo matar, el demonio en cuatro patas se metió en un matorral...* De modo que hasta piensan matar al diablo. Debo conocer a esta gente, se dijo esa noche el noveno gobernador civil norteamericano que tenía la isla de Puerto Rico.

Quedó impresionado con Rosaura, pero cuando la segunda orquesta, la orquesta Happy Hills de San Germán, bajó al foso a tocar danzas, valses y pasodobles, decidió bailar con su esposa y luego con la señora del juez, con la esposa de Carlos Chardón y luego con la señora de don Rafael Martínez Nadal. Así cumplía con la imagen de perfecto caballero que de sí mismo tenía forjada, aunque de rato en rato observara, con el rabo del ojo, a la joven señora De Herrera Sanmartín, quien se divertía de lo lindo bailando con su marido.

Luego del *set* bailado al compás de la Happy Hills de San Germán, hubo un concierto a cargo de Duke Ellington y su orquesta. No escogieron música para bailar. El show para disfrutar como *performance* era otra sorpresa que el gobernador Roosevelt le tenía reservada a sus invitados. Algunos meses atrás había escuchado al duque y sus músicos en el Cotton Club de Harlem, en la calle 142 de Nueva York, y había quedado impresionado. Duke y sus hombres ejecutaban una pieza musical y luego los músicos, uno a uno, como solistas, improvisaban apoyándose en la melodía inicial. Así ejecutaron *Black Beauty*, *The Mooche* y *Swampy River*.

Don Antonio Barceló estaba como estupefacto escuchando aquella música. Se viró hacia don Teodoro Junior, que estaba sentado junto a él, y le comentó entusiasmado:

—Parece música barroca, como Mozart...

—Es música muy abierta, de textura muy rica; he escuchado esta canción muchas veces y siempre es diferente. ¿Sabía usted que tienen un músico puertorriqueño? —comentó don Teo.

—No me diga...

—¿Puede adivinar cuál es?

Don Antonio repasó a los doce músicos: dos trombones, tres trompetas, los cueros, el banjo, el bajo, tres saxofones y el pianista...

—El pianista es Duke Ellington, quien dirige el grupo y nació en Washington, D. C. —dijo don Antonio con cautela.

—Es usted un hombre bien informado, don Antonio... —comentó el texano James Beverly, secretario de Justicia y quien estaba sentado frente al gobernador.

Y añadió, entusiasmado:

—Es compositor y además es un genio musical...

—Entonces —prosiguió don Antonio como ensimismado— debe ser aquél, el segundo desde la izquierda...

—¡Exacto! ¿Cómo lo supo? ¡Tiene usted un talento excepcional! —exclamó don Teo, genuinamente sorprendido, pero con ánimo de adular al colega político para sacar provecho de la ocasión—... Se llama Juan Tizol.

—Lo sé porque tiene cara de jíbaro. Ni veinte años en Nueva York se la borran...

Se rieron los tres de la ocurrencia, pero no dejaron de asombrarse de aquella música, y cuando la Happy Hills regresó al foso de orquesta a amenizar el baile, todavía los solos de Juan Tizol, Elmer Snowden, Otto Hardwick y Sonny Greer les resonaban en las sienes y en los oídos.

El verano anterior Teodoro Roosevelt Junior esperaba que el Presidente Hoover lo nombrara secretario de Guerra. Para agosto del 1929 se encontraba en la Indochina francesa cazando animales exóticos para el Museo de Historia Natural de Chicago, cuando le llegó el telegrama anunciándole su nombramiento como gobernador de la isla de Porto Rico. Teddy pensó rehusar, no era eso lo que quería, pero un telegrama de su esposa y de su madre, que recibió ese mismo día, lograron convencerlo. "Debes aceptar. Te conviene. Si no lo haces despídete de la política." Y como su padre le había enseñado a escuchar los consejos de las mujeres, envió un cable al Presidente Hoover: "Acepto."

Al día siguiente emprendió el viaje de regreso en un buque de la Marina de Estados Unidos y durante el trayecto se dedicó a leer sobre Puerto Rico. Pararon en Manila y aprovechó los dos días para apertrecharse de libros en español. Memorizaba veinte palabras diarias y luego las utilizaba en su conversación de la noche. En Manila alquiló los servicios de un joven maestro de español y se lo llevó consigo en el barco hasta Hawaii, donde había quedado en encontrarse con su esposa Eleanor. Todas las noches, a manera de ejercicio militar, conversaba con el joven Juan López sobre la historia de las Filipinas. Aquellas conversaciones incrementaron su interés por las miles de islas pobladas por múltiples razas con múltiples culturas que habían pasado a ser territorio de los Estados Unidos con el Tratado de París y sintió genuino interés por la lucha de aquellas gentes. El dato explica por qué en el 1931, cuando Hoover lo nombró gobernador de las Filipinas a manera de ascenso luego de su puesto como gobernador de Puerto Rico, aceptó de inmediato. Aunque quizá no explica nada. Aquel agosto del 1929 en que celebró el baile de inauguración, Teo Junior tenía su mente enfocada en la isla de Puerto Rico. Asumía el rol con entusiasmo. Su esposa Eleanor Butler Alexander, al encontrarse con él en Hawaii, venía apertrechada de información adicional: libros, fotos, películas de la Guerra Hispanoamericana. Cuando arribó al puerto de Nueva York en septiembre pidió al Departamento de Guerra el nombre de un héroe puertorriqueño en la Primera Guerra Mundial. Quería referirse a ese héroe cuando hablara de la cooperación entre Puerto Rico y los Estados Unidos y se sintió contrariado cuando el informaron que el regimiento puertorriqueño había quedado estacionado en el Canal de Panamá.

Quizás reflexionó sobre la observación de don Antonio Barceló cuando, la noche del baile inaugural, reconoció a Juan Tizol porque tenía cara de jíbaro. Buscaba avenidas de comunicación, buscaba puentes de acceso a los puertorriqueños. Pensó en la observación de Barceló y decidió llamarse a sí mismo

"El Jíbaro de La Fortaleza". Una vez por semana se iría él solo con su chofer a recorrer los campos en automóvil. Se pararía en los bohíos campesinos a tomar café puya sin azúcar con los jíbaros y a escuchar sus lamentaciones. En su libro *Colonial Policies of the Unites States*, Teo Junior comentaría, refiriéndose a estas excursiones: "A veces íbamos a caballo a través de los montes, deteniéndonos en pequeñas casitas. En una ocasión le pregunté a un jíbaro cómo iban las cosas. Me contestó que tenía algunos cerdos y algunas gallinas. ¿Y cuántos hijos tiene usted?, le pregunté. De inmediato se le cayó la cara. Hizo gestos negativos con la cabeza y respondió, tristemente: 'Sólo tengo seis hijas, señor gobernador, y como usted sabe, las mujeres no sirven para nada'." Más adelante Roosevelt comentaría: "En el campo de Puerto Rico usan una frase muy expresiva. Si se le pregunta a un hombre cuántos hay en su familia, en vez de responder doce personas contestará: 'Tengo doce bocas.' Para él alimentar a sus hijos es un problema constante."

Si bien al principio a los políticos puertorriqueños les cayó en gracia la personalidad pintoresca de Teodoro Junior, al cabo de un tiempo dejó de agradarles.

—No es sincero, sólo son excentricidades de gringo millonario —dijo Rosaura al regresar de una tertulia en el Palacio de Santa Catalina—. ¿Qué puede él entender del hambre que pasan los pobres?

—¿Y tú qué puedes entender? —le dijo Tomás Alberto observando cómo cambiaba las sábanas a la cama de la bebé.

Ella se detuvo y lo miró a los ojos.

—Tienes razón. Nada absolutamente, por supuesto. Pero al menos no pretendo saber.

Rosaura se acordó de cómo aquel señor de rostro enjuto, casi seco, bailaba torpemente, aunque con sincero entusiasmo, la plenas de Canario. Sentía enojo. ¿Es que éramos para él como un juguete? Al parecer tenía buena intención. Quería ayudar. Reunía a los jóvenes para escucharlos discutir. Había nombrado un secretario de Instrucción, José Padín, que había abandonado el énfasis en la norteamericanización de los puertorriqueños. Bajo Padín la enseñanza del inglés había dejado de ser una prioridad. Ahora los niños en las escuelas públicas aprendían matemáticas, geografía e historia en español. Así creyó Teddy Roosevelt Junior congraciarse con los puertorriqueños, pero en realidad no entendía nada. Sólo consiguió que los conservadores lo acusaran de antiamericano y los nacionalistas de antipuertorriqueño. Rosaura lo encontraba engreído y pretencioso. Era superficial; creía que entender a gente de otra cultura era fácil, algo que se lograba con alzar la mano, bastaba con chasquear los dedos. Don Pedro de Mirasol lo despreciaba por esnob: "Qué se ha creído el tipo ése", decía ensayando su más profundo desprecio aristocrático, heredado de sus antepasados de Castilla La Vieja.

En medio del rompecabezas que la situación promovía, Tomás Alberto se mueve con cautela; si en algo tenía razón Teo Junior era en que el caleidoscopio de la política puertorriqueña era complicado. No debía enemistarse con nadie antes de definirse completamente. Sin embargo, su decisión estaba tomada. Sería candidato a senador por acumulación por el distrito de Mayagüez. Junto a él correría una señora, la primera mujer que sería candidata en una elección en Puerto Rico. Se llamaba María Luisa Arcelay. La conocía bien y la admiraba. Tenía talleres de costura; era toda una empresaria. Las elecciones del 1932 serían las primeras donde votarían las mujeres; él estaba de acuerdo. Votarían únicamente las que sabían leer y escribir, que no eran un porcentaje muy elevado de la población femenina. Pero no todos los políticos estaba de acuerdo: Martínez Nadal, el jefe de La Coalición, tenía sus reservas:

—Dejarán de ser femeninas. Perderán la gracia, la espiritualidad y la dulzura al entrar a la política, porque la política es sucia.

Cuando Rosaura escuchó estas opiniones tuvo que reírse a carcajadas. ¿Entonces ser femenina quería decir ser ignorante y obediente? Dio gracias a la visión de su padre, quien crió a sus cuatro hijas para que fueran mujeres de verdad. Don Pedro de Mirasol se alegraba de las leyes del sufragio femenino; ahora sus adoradas hijas, tan inteligentes e instruidas como cualquier hombre, votarían en las elecciones y ejercerían sus derechos ciudadanos.

Teo Junior también apoyó el voto de las mujeres pero no llegó a verlo. En diciembre del 1931 viajó a Washington y Hoover lo nombró gobernador de las Filipinas. Teo Junior dejó en su lugar, como gobernador interino de Puerto Rico, al secretario de Justicia, James Beverley, quien lo sucedería en el puesto. Desde Manila le escribiría una carta a Beverley:

Cuídate de esos traidores. Mienten como si comieran arroz con gandures y tostones de plátano verde. Nunca se sabe lo que están pensando. Me refiero a Barceló, a Muñoz Marín y a Llo-

réns Torres. Martínez Nadal y García Méndez
son igualitos. Ni te hablo de Roberto H. Todd y
Herrera Sanmartín. No confíes en ninguno. Tanto los liberales como los republicanos y los socialistas son todos una basura. Sólo sirven para
hablar mal del prójimo y montar bochinches.

A pesar de hablar así, de la manera despectiva en que
suelen hablar los frustrados y los resentidos, al irse
de Puerto Rico a don Teo Junior parecía que se le
hubiera muerto un familiar. Trató de mantener buena cara y no lo confesó a nadie, pero en un aparte su
esposa Eleanor Alexander lo admitió ante unos pe-
riodistas. Después de un baile inaugural tan espectu-
cular, tan inolvidable, tan imposible de igualar en el
inventario de fiestas de una isla aficionada a las fiestas de fábula, don Teo se estrelló contra la dura piedra de una realidad laberíntica y ambivalente. Había
intentado todos los ángulos que su variada imagina-
ción le proveyó y encontró que no había por dónde
montar aquel caballo. De niño había pensado que
las mejores rosas eran las que se hacían de papel. No
se ponían mustias, no envejecían y no se deshojaban.
No se tiraban a la basura en apenas dos o tres días.
Su belleza era menos vulnerable. Pero en el mundo
las rosas no eran de papel y era justo por eso, precisamente por ser frágiles y breves y perfumadas, que eran
tan hermosas.

Con J.D. Durham Chesterton fue con una de
las pocas personas con quien no tuvo problemas.
Siempre defendió la tarifa del azúcar y gracias a ella el
azúcar de Puerto Rico pudo continuar compitiendo
favorablemente con el azúcar producido en Cuba.

Aunque no asistió al baile inaugural, J.D. Durham Chesterton visitó la residencia del gobernador en La Fortaleza en varias ocasiones y Teo Junior pasó dos o tres fines de semana en el Hotel Americano de Aguirre. No hay que olvidar su afición por los caballos, y los había muy lindos en la Central Aguirre.

11

Teodoro Roosevelt Junior se amarra la corbata frente al antiguo espejo. Sonríe y después se pone serio. Hace algunas muecas. Le llama la atención su propio rostro reflejado en los antiguos espejos del Palacio de Santa Catalina. Los marcos tallados por orfebres europeos son hermosos y la cara se le transforma. En el fondo del espejo contempla la Bahía de San Juan. La iluminación del amanecer tiñe de anaranjado la entrada de los barcos. Mientras hace muecas comienza a entrar un barco de carga norteamericano. Trae harina y arroz de los grandes llanos del Midwest. Él se levanta muy temprano todos los días y contempla los cargueros de la Marina Mercante norteamericana entrar por la boca de la bahía, que queda justo frente a los ventanales de su oficina.

Hoy no se había levantado más temprano de lo que solía, pero desayunaría su café con leche puertorriqueño antes de lo acostumbrado. Debía estar saliendo por los portones de La Fortaleza antes de las siete de la mañana porque tenía que estar en la costa sur antes del mediodía. Teddy vuelve a ajustarse la corbata de seda azul frente al espejo. Viste un traje de dril blanco; quiere decir pantalones de hilo blanco, camisa y chaqueta de hilo blanco, finísimo, almidonados y planchados, sin una arruguita siquiera, por las expertas planchadoras puertorriqueñas de La Fortaleza. Si hubiera pensado como un aristócrata de Nueva Inglaterra se hubiera vestido como si fuera a cazar perdices. A ver: chaleco, botas hasta la rodilla, gorra de lana a cuadros. Pero no podía. Si hacía eso se moría de calor. Una gorra de lana era para sudar los sesos. Pues entonces se hubiera vestido como si fuera a jugar al tenis, con pantalones cortos y camisa blanca de algodón, con medias blancas y zapatos de tela con suela de goma. Era un buen ejercicio. Tenían unas canchas en Fort Brooke, allí en los terrenos de El Morro, al lado de su residencia y solía ejercitarse por las tardes, cuando bajaba un poco el sol, no era cuestión de sudar tanto.

Se mira nuevamente en el espejo y se encuentra bien quemado del sol. Debajo de cada ojo tiene como diez arrugas más que antes de llegar a la isla; patas de gallo, así le dicen los nativos a esas líneas en la cara. Durante una de las últimas tertulias celebradas en La Fortaleza, la esposa de Herrera Sanmartín, que era preciosa, se lo había comentado:

—Señor gobernador, no coja tanto sol, mire que eso hace daño, ustedes los americanos se creen que tomar mucho sol es saludable.

—Por supuesto, señora, ¿cómo voy a creer otra cosa? Si estoy quemado del sol es porque practico deportes que son saludables. El ejercicio limpia el organismo, elimina toxinas. Además, la luz del sol, al entrarnos por la piel, nos llena de vitaminas.

—Nos seca la piel, don Teddy, mire qué seca tiene la piel de las manos y la cara. Ustedes los americanos lo que pasa es que durante los meses de invierno en el país de ustedes casi no sale el sol y hace frío, y cuando hace frío un rayo de sol es una bendición, pero aquí en Puerto Rico tenemos sol de sobra los doce meses del año.

La inocencia de Rosaura cautivó a Teddy. Era preciosa pero casada, pensó, y aunque la miraba mucho, a veces intensamente, ella no retenía su mirada y menos aún la devolvía. Le hacía tanto caso como a cualquier hijo de vecino; no parecía entender que él quería mirarla de otra manera, que quería mirarla para despertar una pasión. Rosaura se hacía la que no se daba cuenta. Al aceptar que ella no iba a responder a sus miradas deseosas, Teodoro Junior empezó a desentenderse de las tertulias para tomar el té y discutir problemas económicos y culturales de la isla que él mismo organizara.

Se mira nuevamente en el espejo. Sin lugar a dudas hubiera preferido vestir unos pantalones de jugar tenis. Pero va a visitar unos pueblos del sur de la isla y es importante que vista como un señor, con el uniforme de los hacendados criollos, pantalones y chaqueta de hilo blanco, planchados a mano y sin una sola arruga, así se da uno a respetar. Utiliza la tradición para ejercer su autoridad.

Eleanor lo llama desde el dormitorio:

—¿Ya te vas?

—A las siete. ¿Por qué no te animas y vienes conmigo? Voy a Santa Isabel, a un barrio que llaman Jauca, a entrevistar a trabajadores de la caña de azúcar.

—¿J.D.D. Chesterton sabe que vas para allá?

—No tiene por qué saberlo.

—A J.D. no le gustaría, Teodoro, tú lo conoces.

—Eso es problema de él. Yo tengo una responsabilidad, la de enterarme de los problemas de esta gente a quien me encomendaron gobernar.

—Haz lo que quieras. Sólo te lo advierto.

—Siempre trato de hacer lo que quiero.

—Lo sé de sobra. Vete solo. Hoy debo dormir un poco más —suena casi dormida.

Teodoro Junior entra al dormitorio y besa a Eleanor en la frente. Luego la arropa con una sábana y vuelve a besarla, esta vez en los labios. Eleanor Butler Alexander sonríe.

—Buen viaje. Suerte —parece decir al irse quedando dormida.

Teodoro sale sin hacer ruido y cierra la puerta. Llega hasta el comedor y pide el desayuno.

—Café con leche y jugo de naranjas —ordena en su español chabacano.

No quería sonar autoritario, pero de vez en cuando no podía evitar que un tono prepotente se le colara en la voz, sentía placer. Lo tenía en la sangre. Los Roosevelt eran gente acaudalada de las riberas del Río Hudson, en el estado de Nueva York, desde el siglo XVII.

Desayuna un poco apresurado y a las siete ya va camino de La Piquiña. Así le decían a la carretera número 1, la que conducía de San Juan a Ponce, debido a las curvas. De veras la carretera parecía una serpiente, no habían exagerado los que se lo contaron la primera vez. En un trecho del camino, allá por lo alto de Cayey, se sintió mareado y pidió detenerse en un cafetín que había en una curva. Los carros de la policía que precedían el suyo se detuvieron y la caravana de cinco carros hizo un alto. Teodoro Junior se baja y pide a los policías que no lo rodeen. Llega solo hasta el mostrador y pide un café sin azúcar. El jíbaro que atiende el mostrador lo reconoce de inmediato, pero no se inmuta.

—Sí señor —dice simplemente con un rostro impenetrable.

Teodoro Junior sonríe.

—Dígame, ¿cómo se llama usted?

—Ambrosio —dice el hombre muy serio y le sirve una tacita de porcelana blanca sobre un pequeño plato. Luego dice, casi comiéndose sus propias palabras:

—Lo he visto en el periódico.

Teodoro Junior aspira el perfume del café y exclama, mientras lo sorbe chispo a chispo:

—¡Qué maravilla! Lo mejor del mundo... ¡No hay nada igual!

Guarda silencio por unos minutos y luego añade:

—Dígame, Ambrosio, ¿usted fue a la escuela?

—Hasta tercer grado, míster —dice Ambrosio. No parece avergonzado.

—Tuve que ponerme a trabajar porque mi padre abandonó a mi madre y a mí y a mis dos hermanitos y se fue a los niuyores —añade.

—¿Pero no les mandaba dinero de allá?

—Desapareció, míster. Hasta el día de hoy. Nunca volvimos a saber de él.

—¿Y mantienes a tu familia con esta tienda?

—Mantengo a mi madre, que también trabaja en el tabaco enrollando cigarros, y a mi esposa y a mis dos bebés. Mis hermanos trabajan en la caña allá en la bajura, en Salinas.

—¿Tú por qué no te fuiste a la costa a trabajar en la caña?

Ambrosio hace un gesto de desagrado y agita la cabeza para subrayar su negativa:

—Mejor me quedo. Es preferible. Así cultivo un pedazo de tierra y siembro plátanos y yautías, algunos guineos, yuca, tomates, gandures, lo que se pueda. Mire, míster, lo importante es tener algo que comer.

Teo Junior siente que se atraganta. ¿Valía la pena hablar con esta gente, como se había propuesto? Sí, claro, quería hacer como hizo John D. Rockefeller Junior, quien habló con los obreros de las minas de carbón. A él le resultó bien la estrategia. Pudo mejorar las condiciones de trabajo de los mineros. Pero él ¿qué podía hacer con una población como la de esta isla y en tiempos de depresión económica como éstos, después de la caída de la bolsa el año anterior? Sin embargo esta gente le interesaba tanto o más que las especies exóticas del Asia que había estudiado dos años antes.

Mira su reloj y extiende la mano a Ambrosio:

—Gracias por el café, Ambrosio. Debo irme. Me esperan en Santa Isabel, pero quise tomarme un café en la altura.

Estrecha la mano de Ambrosio y coloca un billete de cinco dólares en el mostrador:

—Quédate con el cambio —dice al salir apresuradamente y montarse en la limosina negra que lo espera. El chofer le abre la puerta mientras Ambrosio queda asombrado y con la boca abierta mirando primero el billete y luego al norteamericano y queriendo devolver el billete por orgullo pero sin poder hacerlo porque la necesidad se lo impide.

Teo Junior mira su reloj otra vez y le indica al chofer que hunda el pie en el acelerador. No podía llegar tarde a Jauca y no quería que J.D. Chesterton se enterara de su visita. En estas semanas J.D. se encontraba en Boston y era preferible ir ahora que cuando estuviera hospedado en el Hotel Americano de Aguirre. Hacía ya algún tiempo la corporación de Aguirre había adquirido los terrenos de caña que antes eran propiedad de un hacendado criollo en las inmediaciones de Jauca. Para una entrevista con un trabajador de la caña había escogido a uno llamado Taso porque hablaba bien, eso le habían dicho. Además, era miembro del Partido Socialista y Teo Junior quería ver cómo pensaba un socialista puertorriqueño. Y si era trabajador de Aguirre mejor todavía. En Mayagüez había conversado con un cortador de caña de la Central Atenas, la central azucarera de Herrera Sanmartín. Sin duda alguna que ese abogaducho tenía una esposa bella de verdad, no podía exagerar lo suficiente al hablar de ella. Pues el susodicho cortador de caña de la Central Atenas no pertenecía al Partido Socialista y casi no hablaba. Tampoco sabía leer y escribir. Sólo pudo sacar en claro que durante el tiempo muerto se moría de hambre, que si no fuera por el fiao de la tiendita se morían de hambre sus hijos. Lo repetía una y otra vez, como si fuera el estribillo de una canción. Gracias a la zafra saldaba deudas, para cuando terminara y volviera a quedarse sin dinero volver a coger préstamos.

Teo Junior frunce el ceño al recordar al cortador de caña. Era de Hormigueros y tenía veinticinco años. No era muy alto. Era delgado, delgadísimo, hueso y pellejos, músculos fuertes, manos grandes y ásperas de uñas sucias y destruidas. Le faltaba un dedo en la mano izquierda a consecuencia de un accidente, un tajo que se hizo a sí mismo con su propio machete.

—¿Te hubiera gustado ir a la escuela? —le preguntó.

—No sé. No tenía zapatos para ir a la escuela. No tenía ropa tampoco. Probablemente no. Prefería pasar el día bañándome en el río con mis hermanos. Pero ya a los nueve años empecé a trabajar. Era limpiabotas.

Teodoro Junior recordó al cortador de caña y volvió a iluminársele la imagen en su memoria. Recordó los pantalones color café con leche amarrados con cordones desde el tobillo hasta la rodilla. Recordó los pies descalzos. Entre aquel hombre y él, un hijo de un Presidente de los Estados Unidos de Norteamérica, había un abismo, un espacio tan vasto y diverso como la población de los Estados Unidos, que transcurre de un océano al otro. Esperaba lograr aprender más en la entrevista de hoy. El socialista trabajaba en la caña, pero no era un cortador. Su padre había sido dueño de un cafetín. Lo encontró esperándolo sentado en las escaleritas frente a su casa de madera trepada en socos, a un pie de la tierra polvorosa, con un techo de palmas, inclinado hacia el lado izquierdo, de media agua. El gobernador había entrado en Jauca atravesando cañaverales donde crecía una caña alta, verde y espesa. Parecía crecer por todas partes. En un espacio abierto ha visto las ruinas de una central, con la chimenea de ladrillo todavía rascando el cielo. Había pertenecido a una familia Díaz, quienes la vendieron a Central Aguirre, le vendieron a todos aquellos inversionistas de Nueva Inglaterra y a su amigo J.D.D. Chesterton. A quien llamaban el rey del cañaveral, piensa Teddy Junior.

Los cinco carros de la comitiva toman un camino de tierra para llegar hasta Jauca, que queda como a media milla de la playa. Al fondo, frente al mar, hay cientos de palmas de coco, altísimas, donde los niños se trepan para coger las frutas. Los bohíos de los trabajadores se levantan más tierra adentro, a ambos lados de la carretera polvorienta. En cubos de metal, las mujeres toman agua de unas plumas comunales que las tuberías del acueducto hacían llegar hasta allí. Teddy Junior reconoció de inmediato a su entrevistado de hoy. Fue innecesario que el secretario que lo había contratado se lo señalara.

—Buenos días, Taso —dice Teddy al bajarse del automóvil.

—Buenos días, míster Roosevelt —dice Taso, simpático y desenvuelto—. ¿Desea usted subir a mi casa?

Las mujeres y niños del barrio comienzan a arremolinarse alrededor de los carros, admirados por la visita. Teddy mira a su alrededor y sólo ve un banco de madera debajo de un árbol de quenepas. Señala el banco a Taso y se dirige hacia él.

—Y ahora cuéntame, Taso: si tú no cortas caña durante la zafra, según me han informado, ¿qué haces entonces?

—Pues mire, señor gobernador, yo puedo cortar caña si se necesita, pero como aprendí a trabajar con el marido de mi hermana y él era palero, pues yo aprendí a ser palero; aunque empecé a trabajar a los once años recogiendo la caña cortada y echándola en las carretas de bueyes, después fui palero, que somos los que cavamos las zanjas. Y luego aprendí a sembrar, que es meter las semilla en la tierra abonada, meter los pedazos de caña para que retoñen. Y aprendí a echar pesticida también, y después trabajé poniendo vías en el tren, de modo que siempre tengo trabajo.

—¿Fuiste a la escuela?

—Hasta cuarto grado, pero tuve que ponerme a trabajar.

—Me dicen que eres socialista.

—Mire usted, es que yo pienso que los pobres deben vivir mejor, ¿no le parece? ¿Usted por qué no sube el salario mínimo? Mire que gano poco, a veces ochenta centavos a la semana y casi no me alcanza para comprar arroz. Eli es mi esposa y el primer bebé se nos murió, después tuvimos otro y ahora Eli está embarazada, pero se enferma, sabe usted, se pone mala y al estar preñá no puede trabajar; cuando puede, Eli recoge caña y la tira en las carretas para ayudar un poco.

Teddy Junior miró la ropa planchada y limpia de Taso y se conmovió.

Horas más tarde, irrumpe en las oficinas de Herrera Sanmartín. Tomás Alberto no sabe qué hacerse con tan inesperada visita.

—¡Qué sorpresa, señor gobernador, por favor tome asiento!

Teddy Junior se recuesta en la butaca de cuero que hay en una esquina.

—Dame un café —fue todo lo que pudo decir.

Al rato, respira hondo y pregunta:

—¿Por qué le pagan tan poco a los trabajadores de la caña?

Tomás Alberto no titubeó:

—Si les pagamos más no hay negocio. Si suben los costos de producción no podemos competir con aquellos a quienes les sale barato producir el azúcar, como Cuba, como Brasil y Venezuela.

—¿De modo que tú eres rico porque los trabajadores son pobres?

—No exactamente, señor gobernador, fíjese que yo arriesgo mi capital, que yo asumo responsabilidades, que yo organizo el trabajo.

—Algo está mal en todo esto —se atrevió a comentar Teddy Junior.

—Lo que pasa, señor gobernador, si me permite la observación, es que usted siempre ha sido rico, su padre era Presidente de los Estados Unidos, siempre ha tenido el mundo a sus pies y desconoce la necesidad, ignora la pobreza extrema. Yo, por el contrario, fui pobre en mi infancia y en mi adolescencia. Me he tenido que esforzar para llegar a donde estoy.

—Sí, claro. Así fue el viejo Rockefeller y así fueron todos los ricos de América. Probablemente, el primer Roosevelt que llegó de Holanda en el siglo XVII fue pobre. ¿Cree usted que le es más fácil a los que nunca han sido pobres el ser caritativos con los que lo son?

—No se me había ocurrido... —musitó Tomás Alberto—. Pero ahora que usted lo dice, tiene un punto válido.

Dos horas después, Teddy Junior está en la Plaza de Aguadilla.

Como son casi las cinco de la tarde, el sol comienza a teñir de oro la costa oeste. El malecón, la plaza y las residencias junto al mar se iluminan como por debajo de la piel. Teddy detiene su comitiva frente a *El delfín de oro*. Aún están abiertas sus puertas. Entra sin sus guardaespaldas al colmado y pide ver a la señora Josefa Sanmartín de Herrera. Detrás de un mostrador rodeado de barriles de ron y sacos de papas y yautías hay una señora de sienes plateadas. Tiene el pelo recogido en un moño y una mirada tranquila y penetrante.

—Yo soy —dice muy firme—. ¿Qué se le ofrece?

12

Teodoro Roosevelt Junior llegó a la isla tropical a ejercer una autoridad que le había conferido el Presidente de los Estados Unidos de Norteamérica y quiso entender a aquella gente que le había tocado en suerte al girar la ruleta del destino. Si se iba solo con su chofer a recorrer las montañas de Puerto Rico para entrar en los bohíos y conversar con los jíbaros, era que sinceramente quería entender cómo pensaban aquellos pobres campesinos que le decían que las mujeres no servían para nada y a veces describían a los hijos como bocas que alimentar. Teo Junior expuso, en el libro que publicó años más tarde, que los administradores norteamericanos tenían que dar un buen ejemplo porque con el ejemplo es que se enseña. "Siempre fue nuestra idea", escribió, "que los puestos de gobierno fueran eventualmente ocupados por los puertorriqueños, pero creíamos que no debían ser ocupados por ellos hasta que la carretera del Estado estuviera tan excavada, pavimentada y pulida que el carruaje del gobierno no pudiera desviarse y caer en la cuneta." Era como si dijera: "Los entrenaremos tan y tan bien que no podrán equivocarse."

Fueron tres años de arduo trabajo y Teo Junior hizo un esfuerzo por educar a los jóvenes puertorriqueños. Hizo un auténtico esfuerzo al nombrar a José Padín secretario de Educación y un día de 1930 hizo llamar a su oficina a un joven abogado de Mayagüez. Tomás Alberto entró en la oficina del gobernador sin saber de qué se trataba.

—Diga usted, señor gobernador —musitó en el tono más complaciente que pudo asumir.

—Tome asiento primero, señor licenciado —dijo Teo Junior parodiando un poco los formalismos boricuas.

—Gracias. Desde luego.

Tomás Alberto no sentía ningún tipo de afecto hacia aquel señor. Sólo pudo pensar: "En esa misma silla se sentaban los gobernadores españoles."

Teo Junior lo increpó:

—¿Cree usted que si los americanos nos vamos mañana ustedes podrían seguir gobernándose con orden y prosperidad?

—Podríamos intentarlo.

Tomás Alberto asumió una actitud orgullosa y añadió:

—Me gustaría. Si no tratamos nunca vamos a saber.

—Pienso que no. Se la pasan peleando unos con otros por las tonterías más increíbles.

—También los norteamericanos pelean unos con otros.

—Pero nos sabemos gobernar, y ustedes no —dijo, algo contrariado, Teo Junior. Y añadió:

—Dígame, ¿va a participar oficialmente en política en las próximas elecciones?

—Para las elecciones del 1932, quizás, seré candidato al Senado. Lo he considerado.

—Debe hacerlo. Usted está entrenado en Yale. Sabrá cómo organizarse. Necesitamos hombres como usted. ¿Sabe a qué partido se va a afiliar?

—Todavía no he tomado una decisión —dijo Tomás Alberto, quien sí sabía pero no quería decirlo aún.

No lo divulgó en esa ocasión y tampoco en ocasiones anteriores y sucesivas en que fue invitado a tomar el té en el palacio del gobernador. Teo Junior disfrutaba las reuniones a las cinco de la tarde para tomar el té, una costumbre bostoniana que los puertorriqueños encontraban extrañísima. ¡Con aquel calor y tomando agua caliente! ¡Ni que estuvieran enfermos del estómago! Pero en aquellos salones centenarios el gobernador y su esposa Eleanor Butler Alexander reunieron, alrededor de las galletitas de coco y de guayaba hechas por las cocineras puertorriqueñas de La Fortaleza, a un grupo de jóvenes que se interesaban en la política, entre ellos a un abogado llamado Ernesto Ramos Antonini y a un periodista llamado Luis Muñoz Marín que se había unido a don Antonio Barceló en el Partido Liberal. Tomás Alberto tuvo la oportunidad de conversar con estos jóvenes y admiró su inteligencia, pero escuchándolos hablar se dio cuenta que estaban en contra de la caña de azúcar. Odiaban la caña porque no proveía condiciones de vida decentes para la clase trabajadora.

—El tiempo muerto, cuando no hay zafra, es fatal —discutía Muñoz Marín durante las tertulias.

—Además —añadía—, es una economía demasiado vulnerable a los desastres naturales. Ya ven cómo San Felipe destrozó las siembras de caña, café y tabaco.

—La naturaleza se repone de inmediato —argüía Carlos Chardón.

Teo Junior escuchaba entusiasmado la vehemencia con que se expresaban aquellos jóvenes, pero no entendió que entre ellos se gestaba algo diferente. No comprendió que algo nuevo sucedía, no porque estuviera cerrado al cambio sino porque ellos mismos no se daban mucha cuenta. En la plataforma del Partido Liberal el joven Muñoz Marín tenía, junto a don Antonio Barceló, una petición de independencia política para Puerto Rico. Teo Junior pensó que José Padín, su secretario de Educación, había hecho posible que los niños puertorriqueños volvieran a estudiar en español. Teo Junior trató de comprender, sinceramente lo intentó. No era tan fácil convertir a estos boricuas en verdaderos ciudadanos americanos, reflexionó al cabo. Deben ser buenos puertorriqueños primero. Pero poca gente entiende eso, se dijo a sí mismo mientras los escuchaba discutir y se comía un dulce de batata.

Tomás Alberto llegó una tarde a la tertulia acompañado de Rosaura. Don Teo Junior le había pedido personalmente que llevara a su esposa más a menudo y por suerte esa tarde también asistió Muna Lee, la esposa de Muñoz Marín. Era una periodista norteamericana que hablaba español, y aunque Rosaura dominaba el inglés, insistió en conversar en español con ella durante toda la tarde. Charlaron sobre la política en Washington y Rosaura la acribilló a preguntas. Fue una tarde emocionante para Rosaura; habló con cada uno de aquellos jóvenes inteligentes y apasionados y quedó impresionada con cada uno de ellos.

—Esos me gustan más que los de La Coalición, y muy especialmente me gustan más que los del Partido Republicano —le confesó a Tomás Alberto.

Pero ya era muy tarde. Había adquirido la Central Atenas. Era yerno de don Pedro de Mirasol. Debía defender los intereses de las centrales azucareras. Con Carlos Chardón pudo conversar largamente.

No sólo era un reconocido científico, sino que le interesaba apoyar la agricultura y reestructurar la industria de la caña. Pero sus ideas eran casi socialistas; creía que el gobierno debía comprar centrales y controlar la producción de azúcar. Eso no le gustaría a don Pedro de Mirasol ni a J.D.D. Chesterton.

Las tertulias duraron mientras fueron una novedad. Pronto dejaron de interesar al mismo gobernador, quien se cansó de las interminables discusiones y los chismes viciosos, de la politiquería sin descanso que parecía corroer, como un cáncer, el corazón de cada uno de los habitantes de la isla. Y se cansó de quién sabe cuántas cosas más. El 18 de enero de 1932 se embarcó hacia Filipinas para asumir el cargo de gobernador de aquellas islas. Como las conocía y le interesaban sus gentes, reaccionó entusiasmado al recibir el nombramiento del presidente Hoover. Lo consideró un ascenso, pero le duró poco más de un año, lo que duró la presidencia de Hoover y el control del Partido Republicano.

Precisamente, todos los sueños y proyectos de aquella juventud que Teo Junior reunía para disfrutar de su conversación y de sus proyectos utópicos encontraron orientación concreta cuando el Partido Demócrata y el primo de Teo junio, F.D.R., ganaron las elecciones. En el 1932 Franklin Delano Roosevelt fue proclamado Presidente de los Estados Unidos de Norteamérica.

Entonces, para superar la depresión económica que por aquellos días azotaba la nación, Franklin ideó unos programas de ayuda social. Fue en ese momento que Luis Muñoz Marín, el senador de la minoría Liberal, y Muna Lee, su esposa norteamericana, decidieron que esos programas deberían ser extensivos a Puerto Rico. Y nos llegó la PRERA (Puerto Rico Emergency Relief Administration), que entregó alimentos y medicinas a los pobres y se instaló en la memoria colectiva como un agente de Dios que venía a aliviar la miseria, a impedir con sus manos de seda y algodón que los niños se murieran de hambre. Más tarde se reorganizaron estos programas federales en la PRRA (Puerto Rico Reconstruction Administration) y entregaron casas y parcelas de terreno a los pobres para que cultivaran vegetales, además de los sacos de arroz y de maíz y de las medicinas y servicios de salud que recibían. En el 1937 la PRRA levantó un proyecto de casas para los pobres de Ponce que llamó Barriada Juan Morel Campos. Ese mismo año, en las afueras de San Juan, construyó la barriada Eleanor Roosevelt: solares de cuatrocientos metros con casas de techo plano y garaje y paredes de cemento resistentes al viento de los huracanes.

Tomás Alberto fue electo senador del Distrito de Mayagüez por el Partido Republicano de La Coalición en las elecciones del 1932, y trataba de desenredar los nudos que a menudo le impedían el paso. El presidente del Senado de Puerto Rico, Rafael Martínez Nadal, no podía oponerse a la ayuda a los pobres, pero tampoco podía ver con buenos ojos el poder que tenían las agencias federales. El doctor Gruening, director de la PRRA, era también, después del 1935, el hombre más poderoso de Puerto Rico. Más que el mismísimo gobernador Winship, ya que Gruening repartía las habichuelas. Gruening era quien manejaba la mayor cantidad de fondos federales que entraban a Puerto Rico. Para todos los efectos, era como si hubiera un gobierno dentro de otro.

—Quien tiene acceso al Presidente Roosevelt es Gruening —dijo una tarde Martínez Nadal mientras conversaba con Tomás Alberto.

—Intentemos visitar al Presidente Roosevelt en Washington —recomendó Tomás Alberto.

Y así lo hicieron. Pero sólo lograron una cita de unos diez minutos. Le expresaron al Presidente que ellos, como senadores electos por el pueblo, miembros destacados de la mayoría, debían tener más control sobre la decisiones de Gruening.

—Queremos que se designe una junta de directores. Así la decisión de quién recibe cuánto puede ser discutida y nosotros tomar parte —expresó, con gran claridad y determinación, Tomás Alberto.

—No es mala idea —respondió Franklin Delano—. Lo pensaré.

Al día siguiente se enteraron, a través de los múltiples canales ilícitos de Washington, que el senador puertorriqueño por el partido de la minoría Liberal, el señor Luis Muñoz Marín, había logrado una entrevista de treinta minutos con Franklin Delano Roosevelt. La indignación de Martínez Nadal no tuvo límites. Desató una sarta de injurias y maldiciones contra los norteamericanos.

—Aunque hemos sido electos por el pueblo, no tenemos poder alguno —comentó Tomás Alberto—. Es como si hubiera ganado el Partido Liberal, pero no ganó el Partido Liberal, ganó La Coalición. Las elecciones son un engaño.

—No nos hacen caso —subrayó.

—El poder lo tiene ese hijo de puta de Muñoz Marín porque su mujer es gringa y creo que medio parienta de la esposa del presidente. Además, tiene una amiga periodista corresponsal de su periódico, *La Democracia*, que se llama Ruby Black, que tiene muchísimos contactos en la Casa Blanca y conoce a la esposa del Presidente —comentó, furioso, Martínez Nadal.

—Ni siquiera el gobernador Winship tiene tanto poder como él entonces, y Muñoz es sólo un senador de la minoría —dijo Tomás Alberto.

Don Rafael no pareció escucharlo. Maldijo mil veces más a los norteamericanos y sólo le faltó un centímetro para declararse a favor de la independencia. Había sido republicano y anexionista toda su vida y no pudo cruzar esa barrera. Unos años después lo hizo, pero el poder del hábito y la costumbre pesó más que convicción alguna y regresó al anexionismo. Aquel día en Washington se limitó a continuar despotricando contra los norteamericanos un rato más:

—El gobernador Winship nos recibe y nos escucha. Aprueba nuestros proyectos. Pero Gruening ni siquiera se reúne de vez en cuando con Winship. Le pasa por encima. Lo de él es línea directa con Washington, con el señor Ickes ese que es secretario del Interior. ¿Qué hace uno entonces?

Tomás Alberto pensó que don Rafael, quien era aficionado a las peleas de gallos, parecía en ese momento un gallo espuelón. El balance de poder ya había comenzado a inclinarse en favor de Muñoz Marín y sus aliados cuando la esposa del Presidente, doña Eleanor Roosevelt, visitó la isla de Puerto Rico en marzo del 1934. Era una mujer de ideas sociales avanzadas y no quiso que Winship le mostrara únicamente la belleza de las playas, los bosques y los monumentos históricos. Mostró interés por ver los arrabales de El Fanguito y La Perla. Con ella venía la periodista Ruby Black, quien años después escribiría en su libro de impresiones del viaje:

Para gran desazón de la colonia norteamericana de San Juan, que quería hacer de Puerto Rico el lugar de recreo del hombre acaudalado, la señora de Roosevelt condujo a los reporteros y a los fotógrafos por desvencijados pasadizos, sobre un pantano, a pequeñas casas levantadas con los despojos del huracán de 1932; los condujo por fangosos callejones, a la vista de los bellos palacios españoles del Gobernador y el Comandante del 65 de Infantería, y tropezando con cerdos y gallos de pelea, a las chozas de seis por nueve pies en las que se albergaban los pobres y los desempleados, y morían de tuberculosis y destrucción; los llevó a la montaña, a ver muchachitas que a la hora del almuerzo bordaban exquisitas iniciales en finos pañuelos de hilo, que se vendían a un dólar en Nueva York, y por los cuales se les pagaba a ellas menos de 25 centavos la docena. Vio una mujer remontando penosamente una jalda con una lata llena de agua al hombro, de las de cinco galones de gasolina, y luego la encontró fregando el piso de su pequeño bohío con el agua que tanto trabajo le costara acarrear. Le sorprendió el aseo de las gentes, dadas las enormes dificultades que sufrían para mantenerlo. Encontró una confianza propia y una dignidad —un sentido del respeto y del valor del individuo— aun entre los más azotados por la pobreza en Puerto Rico. Encontró que el desempleo era abrumador, demasiada gente en una isla tan pequeña, y que el ausentismo se llevaba la riqueza al continente, a España, a Canadá.

Eso sucedía en marzo del 1934. Mientras estuvo en Puerto Rico, la señora Eleanor Roosevelt tuvo por guía a Dorothy Bourne, esposa del director de la PRERA, y como Dorothy Bourne llevaba más de un año recorriendo los campos de las montañas de Puerto Rico y los arrabales de sus ciudades, supo mostrarle a doña Eleanor lo que ella quería, y necesitaba, conocer. Quería ver con sus propios ojos aquella pobreza de la que le habían hablado en la Casa Blanca sus amigos intelectuales durante las reuniones a la hora del té.

—Esto es espantoso —le dijo, sinceramente emocionada, a Dorothy Bourne.

Y añadió, como hablando consigo misma:

—Era verdad. No se lo inventaban.

—Y son gente tan buena, señora; hay que ayudarlos —rogó Dorothy.

Doña Eleanor asintió. Entonces preguntó:

—Dime, Dorothy, ¿esta gente ha sido siempre así, tan pobre? ¿Hace treinta y seis años que los americanos invadimos la isla y todavía no hemos hecho nada por ellos?

—Desgraciadamente, señora, los americanos los hemos hecho más pobres que nunca. Si usted supiera; cuando veo esas barrigas hinchadas de lombrices y esas cabecitas llenas de piojos, no puedo contener las lágrimas. No puedo evitar sentirme culpable, ¿me entiende?

Dorothy tenía los ojos llenos de lágrimas y doña Eleanor pareció contagiarse.

—Pero Dorothy, ¿cómo pudo pasar esto? ¿Y los americanos no somos los defensores de la igualdad y la libertad? ¿Qué hemos hecho a esta gente?

Dorothy lloraba.

—Fue la caña, señora, eso me dicen. Sembraron todas las tierras de caña de azúcar. Pero yo no lo entiendo. Es complicado. Creo que quizás algunos americanos han querido ayudarlos. Hemos construido escuelas y hospitales. Hemos querido enseñarles los principios democráticos. Pero los hemos destruido, señora, ¿no lo ve? Claro que hay pobres también en el continente, debido a la depresión económica, a la caída de la bolsa de valores en el 1929 y todas esas cosas, lo sé. Usted ha visitado los obreros de la minas de carbón, sí, pero créame que esto, y no puedo explicarlo bien, es peor.

Doña Eleanor se mordió el labio inferior. No exageraron quienes le informaron que esta isla era uno de los lugares más desgraciados del planeta. ¿Qué podía hacerse? Dorothy Bourne pareció adivinarle el pensamiento y dijo:

—Voy por los campos organizando reuniones para enseñar a las mujeres a utilizar contraceptivos, pero algunas se resisten. La Iglesia Católica lo prohibe.

Doña Eleanor estuvo de acuerdo:

—Por caridad cristiana hay que hacerlo. Es demasiada gente en una isla muy pequeña

Dorothy Bourne intentó una explicación:

—No es sólo la sobrepoblación. Es que la agricultura no parece tener posibilidades comerciales que permitan un nivel de vida decente, señora.

—No puede ser tan contundente, Dorothy, hay que intentar una solución.

—Les repartimos sacos de arroz y de harina. Les entregamos latas de manteca, bolsas de habichuelas.

—Algo ayudará, pero no resuelve.

—Es sólo un plan de ayuda de emergencia, pero hemos repartido parcelas para que los campesinos siembren hortalizas. Les hemos regalado materiales para que reconstruyan sus casas.

—Eso suena mejor. Le diré al gobernador Winship que convoque a una serie de reuniones.

Y, efectivamente, el sábado 10 de marzo de 1934 tuvo lugar una reunión, en la residencia del gobernador Winship en La Fortaleza, donde se discutieron los problemas más apremiantes que afectaban a la isla de Puerto Rico.

—¿Puede esta isla desarrollar una economía propia? —increpó doña Eleanor al iniciar la discusión.

Aquel día la estrella de la reunión fue Carlos Chardón, quien en ese momento era rector de la Universidad de Puerto Rico. También estaban presentes, entre otros, el director de la PRRA James Bourne, los comisionados de Agricultura y Educación, el presidente de la Cámara de Comercio y el obispo Byrne.

—La comida es demasiado cara porque importamos todos los alimentos —comenzó Chardón.

Doña Eleanor fue cortante:

—¿Y se puede saber por qué importan todos los alimentos?

—Todas las tierras cultivables están sembradas de caña de azúcar —señaló el secretario de Agricultura.

—Utilicemos los pantanos para sembrar arroz —sugirió Chardón.

La respuesta fue múltiple:

—Impráctico, joven. Mire usted, sólo una cuarta parte del consumo de arroz puede producirse en el país, de modo que los cosecheros del exterior fijarán el precio. El arroz puede producirse en otros lugares más barato que aquí.

—¿Qué tal otra tarifa para encarecer los productos extranjeros?

—¿Como la de la caña de azúcar?

—Eso es fomentar una economía mantenida artificialmente.

—Y bueno, ¿qué tal las hortalizas y las frutas?

—Los precios fluctúan, y eso es peligroso para una producción en pequeña escala.

Por supuesto que hablaron sobre el café, sobre la pérdida de los mercados europeos sin poder conquistar el mercado estadounidense. Finalmente, Carlos Chardón dijo, enfrentándose a aquel revoltijo de opiniones:

—Propongo que se compre toda la propiedad de la United South Porto Rico Sugar Company, comúnmente llamada la Guánica Central, y se establezca una corporación no lucrativa administrada por el gobierno.

Los asistentes saltaron en sus butacas, pero la señora Roosevelt sonrió.

—Continúe usted —le indicó a Chardón, súbitamente interesada.

Chardón fue específico:

—Las tierras cañeras se dividirían en lotes de cincuenta acres, a cargo de colonos que se escogerían entre los que cosechan caña en las tierras marginales.

Era evidente que lo había pensado mucho.

—A los colonos se les cambiarían sus tierras marginales por tierras más fértiles en los llanos costeros. Las tierras marginales, entonces, se entregarían a unas trescientas familias desposeídas —añadió—. Y las fincas en manos de estas familias antes desposeídas se retirarían del cultivo de caña. Podrían dedicarse a hortalizas y árboles frutales.

Eleanor Roosevelt lo miró con intensidad. Le interesaba aquella manera de colectivizar la industria azucarera. Tenía como modelo las fincas colectivas de la Unión Soviética. Se debía ensayar ese modelo. La isla de Puerto Rico era el lugar perfecto para hacer el experimento.

Esa noche Tomás Alberto, quien no había asistido a la reunión, recibió una llamada en su residencia de Mayagüez, en la cual le informaron todas y cada una de las ideas expuestas y los hechos ocurridos. Al otro día, a las ocho de la mañana, la llamada fue de J.D.D. Chesterton.

—Senador Herrera Sanmartín, no se le ocurra permitir que el disparate de Chardón progrese. ¿Me ha entendido? La señora Roosevelt esa, a quien he conocido toda mi vida, es una comunista y una sinvergüenza. Por supuesto que estaba encantada con el pajarraco de Chardón y sus ideas de justicia social. Tenemos que inventarnos cualquier cosa, lo que sea, para que el proyecto de Chardón no prospere. ¿Me ha entendido bien?

Tomás Alberto asintió, pero se le revolcaron las entrañas.

Esa noche, J.D. Durham Chesterton escribió a su viejo amigo Teodoro Roosevelt Junior:

Estimado Teodoro:

Extraño tu compañía, galopar por los campos de la Central Aguirre en aquellos atardeceres anaranjados, bordados con el azul y el oro más puros que el cielo puede soñar. Chico, esos parientes tuyos son comunistas. ¡Me cuentan que la gente del supuesto Nuevo Trato quiere comprar la Central Guánica para establecer una especie de cooperativa de colonos! ¡Ya en esta isla los hombres decentes no podremos hacer negocios! Según ese plan, dividirían las tierras en lotes de 300 cuerdas. Pronto tener muchas cuerdas va a ser un delito. El senador Muñoz Marín insiste en que se imponga la ley de los quinientos acres, que hace tantos años que existe y nadie se ha atrevido a ponerla en vigor. ¡Y que el máximo de tierras que se pueden poseer son quinientos acres! No sería práctico económicamente, en esos términos no hay empresa que sobreviva. Chico, Teo, tú conoces bastante bien esta isla y tal vez comprendas lo que te voy a decir. La industria azucarera es un buen negocio gracias a la tarifa que el Congreso le impone al azúcar importado. Sin esa tarifa no podríamos competir. De modo que es una industria que se sostiene gracias a un privilegio. Mientras sea así es un buen negocio. Por eso es que casi toda la tierra cultivable de la isla se dedicó a la caña. Otros productos no son tan prácticos. ¿Chinas? O como dicen en España, ¿naranjas? Ante la sugerencia que una vez se hizo, el estado de Florida puso el grito en el cielo. Boicotearía los intentos de Puerto Rico de entrar al mercado americano. ¡Y las chinas de aquí son mejores que las de Florida! Yo te lo aseguro. Los limones también son mejores. Pero no hay suficientes tierras para dedicar a chinas, a limones, a mangoes, a piñas, a tomates. Es una isla pequeña; las corporaciones que trabajan las frutas necesitan miles y miles de cuerdas, como están disponibles en Centroamérica y en Suramérica, para organizar un negocio factible, que pueda competir.

Chico, Teo, qué pena que no vuelvas a ser gobernador. Me debo estar poniendo viejo. Como dice el refrán, para los viejos "cualquier tiempo pasado fue mejor". Cuando quieras visitarme en la Central Aguirre déjamelo saber de inmediato. Desde que dejaste la gobernación de las Filipinas no se sabe mucho de ti. Quisiera saber tu opinión sobre el asunto del Nuevo Trato y si sabes algo sobre los planes del gobierno federal en Puerto Rico.

Recibe un abrazo de tu amigo,
J.D.D. Chesterton

Un mes más tarde, J.D.D. recibió, en su residencia de Boston en Clarendon Street, la siguiente respuesta:

15 de abril de 1934
Estimado J.D.:

Me sorprendió tu carta. Había estado toda la mañana en el jardín, fotografiando a los pájaros que regresan al norte con la primavera, cuando al volver a la casa me topé con tus líneas. Es poco lo que sé de los planes de los novotratistas en Puerto Rico, pues me he retirado totalmente de la política. Ya me cansé de tantos dimes y diretes. Puerto Rico y las Filipinas fue suficiente trajín. Además, yo soy republicano y Franklin Delano es demócrata; él jamás me daría un puesto en su administración. Y eso que en el fondo nuestra manera de pensar no es tan diferente. Ambos somos liberales; tal vez él un poco más que yo. En cuanto a Puerto Rico, ambos nos sentimos como misioneros religiosos. Queremos sinceramente salvar de la miseria y la ignorancia a esa pobre gente; convertirlos a la verdadera fe del orden y del progreso. Pero del dicho al hecho hay un gran trecho. ¡Algunos puertorriqueños no se dejan ayudar! Yo después de pensarlo mucho he llegado a la conclusión de que no los entiendo.

Actualmente escribo un libro sobre mis experiencias como gobernador de Puerto Rico y las Filipinas. Creo te lo he comentado antes. Observo las costumbres de los pájaros y escribo un libro, encerrado en mis propiedades ubicadas al norte del estado de Nueva York. ¿Qué me puede importar lo que Eleanor Roosevelt piense? Pero no; miento; sí me importa. Ella es una buena mujer, con una sincera inclinación a la filantropía. Es inteligente; me recuerda a un tío nuestro que yo admiraba mucho cuando era niño.

Me tardé un poco en contestar porque quise averiguarte algo. Y bien, aquí está: van a tratar de organizar esas fincas colectivas. Eleanor quiere ver cómo el capitalismo asimila el socialismo, cómo se lo traga; quiere ver si se puede hacer. Así deja de ser una amenaza. Usará la isla de Puerto Rico como un laborato-

rio social. Acuérdate de lo poderosas que son las uniones obreras en los Estados Unidos.

Y bien, eso es todo por hoy.

Recibe mis saludos,

Theodore Roosevelt Jr.

13

¡Paf! ¡Paf! Salía de la capilla Santa Ana, en la Calle Tetuán de la antigua ciudad de San Juan. Acababa de asistir a misa porque era un joven devoto de la Virgen María. Era de comunión diaria y era simpatiquísimo. ¡Paf! ¡Paf! Lo mataron de dos balazos y cayó sobre el pavimento cuan largo era en un charco de sangre. ¡Corre! ¡Corre!, gritaron los dos muchachos. Corrieron calle abajo y llegaron hasta el correo. En el área de los muelles se confundieron con la muchedumbre. Pero media docena de policías los venían persiguiendo. Corrieron y corrieron y en el final del muelle número uno Hiram Rosado y Elías Beauchamp tuvieron que decidir: o se tiraban al agua puerca de desperdicios alrededor del carguero amarrado al muelle o los iban a agarrar. Antes de que pudieran hacer algo, los maniataron por la espalda mientras los molían a golpes.

—Oiga, no tiene que pegarme. No estoy resistiendo el arresto. Ya estoy preso.

—Y mi jefe está muerto, ¡asesino, cabrón hijo de puta!

Y en efecto, el joven que aún estaba tendido sobre la acera en un charco de sangre frente a la capilla de Santa Ana era el coronel Francis Riggs, jefe de la policía de la isla de Puerto Rico. Cuando atraparon a Elías Beauchamp y a Hiram Rosado ya había un ejército de fotógrafos alrededor del muerto, porque las oficinas del periódico *El Mundo* quedaban a la vuelta de la esquina. El gobernador Winship ya estaba enterado porque sus oficinas en la Calle Fortaleza, en el Palacio de Santa Catalina, estaban a una cuadra de distancia.

—¡Maldito hijo de puta!

Los policías golpeaban a Elías y a Hiram. Les pateaban los estómagos y les golpeaban la cabeza con las culatas de sus rifles.

—¿Por qué? ¿Por qué? —preguntaron los policías.

Elías e Hiram lograron decir, antes de perder el conocimiento:

—¡Por la Patria!

Esa noche, J.D.D. Chesterton volvería a escribir a Teddy Roosevelt Junior:

23 de febrero de 1936
Estimado Teodoro:

En este momento de extrema agitación política solo he podido pensar en ti. Te habrás enterado por la radio que asesinaron al coronel Francis Riggs, quien era jefe de la policía. Le cayeron a tiros cuando salía de la Iglesia de Santa Ana, allí en la Calle Tetuán. Fueron dos jóvenes miembros del Partido Nacionalista y la policía los capturó enseguida. Les dieron una paliza y luego los mataron, a ambos asesinos. Parece que los policías querían mucho a su jefe, que me cuentan era un muchacho muy simpático. Frecuentaba clubes nocturnos de San Juan y hasta había tratado de cultivar la amistad de Pedro Albizu Campos, el líder máximo del Partido Nacionalista. Es una paradoja. Todo se vuelca al revés. El doctor Gruening no entiende. Ayer me llamó por teléfono, cosa insólita porque sabe que soy su enemigo y que sinceramente lo detesto. "¿Por qué esta gente mata a los americanos que los quieren ayudar?", me preguntó. El doctor Gruening está histérico. El gobernador Winship también. Tienen terror de que los asesinen porque los nacionalistas han dicho que lo harán. Winship ha sido amenazado. Yo no me atrevo salir de los predios de La Central, que está fuertemente custodiada por nuestros guardias de seguridad privados.

Es complicado, Teo, no sé por qué te escribo si nunca has vuelto por la isla, te has encerrado en tu mansión y no has querido volver a cabalgar los llanos del sur de Puerto Rico. Creo que estuviste en el África, en un safari para cazar leones. Lo debo haber leído en la prensa. Pero no sé por qué, en este momento de soledad extrema y de preocupación, he pensado en ti. Estoy alojado en el Hotel Americano de Aguirre y te escribo sentado en un sillón, en el ancho balcón de la segunda planta, mirando el valle sembrado de caña, el poblado alrededor de las máquinas de moler de la central y, a lo lejos, las aguas azules y plácidas del Mar Caribe.

Déjame saber tu opinión. Te lo agradecería.

Un abrazo,
J.D.D. Chesterton

7 de marzo de 1936
Estimado J.D.:

He leído tu carta con una mezcla de horror y compasión. De una cosa puedes estar seguro: Gruening no será liberal por mucho tiempo. Se le enfriarán sus sentimientos caritativos. Los puertorriqueños han mordido la mano que les da de comer y eso no se olvida. De modo que tus temores a los experimentos novotratistas ya no tienen razón de ser. Ya verás. En realidad no sé si alegrarme o no. Creo que no. Bien sabes que quise ayudar a la gente pobre. En Washington el Congreso le quitará fondos a la PRRA. El supuesto Plan Chardón al que temes se derrumbará de inercia. Claro que no enseguida. Dije de inercia, que quiere decir poco a poco, para no dar lugar al escándalo político.

Siempre me contaste que tu difunta esposa Louise Ashton decía que era normal que los puertorriqueños nos odiaran, de que tratan de matarnos a todos. En el lugar de ellos, ella nos habría odiado, decía. La he recordado mucho al leer tu carta. Más bien he recordado lo que tú me contabas de ella, ya que nunca la conocí...

En fin, que Puerto Rico debe estar dando vueltas y más vueltas, indeciso entre la perplejidad y la rabia, o con un poco de ambas en cada posición que asume. Siempre he pensado que el mundo nunca ha sido, ni será, como debe ser. Los ideales son pretensiones del ser humano y son prácticos en la medida en que le sirven para mover las ruedas de la Historia. Digamos que son imposibles necesarios.

Precisamente, la vida es hermosa porque no es como debía ser. Las contradicciones y las incógnitas entretejen un tapiz fascinante. Piensa en lo que te digo y tranquilízate. El caso particular de Puerto Rico alimenta mi reflexión.

Otro día conversamos. Date una vuelta por mi casa y dame una oportunidad de mostrarte mis caballos. Los tengo bien lindos.

Un saludo cordial,

Teodoro Roosevelt Junior

J.D.D. Chesterton leyó la carta varias veces mientras se mecía en un sillón en el ancho balcón de la segunda planta del Hotel Americano de Aguirre. A su edad comenzaban a dolerle los huesos y el calorcito de la costa sur de Puerto Rico era un alivio. Aquel frío de Boston se le metía en las coyunturas como agujas de acero y el dolor podía volverse insoportable. Lo que había sucedido era una paradoja. Los nacionalistas, que eran sus enemigos, lo habían ayudado. Gruening perdería la ilusión de ayudar a una gente que asesinaba norteamericanos y congelaría el experimento de las fincas colectivas. Al menos por ahora, los grandes hacendados de la industria azucarera podían respirar tranquilos.

Como era de esperarse, durante los meses que siguieron al asesinato del coronel Riggs, J.D.D. Chesterton evitó llamar a Tomás Alberto. Si necesitaba algún servicio legal llamaba a James Berverly, quien se había quedado a vivir en Puerto Rico después de cumplir su término como gobernador, o llamaba a algún otro abogado norteamericano. Simplemente, desconfiaba de los puertorriqueños y lo más probable es que tuviera razón. El viejo zorro de Boston no había sido exitoso en los negocios gracias a su inocencia. Al senador Muñoz Marín, por ejemplo, le habían exigido que condenara el asesinato del coronel Riggs y lo había hecho, pero también había condenado el asesinato de los nacionalistas que lo mataron, Hiram Rosado y Elías Beauchamp. Nadie dudó de que en el fondo de su corazón, aunque no pudiera decirlo, estaba orgulloso de aquellos muchachos. Para él Hiram Rosado y Elías Beauchamp no eran asesinos, sino patriotas. Eso dijo, en medio del hemiciclo, el representante a la Cámara Ernesto Ramos Antonini. Eso también debió sentir Muñoz Marín, aunque no lo dijera. Y también Tomás Alberto, aunque no lo habría admitido ni siquiera a Rosaura. Doña Josefa Sanmartín sólo se atrevió a confesarlo al ángel:

—Eran valientes esos muchachos —murmuró despacio.

El ángel, que paseaba con ella por el malecón de Aguadilla, no pudo evitar reírse. Ella reaccionó indignada:

—¿Cómo te atreves? ¿No te importan esos pobres muchachos? ¿Y ese pobre Riggs? ¡Es una tragedia!

—Me río de ti. Admiras a los muchachos nacionalistas, pero nunca votarías por su partido político.

—Es verdad. Si ganan nos moriríamos de hambre. Al menos eso han dicho los norteamericanos.

—Sí, eso han dicho...

Y mirando hacia el horizonte del Canal de la Mona, señaló:

—El mar es muy profundo en esas aguas. En el fondo hay una grieta...

Josefa asintió sin decidirse a proseguir la conversación política. El ángel le había dicho que podían pasear por el malecón porque nadie más podía verlo y, en efecto, los demás paseantes no parecían notar nada raro; las alas blancas que ella acariciaba con infinito amor no parecían molestar ni asombrar a los aguadillanos que disfrutaban del atardecer.

Al regresar a su casa, llamó por teléfono a Rosaura:

—Nena, ¿qué te parece lo que ha sucedido?

—Horrible, doña Josefa. Estoy anonadada, pero mi padre no se sorprende. Él lo veía venir. Tarde o temprano tenía que suceder, me dijo esta mañana. Pero no le gusta, no señor. Teme que los americanos nos den la independencia y nos quiten el privilegio tarifario del azúcar.

Cada cual vela por lo suyo, pensó doña Josefa, pero sólo dijo:

—Dile a Tomás Alberto que llamé.

En los meses que siguieron hubo mucha agitación en Puerto Rico. Albizu Campos y otros nacionalistas fueron acusados de conspirar contra el gobierno norteamericano y en el primer juicio, donde el jurado se componía en su mayoría de puertorriqueños, fueron absueltos. En el segundo juicio, con un jurado de diez norteamericanos y dos puertorriqueños, fueron condenados a diez años de cárcel en Atlanta, Georgia. Eran años difíciles porque de pronto todo el que tuviera sentimientos independentistas debía ocultarlo. Se le miraba como a un delincuente. Si en una oficina del gobierno o en alguna otra oficina averiguaban que el empleado era independentista, lo despedían con cualquier excusa.

Tal y como estaban las cosas, no sorprendió a nadie que La Coalición ganara las elecciones del 1936. Tomás Alberto fue electo nuevamente senador por el distrito de Mayagüez. En privado, sin embargo, le confesó a Rosaura:

—Ganamos por poco margen. En realidad, debió ganar el Partido Liberal. Perdieron por pelear tanto unos con otros.

—Pero no llegó a dividirse el Partido —se atrevió a protestar Rosaura.

—¡Es como si ya se hubiera dividido! El Partido Liberal no durará. Vas a ver.

Tomás Alberto sabía de lo que hablaba. Decían que Muñoz Marín fundaría otro partido y él estaba convencido de que así sería. En cuanto a la política se refiere, aquel 21 de marzo de 1937 Tomás Alberto veía la escritura en la pared. Lo que no pudo prever aquella mañana, al vestirse su traje de dril blanco con corbata de lacito y calzarse sus zapatos de dos tonos, fue lo que sucedería en Ponce ese día. Había sido invitado por el alcalde a una actividad en la ciudad, con motivo de la conmemoración de la Abolición de la Esclavitud. El Partido Nacionalista había organizado una marcha pacífica de jóvenes varones Cadetes de la República, unos ochenta, y jovencitas, las Hijas de la República, unas doce. Marcharían pacíficamente por las calles de Ponce y habían obtenido del alcalde, el señor José Tormos Diego, el permiso legal para hacerlo. Sólo que el gobernador Winship, el enterarse, se puso muy nervioso y tomó la decisión de prohibir la marcha. Había prohibido otros intentos de los nacionalistas de organizar marchas; incluso había llegado a colocar hombres armados a lo largo de la cuesta de la calle Norzagaray, sobre los muros del fuerte San Cristóbal en la vieja ciudad de San Juan. El día antes de la actividad envió a Ponce al jefe de la policía, el

coronel Orbeta, al mando de ciento cincuenta policías armados hasta los dientes con rifles, carabinas y
subametralladoras. Como ya era tarde para cancelar
la actividad, no se pudo revocar el permiso. Esa mañana el alcalde hizo un intento, pero los nacionalistas
se negaron a cancelar. Los que estaban presentes dicen que, en La Fortaleza, Winship montó en cólera
cuando se enteró. En Ponce, mientras tanto, cuando
los jóvenes comenzaron su marcha pacífica, un grupo de policías los observaba al frente y otro grupo
detrás. Los cadetes iban en formación, con sus gorras
y sus pantalones blancos, sus camisas negras y sus
banderas en alto. Las jóvenes iban todas vestidas de
impecable blanco. Ninguno de los jóvenes marchadores iba armado. Entonaban *La Borinqueña* con todo
el entusiasmo que sus ideales les inspiraban y algunos
de los cadetes tocaban instrumentos musicales, trombones, trompetas y tambores. Parecía la parada de una
banda escolar, una inocente actividad a tono con los
objetivos de la escuela superior del barrio. De pronto, el coronel Orbeta les ordenó que se detuvieran.
Nadie sabe quién disparó el primer tiro. Dicen que
fue un nacionalista escondido entre la muchedumbre, pero es improbable. Los nacionalistas estaban
numéricamente en desventaja. También es cierto que
querían ser mártires, que querían acompañar a su
líder Albizu Campos, encerrado tras las rejas en la
cárcel de Atlanta. Pero había más policías armados
que marchadores, ¡y los que marchaban no iban armados!

Al dispararse el primer tiro fue como si oprimie-
ran un botón, como si abrieran las compuertas de
una represa. Los policías dispararon contra los jóve-

nes y contra la multitud... Rosaura, que había acompañado a Tomás Alberto y ocupaba un lugar en la tarima junto a él y junto al alcalde, le contaría lo siguiente a doña Josefa:

—Fue horrible, señora, no sabíamos a dónde huir. Los tiros salían de todas partes y yo veía a los muchachos caer ensangrentados sobre el pavimento, sus trajes blancos manchados de sangre, sus gorras blancas rodando por el suelo. No sabía dónde esconderme y entonces me puse a gritar sin saber lo que hacía y agarré a Tomás Alberto fuertemente por el brazo. Fue entonces que Tomás Alberto cogió esas balas perdidas, digo, señora, yo no sé. Quizás trataron de matarlo. Yo sé que querían matar a Winship. Iba a venir a la actividad y después no vino. Eso dijeron después, pero creo que jamás pensó venir. Hizo bien, señora, pero ¿se imagina mis gritos al ver caer a Tomás Alberto? Una bala rozó su frente y otra bala se instaló en su brazo izquierdo. ¿Por qué no me tocó a mí? ¡A mí nada! Mataron al coronel Luis F. Irizarry, de la Guardia Nacional de Puerto Rico. Yo lo vi caer de cara a la cuneta. Hirieron al presidente de la Cámara de Representantes, Miguel Ángel García Méndez. Los policías se volvieron locos disparando. Yo acosté a Tomás Alberto sobre la tarima y me le tiré encima para protegerlo. Le serví de escudo. Murieron diecinueve personas: dos policías y diecisiete muchachos, qué cosa tan terrible, señora, nunca podré olvidarlo. ¿Usted ve por qué yo no quería que Tomás Alberto se metiera en política?

Doña Josefa escuchó el relato sentada en el balcón de la casa de su hijo en la calle Méndez Vigo de Mayagüez. Vino a visitarlo tan pronto supo que había sido herido. Ahora Tomás Alberto descansaba en su dormitorio. No le gustaba lo que estaba pasando. Se estaban poniendo feas las cosas. Los norteamericanos se sentían cada vez más amenazados. Por eso mataban gente. Esa tarde de un 22 de marzo de 1937, no regresó a Aguadilla hasta que Tomás Alberto le prometió que dejaría la política tan pronto encontrara la manera de hacerlo sin perjudicarse económicamente.

14

Una mañana Tomás Alberto recibió una llamada en su oficina de la Central Atenas. Lo encontraban allí por casualidad, pensó, debía haber estado en Corte, atendiendo el caso de la señora que envenenó al marido echándole arsénico al arroz y habichuelas, pero tuvo que ocuparse de los yerbicidas. Había llovido mucho ese año y los cañaverales estaban llenos de pasto; la yerba mala le chupaba el alimento a la caña, ¡era una plaga! Entonces da la casualidad de que la llamada lo encontraba allí, cosas que tiene la vida.

—Aló —dijo Tomás Alberto. Tiene una llamada, le había dicho la secretaria sin decir quién, ¡qué mala costumbre!

—Hola, Tomás Alberto —dijo en inglés un dulce voz de mujer.

¿Cómo? No podía ser.

—¿Vivien?

Era inconfundible.

—¿Todavía me reconoces? Hace años que no hablamos.

—Ni aunque hubieran pasado largos siglos.

—Papá dice que ahora eres senador por el Partido Republicano.

—Así parece. Al menos por ahora es así.

—También dice que te va bien con una central que llamaste la Central Atenas. ¿Por qué le pusiste ese nombre? Me hace gracia.

—Por recordar la herencia de los griegos, su amor a la belleza y su pasión por la sabiduría.

Una estruendosa carcajada sonó en el auricular.

—¡Este tipo! —rió Vivien Chesterton—. ¡No cambia!

Entonces concertaron una cita para el día siguiente. Se verían en la Plaza de Ponce, frente a la fuente de los leones, en el mismo lugar que la última vez.

Ya la esperaba hacia unos diez minutos cuando a las cinco en punto se bajó del automóvil. Abrió la puerta y pisó el estribo. No lucía guantes ni sombrero, sólo un traje gris de mangas cortas y cuello ancho de organza blanca, ceñido a la cintura con cinturón estrecho de la misma tela; tacones altos de gamuza gris haciendo juego. Era la sencillez y la elegancia personificadas. Reconoció a Tomás Alberto enseguida y le sonrió. Al llegar al banco donde estaba, él ya se había puesto de pie y le extendía la mano. Ella le extendió la suya, la cual besó.

—Pensé que habrías olvidado que a las damas les gusta que les besen la mano...

—No cambias. Estás igual de coqueta.

Vivien Chesterton rió.

—Me contaron que fuiste herido —dijo despacio.

—Algo así. Pero no tiene importancia. Fue aquí.

Señaló su frente, donde lucía una cicatriz.

—Y aquí

Y señaló su brazo izquierdo.

—Menos mal que no te mataron.

—Pudo suceder, pero bueno, no me habrá llegado la hora.

Vivien lo interrumpe:

—Quise verte antes de casarme. Me caso el mes que viene. ¿Lo sabías?

—No.

Era verdad. Sus trabajos como senador, abogado y presidente de la Central Atenas no le dejaban tiempo para enterarse de la vida y milagros de la gente, y menos aun de la familia de Durham Chesterton.

—Y tu padre, ¿cómo se encuentra?

Tuvo que preguntar. Sabía que J.D. Durham Chesterton no estaba disgustado con la defensa de los intereses de las centrales azucareras que él llevaba a cabo en el Senado de Puerto Rico, pero ya Durham Chesterton no lo llamaba para utilizar sus servicios como abogado.

—Está relativamente bien, pero comienza a envejecer. Camina más despacio y se queda dormido sentado en los sillones del balcón.

—¿Qué es eso que te casas? ¿Y con quién, si se puede saber...?

—Es un abogado de Boston. Tía Nannie conoce a su familia...

—¿Estás enamorada?

Era increíble, pero sonaba celoso. Es el deseo del macho de acapararlo todo. Ni siquiera un hombre tan inteligente como Tomás Alberto podía superar ese instinto igualito al de los gorilas, pensó Vivien. Lo observó con admiración. Era un hombre verdaderamente hermoso. El éxito fortalecía la determinación que desde niño había tenido. No le tenía miedo a nada, se sentía capaz de cualquier cosa. Su pelo lacio y abundante peinado hacia atrás destacaba su perfil de actor de cine. Siempre le habían gustado las manos fuertes de Tomás Alberto, con vello en el dorso y en los dedos, y sus uñas grandes primorosamente limpias y recortadas.

—Sí —dijo al fin.

—No suenas convencida...

—Puedes pensar lo que quieras... Me es igual...

Vivien respiró hondo y miró a su alrededor. Le habían hecho falta estos leones. Las plazas de los pueblos de Puerto Rico le proveían espacios de serenidad, en ellos visitaba el pasado, pisaba firme y seguro, con profundas raíces en la tierra. Era entonces un árbol que los vientos huracanados no podían arrancar. Como una ceiba. Miró a Tomás Alberto. Al escuchar sus palabras indiferentes la confusión se había dibujado en el rostro de su galán latino. Se sintió divertida:

—No me hagas mucho caso, Tomás Alberto. Vine, sí, para verte, no es bueno dar la espalda al pasado, no es bueno cerrar puertas para siempre. Te confieso que yo no puedo hacerlo, aunque sé que debo seguir adelante. Por supuesto que me casaré y tendré hijos... Por cierto que me cuentan que tienes una hija...

Tuvo que asentir. Tuvo que confesar que era muy feliz en su matrimonio con Rosaura. Vivien lo interrumpió nuevamente:

—Creo que Tío William sabe algo sobre Mami que ni Jennifer ni yo sabemos. ¿Qué puede ser? Tal vez tú con tu mente analítica de abogado encuentres una clave...

—Se necesitan datos específicos y pruebas. No me atrevería adivinar.

—Lo sé, sólo quería comentártelo. Piénsalo si quieres.

Tomás Alberto agradeció la confidencia y aprovechó para pedirle que no lo olvidara, que si lo necesitaba él estaba a su disposición. En eso quedaron. Al despedirse se dieron un abrazo. Regresó a Mayagüez guiando él mismo su Ford. No había querido utilizar los servicios del chofer esa tarde. Si pensó que sucedería algo pensó mal, se dijo mientras cruzaba el Valle de Lajas. No le hubiera molestado haberla podido besar, no señor. Una mujer hermosa siempre era bienvenida en sus brazos y más Vivien Chesterton, quien era el amor platónico de su primera juventud. Le gustaban mucho las mujeres, de veras que las disfrutaba cada día más. Después del año pasado, cuando los balazos de los nacionalistas estuvieron a punto de matarlo, había comenzado a frecuentar la compañía de otras mujeres. La vida era frágil, era precaria, había que disfrutarla lo más posible. No quería decir que amara menos a Rosaura; por el contrario, la quería más aún, pero aquel tocar la piel de una mujer, aquel acariciar sus senos por primera vez era un placer que no tenía igual. Era parte de ser un hombre completo y él como hacendado tenía ese derecho. Se lo otorgaba la tradición. Tomás Alberto recordó los amoríos del año anterior. Una de ellas, una secretaria de las oficinas del Capitolio, llevaba dos años mirándolo con devoción. Hasta que un día esas miradas le agitaron las hormonas y retuvo la mirada de la joven. Luego se le acercó y la invitó a cenar a un restorán super lujoso frente al mar. Al ir a buscarla esa noche lo hizo en su carro negro reluciente, su carro de senador de la Coalición, con chofer y todo. Ella vivía con sus padres en una casita de Barrio Obrero, de una planta, de cemento y con un pequeño jardín alrededor, frente a la plaza. Disfrutó mucho el asombro y la admiración en los ojos de sus padres; gente humilde. Luz María, que así se llamaba ella, no cabía en sí de orgullo, un orgullo mezclado con susto.

El enamoramiento de Tomás Alberto sólo duro seis meses. Cuando supo que Luz María esperaba un hijo se le congelaron los testículos. No podía permitir que Rosaura se enterara, no deseaba hacerla sufrir, ella era inocente, había que protegerla de las crueles verdades de la vida. Entonces habló en serio con Luz María y le dijo que él reconocería al hijo, él asumía la responsabilidad. No llevaría su apellido, pero le pagaría una pensión. Él era casado y el matrimonio era para siempre. El matrimonio era sagrado.

No volvió a hacerle el amor a Luz María. El miedo a que Rosaura se enterara se lo impedía. Sin embargo, no le impidió encapricharse de la nena de un mayordomo, una nena de dieciocho años que era un primor, con las carnes frescas y suaves que sólo tienen las adolescentes. Su padre, por congraciarse con el señor dueño de la central, prácticamente se la entregó. Tomás Alberto iba a buscarla en su carro con chofer y se la llevaba a la vieja casa de una finca de café que había comprado en la altura. Allí la instaló a vivir cuando quedó embarazada y allí la tendría viviendo mientras su cuerpo y su inocencia lo complacieran.

Ya había oscurecido hacía rato y Tomás Alberto regresó directamente a su casa en la calle Méndez Vigo. Estacionó su Ford plateado en el garaje y entró por un recibidor en el lado izquierdo de la casa. Rosaura lo esperaba con los brazos abiertos:

—Amor, qué tarde es, estaba preocupada...

—Asuntos de negocios.

—Llamé a la oficina de la central y no supieron decirme dónde estabas.

—En Ponce, amor, con un cliente. Tengo un negocio en perspectiva.

—¡Cuéntame, cuéntame!

—No quiero ahora. Lo haré después. Estoy muerto de hambre y de cansancio.

Rosaura le besó ambos párpados y le besó la boca y el cuello antes de ayudarlo a despojarse de su chaqueta de dril blanco. En ese momento Carmen Silvia, que ya tenía nueve años, entró corriendo:

—¡Papi, Papi, qué bueno que llegaste!

Era una niña hermosa y dulce como su madre. Tenía unos ojos negros almendrados con largas pestañas y un cabello largo lacio hasta la cintura que Rosaura se encargaba de adornar con lazos y con trenzas. A veces le rizaba el cabello en rizos como tirabuzones para que pareciera una princesa de los cuentos de hadas. Y, efectivamente, para Carmen Silvia la vida era un cuento de hadas. Así habían educado a Rosaura y así educaba ella a su hija. Le enseñaba lo que a ella le habían enseñado. La protegía de las realidades del mundo para que no conociera las verdades que duelen. Carmen Silvia era su muñeca, la luz de sus ojos, la razón de su existir. Al no poder tener más hijos, había volcado toda su capacidad para la ternura, el sacrificio y la dedicación en la crianza de esta niña, que recibía toneladas de amor tanto de su madre como de su padre, abuelos, tíos, niñeras y cocineras, choferes, jardineros y planchadoras. Todos sus caprichos eran complacidos, todas sus ocurrencias eran celebradas como genialidades; ella era el centro de su casa, de Mayagüez y de la creación. Si Rosaura iba a las tiendas de la plaza principal de Mayagüez, a comprarse unos zapatos por ejemplo, todos los empleados se desvivían en atenciones. Los muchachos hacían payasadas y las muchachas le cantaban canciones y le contaban cuentos. Lo mismo sucedía en los colmados y en las tiendas de telas y encajes. Carmen Silvia era la hija única del senador Herrera Sanmartín, el dueño de la Central Atenas, ese señor que caminaba por el pueblo vestido siempre de dril blanco y con sus zapatos de dos tonos. Los vendedores de la tienda de zapatos *La Estrella* lo admiraban más que a nadie; era su ídolo por lo joven y elegante y porque había trabajado arduamente para obtener lo que poseía. De modo que Carmen Silvia era una niña consentida en extremo.

—¡Papi, Papi! —dijo de nuevo y él la levantó por los brazos y la cargó como si fuera una bebé. A sus otros hijos con otras mujeres, que no llevaban su apellido, los veía sólo de vez en cuando. Carmen Silvia era la luz de sus ojos. Jugó a que era un caballo:

—Pracatín, pracatán... —dijo imitando el trote de un pasofino.

—Quiero un caballo, Papi, quiero uno sólo para mí, y que sea negro azabache, Papi, son bien lindos...

Tomás Alberto pensó enseguida a quién iba a llamar para conseguirle el pony a su nena. Así le decían a los caballitos pequeños y no eran tan fáciles de conseguir. Le daría bastante trabajo obtenerlo, pero no dudó en responder:

—La semana que viene estará en el establo de La Central, amor.

—¿Vas a enseñarme a montarlo, Papito?

—Así es, mi corazón, vas a ver cómo recorremos juntos, cabalgando, los terrenos sembrados de caña.

Carmen Silvia aplaudió con ambas manitas y llenó de besos los cachetes de su papá. Tomás Alberto respiró hondo y sonrió; luego se deshizo en carcajadas. Después se sentó en la cabecera de la mesa a cenar pero mantuvo a la nena sentada en su muslo derecho. Rosaura lo acompañó porque había esperado a que él llegara para cenar ella.

Siempre tuvo, a través de los largos años de matrimonio, esa costumbre. Llegaría más temprano si sabía que ella no cenaría sin él, se había dicho a sí misma. Y en efecto así fue, porque si Tomás Alberto estaba en Mayagüez siempre llegó, aunque a veces tarde, a cenar a su casa. Cuando estaba en San Juan por asuntos del escaño senatorial era otra cosa, por supuesto. Pero en Mayagüez nunca cenó fuera de su casa, ni en casa de otras mujeres ni en restaurantes. Eso lo dejaba para el almuerzo.

—Llamó tu madre —dijo al fin Rosaura, quien disfrutaba el idilio padre e hija que presenciaba.

—Ah, ¿y qué quería?

—Nada en particular, preguntaba por ti y por la nena, dice que quiere verla, que se la lleves a *El delfín de oro*.

—¿Y cuándo Mami va a cerrar ese colmado? Le he dicho que ya no tiene que trabajar, que yo gano dinero para mí y para ella.

—Será que quiere ser independiente, tener algo que hacer...

—¡Absurdo! ¿Cuándo se ha visto? Yo me avergüenzo de que ella trabaje así.

Rosaura lo miró conmovida, pero se atrevió a decir, porque no pudo evitarlo, porque tenía que hacerlo:

—Yo, por el contrario, estoy orgullosa de ella. Estoy orgullosa de tu madre, Tomás Alberto, es una gran mujer.

Fue tan sincera, tan contundente, sonó tan convencida, que Tomás Alberto calló. En el Senado de Puerto Rico a Tomás Alberto Herrera Sanmartín no había quién se le parara al lado. Cuando pedía la palabra durante una sesión, Martínez Nadal se la concedía de inmediato por el placer de escucharlo. Derrotaba a cualquiera en un debate; era tal su destreza con las palabras. Pero hoy tuvo que callar. Y era que su orgullo de hombre no le permitía concederle la razón a Rosaura, no le permitía aceptar que en el fondo de su corazón pensaba igual que ella y también estaba orgulloso de su madre. Por lo tanto calló, y esa noche en la cama le hizo el amor a Rosaura con una dedicación especial, con una devoción como quien se doblega y concede. Y reza. Rosaura lo disfrutó como quien disfruta una victoria al aceptar una derrota. Y cuando gritó de placer gritó tres veces y no supo por qué un dolor como aquel podía inundarla de alegría y de pájaros volando. Era un misterio más en la cadena de misterios con que se tejía el mundo, se dijo antes de conciliar el sueño.

Al día siguiente, en su oficina de la Central Atenas, Tomás Alberto recibió al arquitecto Rivera, a quien había mandado a llamar. Era un joven elegante, graduado de una universidad norteamericana, y tenía su oficina en San Juan. Había viajado más de cinco horas para entrevistarse con él.

—Quiero un castillo.

—Qué dice, señor Herrera, cómo va a ser, mejor le diseño una mansión estilo español, como son las mansiones de los millonarios de California y Florida, fíjese, le traje fotos.

Y al decir esto desplegó sobre la mesa unas fotos de casas blancas con techos de tejas y galerías de arcos, ventanas de dos hojas con persianas, jardines de rosas alrededor y piscinas ovaladas en los jardines.

—Sí, muy bonito —dijo, amable, Tomás Alberto—, pero no es lo que yo quiero.

—Es lo que está de moda, señor senador, ayer entregué un plano para una casa en Miramar y actualmente trabajo en el diseño de la casa de un industrial ponceño en esa urbanización, La Alhambra creo se llama.

—La conozco. No me interesa.

—Fíjese usted, ¿no le parece hermosa esta casa?

Y le mostró una casa de dos plantas y tres pequeños balcones de rejas en la segunda planta; el techo era de cuatro aguas y de tejas.

—Sinceramente, no. En todo caso me gusta la casa de la Calle Méndez Vigo donde vivo en la actualidad. En la fachada tiene un balcón ancho, con columnas jónicas clásicas y balaústres de cemento.

—Vamos a ver, señor Herrera, yo puedo diseñarle un castillo de cemento con techo de tejas y galerías de arcos y un patio interior.

Podemos hasta hacerle un pozo de agua de embuste en el centro. Y en la fachada dejamos un espacio para colgar el escudo de su familia.

—Mi familia no tiene escudo. Eso son cosas de aristócratas decadentes —dijo, desdeñoso, Tomás Alberto. Comenzaba a molestarle el muchacho éste, era medio firulístico y algo amanerado, como las viejas pretenciosas.

—Si no tiene escudo le diseñamos uno, va a ver lo bien que van a verse los leones, las águilas o los dragones que usted escoja. O diseñaré un escudo con una rosa roja en el centro y una gota de sangre desprendiéndose de sus pétalos.

—O —añadió entusiasmado— el escudo será una ceiba azul.

—No desperdicie mi tiempo, señor Rivera, mire, yo quiero un castillo medieval, con torres almenadas, ¿me oye? Si no me consigue la piedra, la imitamos con el cemento.

—Está bien, señor Herrera, será como usted diga —accedió al cabo, resignado, el arquitecto—. Creo que puedo diseñarle facilidades sanitarias modernas y espacios modernos vivibles en un carapacho medieval.

Y efectivamente, tres años más tarde se levantaba sobre una colina entre el Valle de Añasco y el Valle de Mayagüez, entre el Río Añasco y el Río Yagüez, un castillo de torres almenadas y jardines de rosas rojas alrededor. Desde las torres se veían los campos sembrados de caña y los edificios de la ciudad, entre diente y diente de la baranda de la terraza en la segunda planta Carmen Silvia veía las calles Méndez Vigo y Mc Kinley extenderse desde la plaza principal hasta la playa, hasta los hermosos almacenes del puerto. En la primera planta había una terraza con arcos al exterior, algo le concedió Tomás Alberto al arquitecto, y allí colocaron muebles de mimbre y tiestos de helechos y begonias, un espacio donde sentarse las señoras por las tardes para ver un sol que, antes de irse a dormir debajo de las aguas del Mar Caribe, se despide iluminando de un oro rojizo el mundo entero. En

un salón interior, de treinta pies de alto, se alzaba una
escalera ancha y regia, alfombrada de rojo, de aquellas por las que los miembros de la realeza europea
solían bajar a recibir sus invitados. Bajaban cubiertos
con capas de armiño, las cuales se extendían tras ellos
y se deslizaban sinuosamente por los escalones. Carmen Silvia pasó los últimos años de su infancia subiendo y bajando estas escaleras y soñando que era
una princesa o mejor, una reina, la reina Isabel II de
Inglaterra en persona. De aquel salón altísimo la ma-
ravillaba, muy particularmente, el guerrero medieval,
con casco emplumado y armadura sobre todas sus
ropas, hasta sobre las rodillas y los pies, que montaba
un caballo de bronce. No tenía rostro, sólo un hueco
vacío la miraba donde debieron mirarla unos ojos
intensos, fieros y tiernos.

Segunda parte:
Quiéreme mucho

15

Carmen Silvia Herrera de Mirasol nació en la Clínica Perea de Mayagüez el 2 de mayo de 1929, el mismo año en que la bolsa de Nueva York sufrió su histórico derrumbe, y fue la niña más mimada que la memoria colectiva mayagüezana puede recordar. Tanto doña Josefa Sanmartín como sus otros hijos, Carlos Enrique, Margarita, Luis César y Marielisa, hicieron acto de presencia en la habitación colmada de regalos. Cajas y más cajas de camisitas de hilo rosa bordadas a mano y de frisitas con bordes de encaje de mundillo se agolpaban contra las paredes. Además, las canastas de rosas, jarrones de azucenas y lirios blancos, arreglos y más arreglos de las más variadas clases de flores importadas cubrían las superficies de las mesas, las camas y las cajas. Cuando a las nueve de la noche, después de irse las visitas, Rosaura iba a dormir, las enfermeras debían colocar las docenas de arreglos, canastas y floreros en el pasillo, porque decían que el respirar de tantas hojas y flores consumía el oxígeno de la convaleciente. Era entonces con pena que Rosaura veía su espacio transformarse en el sórdido cuarto de hospital que a fin de cuentas era, y soportaba la soledad de aquellas cuatro paredes porque su madre dormía en un catre improvisado junto a ella. Y cuando su madre no podía hacerlo, su hermana Elvira estaba allí a todas horas para consolarla. Eso a pesar de las enfermeras privadas que la atendían las veinticuatro horas, atentas a su más mínimo reclamo.

No era fácil. Al recibir la información de que el ginecólogo debió extirparle la matriz, Rosaura no podía contener el llanto y los gemidos. Siempre pensó que, al igual que su madre, ella iba a llenarse de hijos; temía que Tomás Alberto se enojara ante el hecho de que de ahora en adelante su esposa era estéril.

—Es mejor, hija, así tendrás algún tiempo para ti misma —le dijo, enigmáticamente, su propia madre.

A su propia madre no había quién la entendiera, no señor. Al saberlo Tomás Alberto no pareció enojarse, pero nunca se sabe.

Doña Josefa Sanmartín, por el contrario, fue transparente:

—Alégrate que tienes esa belleza de bebita. Pudo suceder que no tuvieras ninguna.

¡Qué señora tan maravillosa! La suegra tenía una luz por dentro que le permitía ver a través de las cosas. Rosaura no dudaba de que fuera adivina, pero no hacía alarde. Más aún, ni siquiera daba muestras de poseer ese poder. Pero Rosaura no dudaba de que lo tuviera.

Vinieron entonces a visitar a Rosaura en el hospital toda la tribu de los Herrera Sanmartín y la tribu de los De Mirasol. A veces la gente era tanta que el cuarto se desbordaba en el pasillo y llegaba hasta la salita de espera frente al salón de operaciones. Era como si las dos tribus familiares hubieran tomado por asalto el hospital; lo habían inundado.

Así como el nacimiento de Carmen Silvia ocupó un lugar prominente y central en la atención de los habitantes del área oeste de Puerto Rico, de la misma manera sucedió con su crianza. Para don Pedro de Mirasol era la primera nieta y aunque después tuviera veinticinco nietos más, Carmen Silvia era la que era, algo especial.

Durante el primer año todas las tardes a las cinco se presentaba en casa de Rosaura con un regalo para la bebé. A veces lo acompañaba con un regalo para Rosaura. Un día fue un árbol de aguacate en un tiesto para que lo sembrara en el patio detrás de la cocina. Otro día era un collar de perlas que pensó le gustaría porque le quedaría lindo y aún otro día se presentó con un pedazo de brazo gitano, un bizcocho que vendían bajo ese nombre en una antigua repostería española cerca de la Plaza Colón.

No era todos los días, claro. Sólo durante el primer año. Luego fue semanalmente. No podía faltar el regalo de la nena: una bola de volibol, inflable, para la playa, un caballito de madera que se mecía como un sillón y muñecas de todos los tamaños, gordas y flacas, rubias y morenas, de porcelana y de trapo, de plástico las más modernas.

También le regaló, cuando cumplió seis años, la casita de muñecas más linda que jamás se hubiera visto en Puerto Rico. La ubicaron en el jardín trasero de la casa, frente al árbol de aguacate y junto al árbol de mangó, con grama alrededor y un caminito de ladrillos que conducía a sus escaleritas. Imitaba una casa campesina puertorriqueña: sobre socos, como a tres pies de la tierra, con balcón de balaústres de madera y una puerta al frente y otra atrás, y cuatro ventanas, una a cada lado.

Adentro había una salita, una cocinita y un dormitorio, todo amueblado con muebles pequeños y en la cocina ollitas sobre los fogones de juguete. Los primos de Carmen Silvia, tanto aquellos por parte de padre como aquellos por parte de madre, se fascinaron con la casita. Sólo lo mejor para mi nieta, había pensado don Pedro de Mirasol al contratar a los carpinteros que construyeron una casita de madera sobre socos, con balcón y techo de dos aguas, con planchas de zinc tal y como ellos anhelaban tener y no tenían pero sí sabían cómo hacer. Una casa de juguete para la hija del señor de La Central era imposible no saber construirla.

Todos los domingos por la tarde venían los primos de Aguadilla, los hijos y las hijas de Luis César, Margarita y Marielisa, cuatro primitas y dos primitos que eran como sus hermanos, y los hijos de Carlos Enrique, dos nenas mayores que Carmen Silvia y un primo, Javier, que era como su hermano también. Se ponían todas las nenas a cocinar con las ollitas y las cucharitas mientras los varones corrían bicicleta o hacían que arreglaban los socos o clavaban las planchas de zinc. Javier, que era el mayor y el más atrevido, se metía a cocinar con las nenas por aquello de molestar y fastidiar al prójimo que es tan característico del humor de los varones. Recogía semillas y hojas del suelo y las tiraba en una olla para hacer un sancocho, eso decía. Las nenas se reían de él pero lo querían y lo abrazaban y besaban todo lo que podían; a veces Javier salía corriendo porque decía que las nenas lo iban a espachurrar. Eran muy cariñosos unos con otros porque doña Josefa se los había enseñado, que para ella era fundamental que sus nietos se quisieran unos a otros. En la sala de su casa sobre *El delfín de oro* los arremolinaba a su alrededor, trataba de abrazarlos todos juntos, y posaba para fotos con los nietos. Eran sus fotos favoritas. Luego las colgaba de las paredes de su dormitorio.

Javier y Carmen Silvia tuvieron desde esos días una relación especial, lo cual quiere decir que él estaba pendiente de ella en las ocasiones familiares; había entre ellos una comunicación bien fuerte y a su padre lo primero que le recordaba el viernes era la visita del domingo a la casa de Tío Tomás Alberto y Tía Rosaura; a Javier no se le olvidaba aquella tradición familiar. Primero los visitaban en la casa de la Calle Méndez Vigo y después fue en el castillo entre el valle del Río Yagüez y el valle del Río Añasco.

Vale la pena subrayar que, al irse a mudar de la Calle Méndez Vigo, Carmen Silvia se negó a abandonar la casita. Su padre juró que le mandaría hacer una mejor, Rosaura le aseguró que su abuelo le mandaría a construir otra casita más grande, con balcón alrededor como las haciendas de café, pero Carmen Silvia dijo que no, no y no, era esa o ninguna, de modo que vinieron unos nuevos carpinteros, algunos de la Catedral Libertad y otros de la Central Atenas y desmontaron la casita tabla por tabla y soco por soco. Cómo trasladar de terreno una casa no era oficio que desconocieran los experimentados jíbaros, que bastante a menudo lo tenían que hacer los que vivían arrimados. Debían trasladar las casas de lugar, de modo que al mudarse al castillo en lo alto de un monte entre el Río Yagüez y el Río Añasco, Carmen Silvia se llevó su casita de muñecas.

Los primos tampoco le hubieran permitido otra cosa. Ya para los doce años Javier casi no cabía en la

casita, pero de todas formas se metía, si no era a las
buenas era a las malas. Carmen Silvia estudió escuela
elemental en el colegio de monjas de la Calle Post en
Mayagüez; allí también estudiaban sus primas. Los
varones estudiaban en La Inmaculada de la Calle
Méndez Vigo, que era de nenas y nenes juntos. Pero
a Rosaura no le parecía bien eso y menos aun a Tomás Alberto, había que proteger a su niña lo más
posible, sólo estudiar entre niñas bien, que así le decían a las hijas de familias acomodadas. Así es que
Carmen Silvia conocía solamente a sus primos, de
varones no conocía a ninguno que no fueran Javier,
los varones de Margarita, Marielisa y Luis César y los
primos por parte de su madre, esos otros menores
que ella todos. Carmen Silvia a veces soñaba que ju-
gaba béisbol en un equipo todo de varones o que iba
navegando río arriba, era sin duda el Río Amazonas
por lo ancho, allá abajo en la bola del mundo de su
cuarto, en Brasil, y surcaba sus aguas barrosas como
parte de una expedición donde ella era la única mujer. En la embarcación, delante de ella había hombres
y detrás también, hombres y más hombres por todas
partes.

Javier tuvo el inmenso privilegio de ser prácticamente el único amigo de su infancia, aquel con quien
jugó en la casita de muñecas, con quien jugó volibol
en la playa y tenis en las canchas que Tomás Alberto
hizo montar en los terrenos cerca del castillo, prote-
gidas por verjas y adornadas por setos de amapolas
rojas y amarillas. Jugaron todos juntos en perfecta
armonía hasta que Carmen Silvia ingresó a estudiar
interna en el Colegio de Las Madres de Ponce. Era
otra orden de religiosas y eran otras monjas. Las pri-

meras usaban sombreros de almidón blanco, con alas. Las Madres de la orden del Sagrado Corazón de Ponce tenían arandelas duras alrededor de la cara. Y que la educación era mejor, le dijeron a Tomás Alberto. Nunca se sabe. Lo que sí era cierto era que las hijas de todos los cañeros ponceños con apellidos alemanes y franceses estudiaban allí, y las hijas de los más rancios abolengos españoles también, así es que para allá mandaron a Carmen Silvia y al cabo de seis meses miraba a Javier con cierto recelo. Pero él pudo vencerlo, o eso esperaba, invitándola al cine con su padre, su madre y sus hermanos, todos juntos bajaban la cuesta para ir al cine Yagüez a ver cualquier película de Tarzán.

Quién hubiera dicho, nadie hubiera imaginado siquiera, lo que iba a suceder. Y es que Javier de catorce años y Carmen Silvia de trece comenzaron a pegarse en el cine y como les gustaba comenzaron a pegarse en la casita si todavía algún día se les ocurría ir. En el cine a veces Javier le acariciaba la mano izquierda y ella se dejaba, sentía un hormigueo delicioso por todo el cuerpo cuando Javier la tocaba. Un día que jugaban al esconder en el castillo, Carmen Silvia se escondió detrás del caballero medieval y allí la encontró Javier.

—Sabía que estabas aquí —dijo Javier acariciándole la cara, apartándole el cabello negrísimo del rostro para mirarla con dulzura y mirarse en sus ojos.

—¿Por qué? —dijo ella con una changuería que le salía del instinto, de la mismísima sangre que le corría por las venas.

—Porque te gusta aquí. Esa armadura es como en las películas —y al decir esto la besó en la boca.

Su primer beso dejó a Carmen Silvia sin respiración, no podía entender lo que sentía, pensó que se le agitaban todas sus aguas. ¿Qué era aquello? ¿Una tormenta en medio del mar? ¡Qué agite!

—Quiero que seas mi novia —dijo Javier despacio, muy suavemente—. Después, cuando seamos grandes, nos casaremos —añadió, muy convencido.

Y el mundo pareció seguir el curso normal de los acontecimientos hasta que un domingo de los muchos domingos del año Rosaura vio a Javier y a Carmen Silvia sentados en una fuente del jardín, mirándose a los ojos y tomados de la mano. Se le prendió una luz roja en el cerebro, una luz intermitente que avisaba la proximidad de un peligro inminente, una voz de alerta.

—Dime, Carmen Silvia, ¿estás enamorada de Javier? —le preguntó Rosaura cuando se la llevó de la mano y la encerró en su cuarto.

—Somos novios —dijo débilmente Carmen Silvia. No podía imaginarse por qué tanto lío. Su madre se veía muy exaltada.

—¡Pero es tu primo hermano! ¡La Iglesia Católica lo prohibe!

—Pero Mami, pedimos una excusa. Se puede hacer, se escribe a Roma. Las monjas hablaron de un caso similar la semana pasada...

Carmen Silvia miraba a su madre con la mirada más inocente de la tierra y Rosaura supo que aún no había sucedido nada sexual, pero supo también que si no tomaba cartas en el asunto pronto algo sucedería.

—Es imposible, nena, hay millones de hombres guapísimos en el mundo, Javier es tu primo hermano y nacen hijos anormales si se casan los primos, eso decían las monjas que me criaron a mí, pero también lo decían mi madre y mi abuela. Tu abuelo don Pedro de Mirasol no lo toleraría así es que olvídate, no quiere biznietos con deformidades.

Sonaba totalmente decidida.

—Así es que no lo volverás a ver. Hablaremos con tu papá y con tu tío y verás que no lo vuelves a ver.

—¡No, Mami, no, yo lo quiero! ¡Estoy enamorada! —lloró Carmen Silvia.

Lloró y lloró y no le hicieron caso. El resultado fue que Carlos Enrique y su familia no volvieron de visita los fines de semana y ya los domingos por la tarde en el castillo nunca volvieron a ser iguales.

Volvía a su memoria aquella tarde en que, escondidos detrás del caballo de bronce con un caballero vestido con armadura y lanza en la mano derecha montado encima, Javier le preguntó:

—¿Quieres ser mi novia?

Y en casa de doña Josefa, sobre *El delfín de oro*, durante las reuniones navideñas o cuando se reunían durante el transcurso del año y de los años, nunca se encontraban con Javier. Si Carlos Enrique y su familia iban, Javier no. Y cuando preguntaba por él, sus primos no le contestaban. Miraban hacia otra parte.

Un día no pudo más. Había ido hasta la fuente del Ojo de Agua en El Parterre con sus primitas, las hijas mayores de Margarita y Marielisa. Las agarró por las muñecas:

—¡Díganme, díganme! —insistió casi gritando— ¡No pueden hacerme esto! ¿Dónde está Javier?

Las primas la miraron con lástima. Miraron alrededor y no vieron ningún tío ni tía ni ningún otro primo que las delatara. Entonces miraron el manan-

tial y el parque de El Parterre a su alrededor, que últimamente estaba sucio y deteriorado, con más pena
todavía, y respondieron:

—Está en Estados Unidos. Lo mandaron a estudiar
a un colegio allá. No sabemos el nombre del colegio.

—¡Yo quiero verlo y no me dejan!

—Ya lo sabemos. No podemos no darnos cuenta. ¿No te parece?

—¡Yo lo quiero! —insistió Carmen Silvia llorando, y al decir esto abrazó a sus primas, a ambas, y a
ellas no les importó que se les ensoparan las hombre-
ras de los trajes de encaje y organdí. Se sintieron cóm-
plices ese día y por el resto de sus vidas, que nada une
más a dos o tres personas que un secreto compartido.
Desde ese momento en adelante Carmen Silvia pudo
atraparlas en una esquina durante una reunión familiar para hablarles de Javier, que algo ayuda el poder
desahogarse, decían las primas, y ellas poco sabían y
poco podían hacer. Ni siquiera Elisita, la hermanita
de Javier, sabía el nombre del colegio. Lo habían enviado a Nueva Inglaterra en un avión de carga del
ejército, lo enviaron a estudiar a un colegio de varones carísimo y muy exclusivo. Eso nada más sabía
Elisita; la confesaron un día en que corrían patines
en la plaza de El Parterre.

Desde que comenzó la Segunda Guerra Mundial ya nada era igual que antes. Doña Josefa se es-
pantaba de ver las latas de coca-cola tiradas en las
alcantarillas y en las fuentes de los parques. De pronto el pueblo de Aguadilla se llenaba de basura los fines de semana. Peor aún, se llenaba de prostitutas.
Alrededor de la plaza central y de El Parterre prolife-
raban los bares y frente al malecón más todavía: bares

y más bares y cantinas y hoteles baratos con cuartos que se alquilan por hora.

—¡Qué es esto! ¿Qué está pasando? —le pregunta doña Josefa al ángel un atardecer en que pasean por el malecón.

—Es la guerra, mi amor —responde el ángel, porque hubiera querido evadir la pregunta y no puede.

—¿Cómo que la guerra? Eso es allá lejísimo, en Europa. Son los soldados, eso es o qué es. Son unos puercos; todo lo ensucian. Mejor todavía, es la Base Ramey, esa base aérea que han montado ahí al lado, en la esquina noroeste de la isla, en Punta Borinquen, esa punta que controla el paso de los barcos por el Canal de la Mona.

—Sí, claro, son los soldados. Pero no hubieran construido la Base Ramey si no hubiera una guerra.

—Han arruinado mi pueblo. Ya no es el mismo. La gente decente se está mudando a urbanizaciones. Nadie quiere vivir en el centro comercial y cerca de comercios inmorales. Ahora Aguadilla es un pueblo de putas.

—¿Tú te vas a mudar?

—Por supuesto que no. No sabrías cómo encontrarme si me mudo a una urbanización donde todas las casas son iguales, los mismos techos chatos y las mismas ventanas con persianas de metal.

El ángel tuvo que reír a carcajadas ante la ocurrencia de doña Josefa.

16

De su infancia mimada y superconsentida Carmen Silvia recordaba muchas cosas. Recordaba a su abuela paterna sentada detrás del mostrador de *El delfín de oro* y recordaba a su abuelo materno detrás de su escritorio en su oficina de la Central Libertad. A veces don Pedro le pedía a Rosaura que le trajera la nena a la central porque quería verla. Le enviaba, para buscarla, un carro con un chofer uniformado al volante y Rosaura se dirigía a la central con Carmen Silvia sentada en la falda, mostrándole los campos sembrados de caña; caña y más caña y únicamente caña de azúcar era lo que veían en el trayecto. Un día que Rosaura la había traído a la oficina de don Pedro y él le mostraba unas revistas del *National Geographic* con fotos de animales, leones, jirafas y cebras, Carmen Silvia le preguntó:

—Dime, abuelito, ¿y por qué no hay nada más que caña sembrada en tus tierras? ¿Por qué no hay papas o yautías o plátanos o limones o tantas otras cosas que se pueden comer?

—Amorcito, ¡las nenas no preguntan esas cosas! —la regañó Rosaura.

—Déjala, mija, está bueno que se interese —objetó don Pedro, y respondió:

—Le saco más dinero a una cuerda de tierra si la siembro de caña de azúcar que si la siembro de papas o yautías. Es mejor negocio.

—¿Y qué es un negocio? —preguntó Carmen Silvia con los ojos más abiertos que don Pedro había visto en su vida.

Don Pedro miró a Rosaura y luego miró a su alrededor: su oficina, sus libros; percibió el sonido de los motores y las turbinas que molían la caña porque estaban en zafra en ese momento. Miró luego a través de la ventana de su oficina, que estaba en un segundo piso, los camiones que descargaban cañas para que fueran exprimidas por las máquinas.

—Es un trabajo donde, si te pagan por tu producto más de lo que te cuesta producirlo, ganas dinero.

Carmen Silvia no entendió muy bien. Cumplía apenas cinco años y era algo muy complicado para ella, pero le agradeció a su abuelito el que hubiera tratado de explicarle. Nunca olvidaría la cara de don Pedro cuando hacía el intento de explicarle y ella le preguntaba:

—¿La central es un negocio?

Y su abuelo respondía, tímidamente casi:

—Sí.

Aquel año del 1934 fue un año que Carmen Silvia no olvidaría, no señor, durante el resto de su vida. No olvidaría ni las visitas a sus abuelos ni aquel 6 de julio en que se asomó al balcón de la casa porque todos los residentes de la Calle Méndez Vigo estaban en los balcones y vio pasar al Presidente de los Estados Unidos de Norteamérica.

—¿Quién es? —preguntó a su niñera.

—Es el Presidente. Y es un hombre bueno que ayuda a los pobres. Tus padres fueron a recibirlo —fue la contestación.

Tanto Tomás Alberto Herrera Sanmartín como Rosaura de Mirasol estaban hacía un buen rato en el muelle cuando el crucero de la marina donde viajaba Franklin Delano Roosevelt, el *Houston*, puso proa hacia la costa. Se encontraba desde las cuatro de la madrugada en la Bahía de Mayagüez, acompañado de los acorazados 233 y 244. Ya a las siete de la mañana los más distinguidos oficiales de la ciudad y de toda la isla se apretujaban unos contra otros entusiasmados por ver al Presidente y por tener el honor de recibirlo y conocerlo. Los niños de las escuelas, uniformados y limpiecitos, agitaban banderas de los Estados Unidos de Norteamérica y varios destacamentos de soldados de Infantería, botas hasta debajo de la rodilla y sombreros de ala breve, se ponían tiesos y alertas en perfecta formación militar. Varios destacamentos de marineros vestidos de blanco, con gorra, amplios cuellos y chalinas y pantalones de vuelo en el ruedo, hacían otro tanto. El primero en subir al Houston por la escalerilla que conectaron al muelle fue quien tenía que ser, el gobernador de Puerto Rico en persona, el general Blanton Winship. Su figura de militar sureño impactó a los presentes, que nunca antes le habían visto la cara. Winship estrechó la mano de Roosevelt y sus dos hijos, Franklin Junior y John, quienes ayudaban a su padre a mantenerse en pie y a caminar. Alto y con la cabeza erguida, sombrero en la mano derecha, el Presidente se encontraba de pie sobre cubierta, muy elegantemente vestido de dril blanco, tal y como sus asesores le indicaron que vestían los señores de la aristocracia puertorriqueña. Había escogido desembarcar en la isla por el puerto de Mayagüez, tal y como lo hiciera su pariente el Presidente Teodoro Roosevelt en el 1906, porque Teodoro Senior, el padre de quien fuera hasta recientemente gobernador de Puerto Rico, era su ídolo. Criado en la opulencia y los privilegios de una familia acaudalada, Franklin Delano quiso emular lo mejor de su sangre y alcanzar lo más alto. Él sería Presidente de Estados Unidos, al igual que su primo Teddy. Y aunque enfermó de polio en el 1921, persistió en su empeño y lo logró. Entonces allí estaba al fin, en el puerto de Mayagüez, cumpliendo con una especie de misión al repetir los actos de los antepasados, como quien cumple con el deber no escrito de devolverle a su estirpe el lugar que le corresponde en el universo.

Al igual que Teddy Senior, Franklin fue recibido no sólo por el gobernador de Puerto Rico sino por distinguidos senadores y representantes a la Cámara Legislativa, Tomás Alberto Herrera Sanmartín y María Luisa Arcelay entre otros. Algunos meses antes su esposa Eleanor había visitado la isla, pero viajó en un aeroplano de cuatro hélices de Pan American Airways que amarizó en la Bahía de San Juan. Franklin Delano había escogido llegar en un crucero de la Marina, el Houston, y desembarcar por Mayagüez como quien sigue los pasos necesarios para ejecutar el baile sagrado de un ritual. No fue recibido en Mayagüez por J.D.D. Chesterton, sin embargo, porque J.D., quien se encontraba en el Hotel Americano de Central Aguirre y fue contactado por los agentes federales a cargo de la operación, se declaró indispuesto por razones de edad y enfermedad. No viajó en tren hasta el Ojo de Agua de Aguadilla con J.D.D. Chesterton, por lo tanto, pero escogió la ruta del sur para llegar hasta San Juan. J.D.D. Chesterton accedió a reunirse con él en San Germán, donde fueron agasajados en la residencia del alcalde de la ciudad, don Juan Ángel Tió.

Allí llegó J.D.D. Chesterton a su obligada reunión con Franklin Delano porque no le quedó otra alternativa. Tenía, después de todo, el deber de obedecer órdenes presidenciales, pero ganas de hacerlo no tenía, y necesidad tampoco.

—Hola, Franklin —le dijo al Presidente cuando éste hizo su entrada a la sala de la residencia del alcalde de San Germán—. Sigues los pasos de tu primo Teddy Senior, ¿no es cierto? No creas que no me doy cuenta.

Al entrar Franklin esgrimió, como el gran político que era, una amplia sonrisa. Luego, al escuchar los comentarios de J.D., rió con ganas. Se sentó frente a J.D.D. Chesterton en una silla antigua de alto espaldar de caoba y dijo:

—Chico, no cambias. ¿Todavía visitas a Teddy Junior en Hyde Park y van a cazar perdices?

—Nos carteamos de vez en cuando, pero hace algún tiempo no vamos de cacería. Me has dado una idea. En el otoño creo que lo haré. Las tierras de los Roosevelt en las riberas del Hudson son preciosas en otoño.

—Yo ya no tengo tiempo para cazar. Estaré en este viaje en crucero por algunas semanas. Iré hasta Hawaii cruzando por el Canal de Panamá.

—El Canal es una maravilla. Y lo mandó a construir tu primo Teddy; él tenía mucha visión. Oye, Franklin, ese proyecto del Nuevo Trato que estás implementando no me gusta nada. Si se ayuda demasiado a los pobres nos quedamos sin gente que nos trabaje las tierras y las fábricas.

—Me han informado que no te gustan mis ideas, J.D., pero hay que hacerlo. El país está hundido en una depresión económica y hay que poner en pie la economía, abrir los bancos, ofrecer préstamos, hacer inversiones, proveer trabajo a los que se mueren de hambre. Mover el dinero. Si no lo hacemos, todo se desploma.

—Ya todo se desploma de cualquier manera —dijo amargamente J.D., en nada impresionado con la impresionante figura de Franklin Delano y el tono autoritario y enérgico de su voz.

—Al presidente Teddy Senior y a tu primo Teddy Junior, que era gobernador, los llevé a Aguirre a montar en mis caballos de pura raza; estás invitado, pero me informan que no tienes tiempo —añadió con cierta nostalgia.

Haciendo caso omiso de la agresión indirecta de la que era objeto dada su evidente incapacidad física para montar a caballo, Franklin se puso de pie ayudado por su hijo Franklin, que era un hermoso veinteañero aún más alto que su padre, y le extendió la mano a J.D.:

—No quitaré la tarifa al azúcar, si por eso estás aquí —dijo sonriendo.

—Deseo de veras ayudar a esta pobre gente y eso no ayudaría. Duerme tranquilo, chico —añadió con otra sonrisa implacable.

J.D. estrechó la mano que le extendían y sólo pudo decir:

—Gracias.

Luego añadió:

—Teddy Senior hubiera hecho lo mismo.

—Tú crees que eso es lo que yo quiero que tú me digas... ¿verdad? —comentó Franklin Delano mirándolo con los ojos más penetrantes imaginables. Luego añadió, como hablando consigo mismo:

—Bueno, puede ser. No es mi intención, pero uno nunca sabe lo que se cuece en el interior de cada cual...

Y con un gesto de su mano derecha, donde llevaba el sombrero, se despidió. Esa noche J.D.D. Chesterton no escribió a su amigo Teddy Roosevelt Junior. Nunca le comentó, ni por carta ni en persona, su encuentro con Franklin Delano.

El episodio duró apenas unos diez minutos, los suficientes para tomar un poco de limonada y estirar las piernas. Franklin Delano viajaba en un automóvil que cargaba consigo en el Houston para hacer sus paseos por las islas que visitaba. Era un descapotable de focos redondos, estribos a ambos lados y goma de repuesto junto a la puerta del conductor. Lo desembarcó en el muelle de Mayagüez y desde el asiento trasero, al que montó junto a su hijo Franklin Junior y el gobernador Winship, saludaba a los mayagüezanos que se alineaban a ambos lados de la calle Post y la Calle Méndez Vigo. Así lo vio pasar Carmen Silvia e iba sonriendo a todos y saludando, con su impecable traje de dril blanco y su corbata de seda; un perfil aristocrático como pocos. La niñera le repetía:

—Ese señor ayuda a los pobres.

Años más tarde Carmen Silvia sería testigo de que los pobres de Puerto Rico tenían fotos de Franklin Delano Roosevelt colgando en las paredes de las salas de sus humildes hogares. Algunas salas tenían reproducciones de Jesucristo vestido de rojo con el corazón abierto y reluciente, de rayos alrededor, colgando de una pared, o reproducciones de una Virgen María llorosa y acongojada. Otras tendrían una foto a color de Franklin Delano Roosevelt, sin corazón abierto, colgando de una pared. Los pobres de Puerto Rico lo vieron como un Mesías, un Salvador. Y por qué no, si su Nuevo Trato les regaló comida y tierras e instituyó el Seguro Social, ese cheque que mantiene a los viejitos cuando la edad los incapacita para el trabajo. La niñera de Carmen Silvia tenía una foto a color de Franklin Delano Roosevelt en su habitación. Si desde el año anterior su madre recibía sacos de harina de maíz y sacos de habichuelas rojas y de arroz para alimentar a sus hermanitos allá en Maricao, para ella, aquella mañana del 6 de julio de 1934, ver pasar al Presidente F.D.R. era ver pasar a Dios.

Y así fue por muchos de los pueblos por los que lo llevó su recorrido. En Sabana Grande su automóvil descapotable pasó bajo un arco triunfal al estilo de los arcos de París, pero de madera, que decía: *Our Hope Lies in President Roosevelt and His New Deal.* No querían desperdiciar la oportunidad los pobres de Puerto Rico, no señor. Cuando llegó a Ponce, a la Perla del Sur, las muchedumbres eran igual de entusiastas, tanto que soportaron horas esperando bajo la lluvia. En Ponce, donde usualmente llueve poco, el Presidente tuvo que ponerle la capota de hule a su elegante descapotable, pero a su fanaticada no le importó mojarse; hombres, mujeres y niños lo vitorearon hasta quedar roncos. A su paso por Juana Díaz y Cayey, las multitudes continuaron desbordando de entusiasmo todos los caminos. En Caguas, casi llegando a la capital, le habían construido otro arco triunfal a manera provisional, con un águila de madera y de anchas alas extendidas sobre la bandera de cuarenta y ocho estrellas y siete franjas. Bajo el águila pasó el elegante descapotable aún con capota porque continuaba lloviendo y menos de una hora más tarde entraba en la capital.

Allí fue nuevamente un espectáculo de aplausos y vítores a lo largo y a lo ancho de la Avenida Ponce de León hasta llegar a la antigua ciudad española, que había sido completamente amurallada hasta el 1897, y a La Fortaleza donde residía el gobernador Winship. Una vez en el interior de La Fortaleza o Palacio de Santa Catalina no jugó a los indios y los vaqueros con los niños presentes, tal y como había hecho Teddy Senior. Ignoraba que Teddy Senior hubiera incurrido en esas diversiones en la imponente escalera de mármol de la mansión; si lo hubiera sabido quizás hubiera hecho algún amago. Debió posar para fotógrafos de la prensa, saludar a elegantísimas señoras vestidas a la última moda y funcionarios gubernamentales, puertorriqueños y norteamericanos, que formaban filas al parecer sin fin. En todas las fotos que captan el histórico momento lo acompañan el gobernador Whinship, sus hijos Franklin Junior y John Roosevelt y el almirante de la Marina Norteamericana. En una de las fotos F.D.R. sale al balcón, siempre sonriente, a saludar a la multitud. Al otro día pronuncia un discurso por radio dirigido al pueblo puertorriqueño donde dice, en inglés por supuesto:

My friends and fellow citizens of Puerto Rico:
Never as long as I live shall I forget the warmth

of your reception to me yesterday and today. The drive from Mayagüez to Ponce and then across the Island to San Juan gave me again a wonderful picture of your wonderful island.

I was here thirty years ago and it seems to me that in these years a great deal of progress has been made; but I believe, also, that the progress that you have made in the past is very small compared with the progress that you are going to make in the future.

One thing that seemed to be very clear was that your problems here on the island are very much the same kind of problems that we have in many other parts of the United States. They are social problems and economic problems, and the same methods that we use to solve them in other parts of the country will be applied here in Puerto Rico. I believe in better homes. That means bringing about a better family life, better living conditions, a better chance for education, and a better chance for every person to earn his livelihood. Then we shall have better health conditions because unhealthy conditions are caused by a lack of opportunity to earn one's bread. With the help of our Government in Washington and with the splendid help of the Island Government and of the Governor, I am looking forward to the solving of these problems here in the island just as quickly as we shall solve them in the continental part of the United States.

We cannot accomplish everything in one year. In fact, we must look ahead for a great many years, and that is why we have all come to an agreement in principle for the rehabilitation of Puerto Rico. That plan, of course, will take a great many years to accomplish, but I hope and I am confident that all of you will do your part in making the plan a success.

I wish very much that I could stay here for many weeks and see many parts of the island that I have not had the opportunity of visiting. I hope to come back here not once, but many times, and see what you have done. I hope to see that a great deal of progress has been made. I know that you will cooperate with us in what we are trying to do for the United States, not only here but in all parts of the Nation. And so, my friends, I am not going to say good-bye but au revoir.

It has been good to see you again in Puerto Rico. Many thanks for your splendid spirit. I shall never forget how good you have been to me on this visit.

En español diría más o menos así:

Mis amigos y compañeros ciudadanos de Puerto Rico:

Nunca mientras viva podré olvidar el recibimiento que me han brindado ayer y hoy. El viaje de Mayagüez a Ponce, y luego a través de las montañas hasta San Juan, volvió a darme una imagen hermosa de esta hermosa isla.

Estuve aquí hace treinta años y me parece que en estos años ha habido mucho progreso, pero creo, también, que el progreso que han hecho en el pasado es pequeño comparado con el progreso que harán en el futuro.

Algo que me pareció muy claro fue que los problemas aquí en la isla son el mismo tipo de problemas que tenemos en muchos otros lugares de los Estados Unidos. Son problemas sociales y problemas económicos y para resolverlos utilizamos los mismos métodos que utilizamos para resolverlos en otras partes del país.

Creo en casas mejores. Eso significa una vida familiar mejor, mejores condiciones de vida, una oportunidad mejor para educarse y una mejor oportunidad para que cada persona se gane la vida honradamente. Entonces tendremos mejores condiciones de salud porque las condiciones poco saludables son causadas por falta de oportunidades para ganarse el pan de cada día. Con la ayuda de nuestro gobierno en Washington y con la espléndida ayuda del gobierno de la isla y del gobernador, anticipo que podré resolver los problemas aquí en la isla con la misma prontitud con que los resolveremos en la parte continental de los Estados Unidos.

No podemos lograrlo todo en un año. De hecho, debemos anticipar muchos años de trabajo y por eso hemos llegado a un acuerdo para la rehabilitación de Puerto Rico. El plan, por supuesto, tomará tiempo en implementarse y lograr sus objetivos, pero estoy confiado en que todos ustedes colaborarán con nosotros para que el plan tenga éxito.

Quisiera poderme quedar aquí por muchas semanas y poder visitar muchas regiones de la isla que aún no he tenido la oportunidad de ver. Espero poder venir no una, sino varias veces, a ver lo que han hecho. Espero comprobar que han progresado, y mucho.

Sé que cooperarán con nosotros en lo que estoy tratando de hacer por los Estados Unidos, no sólo aquí sino en toda la nación. De modo, amigos, que no voy a decirles adiós sino hasta luego. Ha sido agradable volverlos a ver en Puerto Rico. Muchas gracias por el espíritu alegre y entusiasta que han demostrado. Nunca olvidaré lo buenos que han sido conmigo.

Nunca regresó. Al otro día visita el Castillo del Morro, la cuatro veces centenaria fortificación, como dirían los periódicos de la época. Allí tiene la oportunidad de saludar al nuevo jefe del Regimiento 65 de Infantería, el coronel Otis R. Cole, y al segundo en comando de las fuerzas militares de la isla, el comandante Dager. Esa tarde abordó nuevamente el *Houston* para proseguir su recorrido. Cuando el *Houston* cruzó la entrada de la Bahía de San Juan, acompañado en todo momento por los acorazados 233 y 244, los cañones del Castillo del Morro dispararon una última salva para despedir al Presidente.

Esa noche, al igual que la anterior, J.D.D. Chesterton no escribió carta alguna. Varios días después, meciéndose cómodamente en el ancho balcón del Hotel Americano de la Central Aguirre, se decidió a escribirle a su hija Vivien.

Queridísima hija:

Como te habrás enterado por los periódicos, estuvo aquí hace ya algunos días el Primer Mandatario de nuestra gran nación, Franklin Delano Roosevelt.

Es un hombre de excelente educación, se graduó de la Universidad de Harvard, es un perfecto caballero de nuestra clase social; son gente muy distinguida. Pero tú sabes lo que yo pienso de sus ideas. Nena, parece que al enfermarse de polio y verse desvalido por largos años (está incapacitado para usar sus caderas y camina con dificultad, a veces con muletas), Franklin se inclina a identificarse con los desvalidos. Fue su enfermedad, estoy seguro, pues tuvo la más privilegiada infancia y adolescencia. Conozco a su madre Sara Delano, señora más aristócrata no la hay en el Valle del Río Hudson ni quizás en la nación entera. Sólo que a veces me da por pensar que el deseo de Franklin de ayudar a los pobres es un acto de soberbia. Se cree tan superior al resto de los humanos que habitan la Tierra que piensa puede subvertir una ley natural, la que determina que sobreviven los más fuertes, que hay débiles y hay fuertes, unos mandan y otros obedecen, unos son ricos y otros pobres. Para que haya ricos tiene que haber pobres.

Claro que F.D.R. quiere ayudar a los desvalidos. Es un nuevo Jesucristo, un Mesías reencarnado. ¿No te parece esto soberbia? Algún día se dará cuenta de que es inútil. ¡Es un idealista! Bueno, nena, sólo quería compartir esta duda que tengo enterrada en el cerebro. Me hace falta Teddy Junior de gobernador. Ese Winship es un hombre de familia distinguida, de Georgia creo, pero no es tan simpático como Teddy Junior. Prefiero a los republicanos, tú lo sabes. Cuídate mucho. Iré pronto a verte. A tu amiguito Tomás Alberto Herrera Sanmartín no lo vi. Me dijeron que estaba en el muelle de Mayagüez, junto a su esposa, como parte del comité de recibimiento que le hicieron a F.D.R.

Luego se esfumó. Quiero decir que no formaba parte de la comitiva que acompañó a F.D.R. hasta San Juan. Su suegro don Pedro de Mirasol tampoco estaba. Ése ni siquiera se asomó por el muelle de Mayagüez. Los hacendados criollos consideran que F.D.R. es un enemigo.

Besos,

J.D.

Carmen Silvia lo vio pasar entonces. Tenía cinco años y nunca lo olvidaría. Era la imagen de un señor espejueleado y sonriente saludando desde un descapotable lo que no olvidaría. La memoria se apoya mucho en las imágenes. Algunas como que no se borran. Primero olvidamos el matiz de una voz, el olor de unos rizos, el suave o áspero roce de una mano. Ella lo vio pasar de lejos únicamente, pero como al ir creciendo en la isla de Puerto Rico su foto estaba en todas las escuelas y edificios públicos y en las salas y habitaciones de dormir de los pobres, no podía ignorar que a aquel a quien tenían colgando de la pared ella lo había visto en persona.

El otro acontecimiento que nunca olvidaría duró tres noches. Sucedió en el 1935, durante el mes de marzo, que es el mes más seco del año. Sus padres la llevaron las tres noches y la sentaron junto a ellos en los asientos reservados para la gente importante: en las primeras filas de enfrente. Fue el debate entre Miguel Ángel García Méndez y Luis Muñoz Marín que se celebró en San Germán, en una tarima de la Plaza de Santo Domingo. García Méndez era presidente de la Cámara de Representantes y Luis Muñoz Marín era senador por la minoría del Partido Liberal e iban a debatir la Ley Costigan-Jones.

Tomás Alberto y Rosaura no se iban a perder el debate por nada del mundo, porque ambos oradores tenían fama de ser muy diestros con la palabra. Tomás Alberto los admiraba y emulaba; diríamos más: quería ser igual que ellos.

Esas tres noches fueron como nunca antes ni después en la isla de Puerto Rico. Que si la ley beneficiaba, decía Muñoz Marín, que si la ley perjudicaba, decía García Méndez, y en la defensa y crítica de la ley recorrieron miles de años de historia, desde los discursos de Sócrates y Platón, Séneca y Marco Aurelio, hasta las guerras medievales y la conquista de América. Era cuestión de ensalzar la capacidad humana y dar lugar a la ostentación. Aunque eran adversarios políticos, Muñoz Marín y García Méndez debatieron en el mejor de los ánimos y no parecían oponerse en la mayoría de los puntos discutidos, ni siquiera los partidarios de uno o el otro llegaron a los puños; hubo uno que otro insulto, una que otra obscenidad con el propósito de llegar a la agresión, pero de ahí no pasó. Lo que Carmen Silvia nunca olvidaría sería aquel interminable río de palabras que salía por la boca de ambos contendientes, ni que fuera una catarata de agua de las dimensiones de Victoria Falls en África o un cuadrilátero de boxeo donde las palabras fueran puños. Tampoco olvidaría el entusiasmo de las gentes que apoyaban a uno y al otro. Y es que ahora resultaba que las tarifas azucareras eran sustituidas por cuotas y que a Puerto Rico se le rebajaba su cuota. Gran parte de la cosecha de azúcar del 1934 se quedaría en los almacenes de los agricultores puertorriqueños. No encontraría entrada en el mercado norteamericano. Después de aquellas tres noches de despliegue verbal y de reunirse después del debate en casa del alcalde para tomar maví y tomar champán francés, Tomás Alberto tomó la decisión de diversificar sus negocios. No era difícil ver que la industria azucarera no tenía futuro. Lo difícil era aceptarlo.

17

Aquella tarde del 1937 en que se llevó a cabo la parada de los nacionalistas, Carmen Silvia pudo haber terminado sus días fulminada por una bala. Fue una suerte que Tomás Alberto y Rosaura no se llevaran a la nena para Ponce como solían hacer. Algún presentimiento de los peligros implícitos, probables y posibles, tuvo Rosaura; el instinto de madre parece que le gritó bien duro, con voz de alarma. Lo cierto fue que esa tarde se quedó con don Pedro de Mirasol y abuelo y nieta jugaron al esconder. Aunque también don Pedro le contó cuentos de su propia infancia, cuando se criaba en una hacienda de Cabo Rojo y tenía una nodriza esclava. Fue a media tarde que Carmen Silvia se asustó al darse cuenta de que don Pedro estaba nervioso por las noticias que daba la radio. Finalmente se quedó con su abuela y con otros primos, los hijos de Elvira, quien vivía con sus padres porque había enviudado el año anterior. Don Pedro salió para el Hospital de Ponce y encontró al yerno con dos balas en el cuerpo pero a su hija sanita, asustadísima pero fresca como una lechuga y eso era lo que a él le importaba. Al otro día, Carmen Silvia vio llegar a su padre a la casa de Méndez Vigo con un vendaje en la frente y otro en el brazo izquierdo y se echó a llorar.

—No importa, mijita, si tu papi está bien —le dijo Tomás Alberto abrazándola con el brazo derecho.

La abrazó su madre y la abrazó su abuelo, pero ella siguió llorando. Le dio mucho miedo y no sabía a qué le tenía miedo.

Fueron años difíciles en verdad. Los norteamericanos tenían miedo de que los mataran. Eso decía la niñera de Carmen Silvia. Y se reía cuando pensaba que nadie la veía. Pero Carmen Silvia la veía aunque la niñera no se diera cuenta. Eso pensaba don Pedro de Mirasol y se reía cuando se duchaba y nadie lo veía. Eso pensaba Tomás Alberto sin comentárselo a nadie porque no era conveniente. Pero se volvió más mujeriego y montó una cervecería en las afueras de Mayagüez. Mandó traer expertos alemanes y le inventaron una fórmula deliciosa que llamó *Cerveza Borinquen* por aquello de que tuviera un nombre criollo. El día que inauguraron la fábrica, Rosaura cortó la cinta. Estaba tan orgullosa de su marido: ¡era todo un industrial! Tenía una voluntad de hierro y una tenacidad inquebrantable, virtudes que lo habían llevado al éxito en el mundo económico norteamericano. ¡Y eso que había nacido en un pueblito! Doña Josefa Sanmartín también estaba orgullosa de su hijo. A ella no la sorprendía demasiado. Siempre supo que su segundo hijo era alguien excepcional, desde que el ángel se lo anunció. Toda la familia de Carmen Silvia, por el lado materno y por el lado paterno, estaba allí presente el día de la inauguración de la cervecería. En la botella de cristal verde aparecía una etiqueta de papel con el perfil de un indio impreso. Era un perfil rojo sobre fondo blanco y verde, con las letras en negro y dorado alrededor: Cerveza Borinquen Mayagüez Puerto Rico.

Nadie pudo explicarse por qué, pero la cerveza fue un éxito inmediato. Cómo el puertorriqueño, acostumbrado al pitorro y al ron de cualquier tipo, ahora cobrara afición a la cerveza, era inexplicable, pero sucedió. Año tras año fueron aumentando las ventas. Porque emborrachaba y quitaba la sed a la misma vez, decían los que pretendían opinar. Y como Tomás Alberto se percató de su éxito y de que los niños de las escuelas, tan limpiecitos y uniformados, también tenían sed, se le ocurrió construirle un anexo a la cervecería. Allí, en calderas aparte, elaborarían gaseosas marca *Dulzura Mía*. Así fue cómo los jíbaros que cultivaban el café de sombra debajo de árboles cítricos tuvieron quién les comprara la cosecha de frutas. Mandó mezclar gaseosas de naranjas y toronjas usando el jugo que exprimía de la fruta fresca, pero al hacer gaseosas de uva tuvo que importar el sirop de California. Primero quiso traerlo de España y no se lo permitieron; luego de Chile y tampoco. Tuvo que acceder a California. De modo que le iba superbién en el negocio; aunque le hubieran disminuido la cuotas de la caña de azúcar a él le iba bien, pero que bien próspero, en sus otros negocios. Los dineros federales que entraban con el Nuevo Trato para construir escuelas y dar almuerzo a los niños pobres también le compraban refrescos Dulzura Mía a Tomás Alberto Herrera Sanmartín. Y luego le compraron helados, porque en las afueras de Hormigueros, no muy lejos de la Central Atenas, Tomás Alberto construyó una fábrica de helados. Los llamó *Helados*

Ricura por aquello de destacar su sabrosura y los elaboraban justo como a él le gustaban, de guanábana y fresa, de vainilla y chocolate y hasta de maíz.

Cuando Carmen Silvia se enamoró de su primo Javier, ya su padre era el hombre más rico del oeste de la isla. Carlos Enrique, el hermano mayor y el padre de Javier, era su abogado. Tomás Alberto le montó una oficina de Mayagüez y otra en San Juan. Su hermano menor, Luis César Herrera Sanmartín, era su médico. Le montó oficina en Aguadilla y en Mayagüez. Luis César no quiso irse a San Juan ni por dos días a la semana; quería estar cerca de su madre y quería de veras dedicarse a curar al prójimo; era como si tuviera una vocación religiosa. Si se expandía demasiado perdía comunicación con sus pacientes, solía decir.

A todo esto, y con un hijo tan rico, doña Josefa no se movía de su mostrador en *El delfín de oro*. Para ella no parecía que pasaran los años. Tal vez fueran los ejercicios que hacía diariamente, tal vez fuera la dieta. Adela pensaba que era el ángel. Su señora no envejecía porque tenía un amante que era un ángel. Estaba cada día más linda.

A doña Josefa no le gustó lo que pasó entre Carmen Silvia y Javier. Tomás Alberto fue a consultarle las decisiones tomadas por Rosaura cuando se enteraron.

—Hijo, yo creo que se aman. Javier es un niño extraordinario. Te diría más, creo que es el único que va a heredar tu inteligencia.

—Eso no se sabe todavía. No puedo dejarlos así, una pasión sin límites, que se quieran sin restricciones. Si no me pongo bravo pronto tendré una hija preñada... ¡No lo puedo permitir!

—Es cierto que tienen que estudiar primero. Acuérdate que Carmen Silvia tiene que estudiar...

Doña Josefa no estaba muy segura de que a sus nietos fueran a nacerle niños anormales como temía Rosaura, pero no insistió.

Estuvo de acuerdo con que enviaran a Javier a estudiar a los Estados Unidos, pero en las fiestas familiares le hacía falta Javier y sentía la tristeza de Carmen Silvia, casi podía tocarla con los dedos, dolía hasta de lejos. Carmen Silvia no quiso regresar al Colegio de Las Madres de Ponce. Estuvo encerrada varias semanas en su cuarto y cuando al fin accedió a los ruegos llorosos de Rosaura y accedió al hecho de que tenía que volver a la escuela, sólo quiso volver al Colegio de La Milagrosa en la Calle Post de Mayagüez. Conocía a todas las nenas, que habían estudiado con ella desde el primer grado. Además, esas monjitas le parecían más dulces que las de Ponce. Aquellos sombreros blancos de alas almidonadas le caían en gracia; siempre quiso tumbarles uno para verles la calva. Sabía que se afeitaban la cabeza porque una vez sorprendió a una monja sin gorro puesto. Fue durante un retiro espiritual. Las nenas que participaban dormían dos noches en el colegio, arriba, en el segundo piso, en el área comúnmente reservada para las internas, que eran niñas de otros pueblos de la isla como Maricao, Moca o San Sebastián y que debían dormir en el colegio durante la semana.

Regresó a La Milagrosa y estudió mucho. Rezó mucho. Comulgaba todos los días. Rosaura temió que quisiera meterse a monja.

—Eso es para las feas, nena —le dijo un día a Carmen Silvia cuando la escuchó hablar con excesivo entusiasmo sobre la vida religiosa.

Y era verdad que las monjas del Colegio eran bastante feas.

—Irás a la Universidad —afirmó Rosaura muy convencida. Lo mismo opinaba doña Josefa:

—A la Universidad de Puerto Rico, mija, ya verás cómo te va a gustar...

Ella hablaba por sus propias hijas y por lo que a ella misma le hubiera gustado.

Pero Tomás Alberto había oído decir que lo apropiado para una niña aristocrática de una familia distinguida era ir a un *finishing school*, a colegios que había en los Estados Unidos donde terminaban o pulían la educación de una señorita. Eso quería decir idiomas y música, y cultura en general, arte e historia, y viajes a Europa. Para que fuera una esposa perfecta.

La verdad es que Carmen Silvia no parecía tener el carácter recio de su abuela Josefa; ni siquiera tenía el carácter de Rosaura. Había comenzado a asistir a bailes quinceañeros en los clubes deportivos de Mayagüez y Ponce, pero todavía se acordaba de Javier. En el fondo de su corazón, y aunque ella misma no se diera cuenta, volver a verlo era la mayor ambición de su vida. Entonces estuvo de acuerdo con su padre en ir a un colegio que pulía señoritas. Y nada menos que en Virginia, donde residían las familias más antiguas de los Estados Unidos. Y era carísimo, muy exclusivo. No era en Massachusetts, donde estudiaba Javier, pero tal vez algún día supiera dónde estaba su adorado primo y se atreviera a tomar un tren para ir a verlo.

Nunca llegó. Quizás fue que le contaron que Javier había ingresado en Harvard, la universidad más exclusiva de los Estados Unidos y se sintió que ella era menos que él, que no lo merecía. Ella hubiera querido estudiar en Harvard también, ¿por qué su padre, que en todo la complacía, no había insistido en que ella también estudiara en Harvard? ¿Era por Javier o era porque ella era una mujer?

Terminó la Segunda Guerra Mundial de la manera más horrible imaginable, con esas dos bombas devastadoras. Mucha gente sintió que el mundo se venía abajo. Nunca había sido tan frágil la vida, tan hecha de las rosas más breves. En Mayagüez se celebró el fin de la guerra con una manifestación a todo lo largo de la Calle Méndez Vigo, desde la playa hasta la Plaza Colón. Esta vez Carmen Silvia vio nuevamente, después de los músicos y los globos de colores, varios descapotables desde donde saludaban los políticos. No iba su padre y tampoco su abuelo. Iba el gobernador americano, Rexford Tugwell. E iba el presidente del Senado de Puerto Rico, el senador Luis Muñoz Marín. Saludaban desde los descapotables, vestidos todavía con trajes de dril blanco.

Fueron años difíciles. Fue la guerra, por supuesto. Fueron los muertos. Murieron miles de puertorriqueños. No hablemos de los millares de japoneses, alemanes, ingleses, franceses, judíos. Pero Tomás Alberto se hizo cada vez más rico y continuó expandiendo sus negocios. Como previó el auge de la clase media en Puerto Rico debido a la instalación de industrias norteamericanas, puso negocios de vender autos, obtuvo la franquicia de la General Motors. El Cadillac negro que guiaba su chofer le salía gratis y el que guiaba el chofer de Rosaura también. El Cadillac blanco de don Pedro de Mirasol le salía a un precio especial; los Buick azulmarino de los médicos y abogados recién graduados también tenían su precio especial.

Al terminar la guerra, entonces, Carmen Silvia llegó al colegio de Virginia acompañada de sus padres. Estaba ubicado en una antigua mansión perteneciente a una de las familias fundantes de la nación norteamericana, allá por el siglo XVII. Carmen Silvia no pudo evitar pensar que para esos años en que estos gringos peleaban con los indios ya los puertorriqueños habían matado a todos los indios de ellos y tenían que lidiar con piratas ingleses. Era una mansión con un portal de columnas estilo griego y varias cuerdas de jardines alrededor, con estanques, lirios y cisnes. Allí se quedó Carmen Silvia para que aprendiera francés, latín y griego, para que aprendiera a servir el té correctamente y a recitar de memoria poemas de Walt Whitman.

Aunque ya ella sabía poemas de Walt Whitman de memoria porque su padre le había enseñado lo que a él le habían enseñado. Como ignoraban dónde se encontraba Puerto Rico y de qué se trataba su gente, fue un asombro para los profesores y las profesoras de Carmen Silvia el que una joven puertorriqueña ya conociera de memoria poemas en inglés.

Parte del currículo consistía de fiestas bailables que se celebraban en el colegio. Y fue de esta manera que Carmen Silvia conoció a Andrew Wyndham Thompson. Era un joven perteneciente a una de las mejores familias de Richmond y podía trazar el origen de sus antepasados a la Williamsburg colonial y hasta a Jamestown. Carmen Silvia estaba sentada junto a unas jóvenes norteamericanas, frente a una alta ventana con cortinas de seda y gasa. Hablaban las tonterías que suelen hablar las muchachitas adolescentes en todos los bailes de todos los países, que si fulano es guapo, que si zutano es gordo, que si es un idiota, que si el otro es cómico, cuando aquel joven alto y elegante, de penetrantes ojos azules y mejillas sonrosadas, la invitó a bailar. Era una balada de aquellas de aquellos tiempos, de las que cantaban Bing Crosby y Frank Sinatra, y ella se limitó a dejarse llevar y moverse lo menos posible. Ya había aprendido que los norteamericanos no movían las caderas al bailar y carecían del sentido del ritmo. Si se movía demasiado causaba mala impresión. Pero a Andrew Wyndham Thompson le gustó la jovencita puertorriqueña. Le gustaron sus cabellos ondulados negrísimos y sus largas pestañas, su perfil de diosa griega y sus labios jugosos como melocotones. Le gustó aquel cuerpo que se movía como ninguno otro, con aquella ondulación en sus líneas que se le antojaba única. Bailó con ella aquella balada y la devolvió a su silla, pero luego volvió a sacarla a bailar tres veces más. Le resultaba imposible sacar a bailar a más nadie después de bailar con aquella jovencita tan llena de gracia. Ella le dijo, en la tercera pieza, que era de Puerto Rico, y él le confesó que no sabía dónde estaba.

—¿Es en Centro América? —se aventuró a preguntar.

—No, es parte de Estados Unidos.

—¿Cómo? ¿Y dónde? Tú hablas español...

—Hablo inglés también...

—Sí, claro, pero no es igual... Tienes un acento diferente.

Así que no es igual, pensó Carmen Silvia, pero parece inteligente, mira qué cosa. Y lo era. Había estudiado leyes en la Universidad de Arlington y acababa de comenzar su práctica privada. Su padre era un abogado prominente de Richmond. La invitó a salir con él y en aquella primera cita, lo que los norteamericanos llamaban un *date*, solos y sin chaperona, fueron al cine. Carmen Silvia se acordó de Javier porque era una película de Tarzán, pero cuando Andrew le tomó la mano y entrelazó sus dedos con los de ella se olvidó de Javier. Y no se sabe si fueron aquellos deseos por Javier que se quedaron a medio camino lo que le desató el instinto, pero cuando Andrew le dio un beso en la boca al despedirse en aquella primera cita creyó encontrarse en el cielo.

Para la segunda cita la invitó a dar un paseo en los barcos que surcaban Chesapeake Bay. Primero fue a buscarla al colegio en el descapotable del papá (¡qué recuerdos de políticos puertorriqueños y de políticos norteamericanos invadieron a Carmen Silvia!) y luego guiaron hasta Hampton. Allí montaron en uno de los barcos que surcaban la bahía. Fue una tarde sin comparación posible, con el cielo más azul imaginable y las aguas igualmente azules. Ni hablar de los ojos de aquel hombre que querían comérsela poco a poco. Ya le estaban quemando las entrañas.

Para la tercera cita fueron a Williamsburg a visitar el parque histórico y la ciudad colonial. Había sido restaurada por John D. Rockefeller entre el 1920 y el 1930. De nuevo Carmen Silvia no pudo sino admirarse de lo reciente que era todo en este país tan gigantesco y poderoso. ¡Si acababan de ganar una guerra mundial! ¡Si acababan de inventarse una bomba que mataba millones de personas y podía, si era usada irresponsablemente, eliminar la vida sobre la Tierra! Le comunicó su asombro a Andrew y él reaccionó divertido. Los norteamericanos eran gente muy responsable y muy buena, respetuosa de las leyes de Dios, no tenía que preocuparse, dijo.

Para la cuarta cita, cuando la pasión amenazaba con ir más allá de los besos y él comenzaba a besarle el cuello y bajar hasta los senos y a tocarle los pezones y los muslos, Carmen Silvia se asustó.

—Tengo que llegar virgen al matrimonio —le dijo a Andrew con el mayor candor que el calentón que estaba padeciendo le permitía.

Andrew se dio cuenta de que ésta era una niña bien de las de verdad y retiró las manos. Como no sabía qué hacer, esa noche al despedirse le susurró al oído:

—Te quiero...

Y para ella fue peor el sofocón al escuchar esas palabras, y no pudo comer y no pudo dormir y las señoras a cargo del colegio se preocuparon y llamaron por teléfono a los padres de Carmen Silvia. Mijita, ¿qué te pasa?, la llamó preocupada Rosaura, que estaba más que arrepentida de haber dejado a su hija del alma en aquel país tan lejos y tan extraño.

—No sé, Mami...

Lo dijo como suspirando y Rosaura se sospechó algo.

—Suenas enamorada...

El cuerpo de su hija era como su propio cuerpo y no dejó de percibir en la voz de su nena cómo le hervía el deseo entre los escondites de la sangre.

—Sí, Mami, tú me conoces, eso debe ser...

Carmen Silvia no le tenía miedo a su madre. Era tan inmensa su fe en ella, tan absoluta.

—No se lo digas a Papi. Se va a enojar conmigo.

—Al contrario, nena querida. Debe saberlo. Si no se lo digo se va a enojar... ¿Se quiere casar contigo?

—No lo sé...

—Entonces pregúntale. Y me lo informas y hablo con tu papá. Me habías contado que salías con un joven abogado de muy buena familia...

—Sí...

—Entonces quedamos en eso. Pero aliméntate. Créeme que no vale la pena morirse de hambre por los hombres...

—Sí, Mami...

En eso quedaron y cuando Andrew volvió a llamarla, ella, que se había negado a recibir su llamada en ocasiones anteriores, fue al teléfono.

—¿Andrew?

—Sí, mi amor. Te he llamado y no te encuentro. No sé qué hacer, me muero por verte...

—Puedo verte esta tarde... Sólo un paseo... Quiero hablar contigo...

La fue a buscar en el descapotable de su padre y pasearon por los campos de tabaco de la compañía Chesterfield. Luego fueron a caminar por la ribera del Río James.

—No me he sentido bien... —pudo decir al fin.

—Yo tampoco. Casi no puedo dormir. Te veo en todas partes. Mira, he estado dibujándote...

Y le mostró unos dibujos donde la representaba como una sirena, con una larga cola y senos desnudos y apetitosos, pelo largo hasta la cintura.

—Ésa no soy yo. Yo tengo piernas y no cola...

—Déjame verlas... —dijo Andrew y se le acercó para besarla y levantarle la falda.

—No, no... —protestó ella—, mira, era de eso que te quería hablar, ¿tú quieres casarte conmigo?

Andrew reaccionó confundido:

—No se me había ocurrido...

—Pues si quieres levantarme la falda vas a tener que casarte conmigo...

—¡Cómo! No seas así de cruel, amorcito...

—Eso dice mi madre...

—Tendré que preguntar a mis padres...

Al despedirse se dieron un beso bastante largo. Y esa noche Carmen Silvia llamó a Rosaura:

—Mami, Andrew dice que va a preguntar a sus padres...

—¿Y él no puede decidir por sí solo? ¿Qué clase de abogado es ese nene? Tu padre ha averiguado que es gente muy fina...

—Ya te llamaré, Mami, pero él está enamorado de mí, de eso estoy segura. Lo más probable es que sus padres tengan que averiguar si somos blancos puros. Tú sabes lo racista que es esta gente del sur...

—Ay, mija, qué cuestiones, pero por ese lado estás bien. No te preocupes...

Y al parecer estaba bien, porque a la semana siguiente Andrew la llamó para una cita. Iba a llevarla a conocer a sus padres, eso dijo. Y si sus padres accedían era porque los detectives que contrataron habían dicho que Carmen Silvia era blanca por los cuatro costados y por tres generaciones.

Eran una gente muy fina, ciertamente. Eso pensó Carmen Silvia al entrar en aquella mansión rodeada de jardines y con alfombras de pared a pared en la sala, cortinas de satén brocado y lámparas de lágrimas de cristal. La madre era una señora que parecía iba a romperse de tan frágil.

—¿Tomas azúcar con el té?

—Sí, señora —dijo Carmen Silvia al sentarse en una butaca de satén azul.

—Me dicen que tu padre produce azúcar...
—sonrió el señor Thompson.

Era un caballero alto, con chaleco y corbata y chaqueta además de unos zapatos impecablemente limpios que brillaban muchísimo.

—Tiene una central azucarera. Se llama la Central Atenas. Y mi abuelo también tiene una central. Se llama la Central Libertad...

—Mi familia tiene fincas de tabaco y de algodón —dijo la señora Thompson. Lo decía como buscando experiencias que pudieran compartir, áreas que tuvieran en común. Habían decidido darle una oportunidad a esta niña, para ellos demasiado joven, pero muy linda por cierto; tendrían nietos bellos. Los detectives habían averiguado antepasados españoles y europeos por varias generaciones. Y mucho dinero. Además, su hijo estaba graduado y debía casarse ya, y las novias que había traído antes a la casa habían terminado dejándolo.

Los enamoramientos no le duraban mucho a su nene, parecían gustarle más los automóviles y los barcos que las mujeres. Y esta niña parecía gustarle mucho, ¡aunque era tan joven! ¡Diecisiete años! Andrew tenía veintidós, pero si no se casaba no iba a asumir responsabilidades y no iba a madurar. El señor y la señora Thompson sonrieron a Carmen Silvia y la trataron como si fuera una tacita de porcelana, con la mayor delicadeza.

Sólo faltaban los padres de Carmen Silvia. A la semana siguiente viajaron en un avión de cuatro motores desde Puerto Rico hasta Nueva York y de allí tomaron un tren hasta Richmond. Los Thompson quedaron admirados ante la elegancia y el refinamiento de Rosaura.

Los impresionó la inteligencia de Tomás Alberto y su educación en Yale. La boda quedó entonces fijada para el próximo verano. El mes de mayo era el mejor para bodas. Así lo establecía la tradición y todavía no hacía demasiado calor. Se casaron un 6 de mayo. El obispo los casó en la Catedral del San Juan histórico y había guirnaldas de rosas blancas en todos los bancos. También había rosas blancas en los arcos, en las columnas y en los regazos de las vírgenes. Todos los altares de la Catedral habían florecido al unísono, como si al cantar una coral de Beethoven hubieran estallado en una primavera agresivamente blanca.

18

Tomás Alberto Herrera Sanmartín, el hombre más rico del oeste de Puerto Rico, no escatima en gastos en la boda de su única hija. Aunque ha abandonado la política en el 1940, después de las elecciones donde el Partido Popular presidido por su amigo y compañero de tertulias durante la incumbencia de Teodoro Roosevelt Junior, don Luis Muñoz Marín, ha obtenido control del Senado, Tomás Alberto todavía tiene muchos compromisos políticos que cumplir. Invita a la boda a Luis Muñoz Marín y esposa, que ahora es otra señora. Ya no está casado con Muna Lee, la periodista norteamericana; ahora una maestra de escuela puertorriqueña le ha robado el corazón. Se llama Inés Mendoza y nadie la había visto antes; parecía ser parte de esa movilidad social que predicaba Luis Muñoz Marín el político, parte vital de esa voluntad de cambio. Tomás Alberto invita a algunos miembros del Partido Popular y a otros miembros del que había sido su partido político, como Rafael Martínez Nadal y Miguel Ángel García Méndez. E invita a toda la tribu de los Herrera Sanmartín, por supuesto, y a la tribu de los De Mirasol. Con estos últimos nada más se hubiera llenado el gran salón del Condado Vanderbilt. Sólo que también invita a las familias de eminentes azucareros de Ponce, los Wirshing y los Serrallés, los Valdivieso, los Cavaza. E invitó a los Roig, quienes tienen una estupenda central en Yabucoa y a los Esteve Aguadilla y a los Ramírez de Arellano de Mayagüez. E invita al gobernador Rexford Guy Tugwell y al jefe del FBI y al almirante en jefe de la Marina norteamericana; y a J.D.D. Chesterton y sus hijas. La boda es un verdadero escogido de lo más selecto. Cuando los padres y los tíos de Andrew Wyndham Thompson entraron a la Catedral de San Juan, era tan impresionante el lujo de los trajes, las joyas y el decorado de los altares, que ni siquiera notaron que el tono de algunas pieles fuera un poco más oscuro de lo permitido por sus prejuicios raciales.

Carmen Silvia desfiló por la nave central del brazo de su padre y luciendo un traje de satén blanco de mangas largas. En el cuello llevaba puesto un collar de diamantes de su madre y en la mano derecha el anillo matrimonial de doña Josefa Sanmartín. La abuela paterna, que estaba alojada desde el día anterior en el Condado Vanderbilt en una habitación no muy lejos de la suya y la de sus padres, se lo había deslizado en el anular de su mano derecha.

—Sólo te aconsejo que seas fuerte. Mira siempre adelante. No permitas que tu felicidad dependa de otros. Sé que en ocasiones es inevitable, pero hazlo lo menos posible.

Era el mejor regalo de bodas. En el anular de su mano izquierda Carmen Silvia llevaba el anillo de compromiso que Andrew le regalara hacía tres meses. Era un diamante gigantesco y había sido de la abuela paterna de Andrew.

La noche de la boda, entonces, Carmen Silvia lleva puestos ambos anillos, uno en el anular de cada mano. Está un poco asustada por ser el centro de atención entre tanta gente importante, pero cuando desfila del brazo de su padre por la nave central la invade una tranquilidad suave y húmeda. Y se siente orgullosa de su padre, que saluda a derecha e izquierda con la más pasmosa serenidad. Tomás Alberto se siente dueño del mundo esa noche y muy cómodo en su papel de anfitrión de los poderosos. Carmen Silvia lleva un velo blanco sobre su rostro, más corto que el que cae por sus hombros y su espalda y se resuelve en una larga cola. En la cabeza lleva una delicada corona de perlas y en sus manos un ramo de rosas y jazmines. Llegan hasta el altar conducidos por los acordes de la marcha nupcial, ejecutados en el órgano de la catedral. Rosaura llora y doña Josefa también. Andrew ve llegar a la novia y piensa que la vida le regala una princesa de un cuento de hadas. Al ser declarados marido y mujer por el obispo, Andrew desliza otro anillo en el anular izquierdo de Carmen Silvia, un aro de pequeños diamantes. Luego de la ceremonia y de la misa y de la sagrada comunión, los invitados y los novios se trasladan al Condado Vanderbilt para el brindis, un espectáculo de entretenimiento, la cena, el baile y el bizcocho.

Aunque los Thompson no eran católicos, no tuvieron inconveniente en comulgar durante la misa nupcial. No puede decirse lo mismo de J.D.D. Chesterton. No sólo no comulgó, sino que le molestó que los Thompson lo hicieran. Había pensado no asistir a la boda, pero el gobernador Tugwell le indicó que era prudente hacerlo y que deseaba se sentara en su mesa. También sus hijas Jennifer y Vivien, cada una con sus respectivos esposos, estaban invitadas a sentarse en la mesa del último gobernador norteamericano que tuvo Puerto Rico. Vivien y Jennifer asistieron más por cariño a Tomás Alberto que por deferencia a su padre. Se admiraban de que Tomás Alberto nunca se hubiera olvidado de ellas.

—Ya ven que soy un hombre que nunca olvido —dice al saludarlas en la línea de recibimiento. Le besa la mano a cada una de ellas como siempre ha hecho y se las presenta a Rosaura.

—A mi madre la conocen —dice orgulloso al señalarles a doña Josefa.

No era para menos, porque Josefa Sanmartín era la mujer más hermosa de aquella fiesta de leyenda. Con su pelo entrecano recogido en un moño, dos perlas antiguas colgando de sus lóbulos y un traje largo de seda negra, de escote recatado, marcando una figura aún delgada, es una abuela para no creerla, un paradigma de sobriedad y elegancia.

—Está usted cada día más joven y más bella, señora —dice Vivien en inglés. Tomás Alberto traduce sus palabras sonriendo y doña Josefa piensa en su ángel, quien no ha querido asistir, y se lamenta de que no puede decir:

—Usted igual, señora...

Porque la verdad es que Vivien y Jennifer se han avejentado bastante. Quizás fueron los partos, tenían cuatro hijos cada una, o quizás fue el clima frío de Massachusetts. O quizás fue la delicada piel de una raza nórdica, con poca protección genética contra el viento y el sol. La cuestión es que lucen arrugas alrededor de los ojos y la boca, y doña Josefa no logra corresponderles en sus bondades diciéndoles lo mismo que a ella le han dicho. Trataba de decir la verdad siempre y, cuando no podía, prefería callar. Entonces sólo logra decir:

—Ustedes siempre tan elegantes...

Lo dice con una sonrisa muy dulce. Vivien la mira y piensa en su madre, que estaría así y aquí con ella en esta fiesta si no se hubiera muerto. Su madre le escribía a la Tía Nannie sobre las fiestas de los criollos puertorriqueños. A Louise Ashton le hubiera gustado esta fiesta, piensa Vivien. Por eso ha venido. ¿Por qué se había muerto tan joven? El mes anterior Vivien había contratado los servicios de un detective privado para que hiciera averiguaciones. Tal vez algún día supiera la verdad.

Así es que la familia de J.D.D. Chesterton se sentó en la mesa del gobernador Rexford Guy Tugwell y su comitiva. Allí también estaban sentados el senador Luis Muñoz Marín y su esposa y el licenciado José Piñero y su esposa. Este último ha sido nombrado gobernador de Puerto Rico por el Presidente Truman, ¡el primer puertorriqueño en ser gobernador! Sólo que aún no estaba en funciones.

Aquella fue una noche de película, comentaron después los asistentes. Y para asegurarse de que lo fuera y de que ese fuera el comentario que aflorara en las bocas más exigentes y criticonas, en las lenguas más viperinas, Tomás Alberto Herrera Sanmartín contrató los servicios del *crooner* del momento. Frank Sinatra en persona cantó esa noche en el Condado Vanderbilt, y nada menos que acompañado por la orquesta de Benny Goodman. Claro que mientras él cantó unas ocho o diez canciones nadie se movió de su asiento. Todos, hasta el almirante en jefe de la

Marina, permanecieron con las nalgas pegadas a sus sillas y con la boca abierta.

Pero después, cuando suben a la tarima Pepito Torres y su orquesta Siboney, no hay quien se quede sentado. Las rumbas y los boleros ponen a bailar hasta el señor almirante. El gobernador Tugwell, quien es todo un caballero, saca a bailar a Rosaura de Mirasol cuando tocan una guaracha y se luce. Aunque ya pronto no lo sería, hacía tantos años que era gobernador que se sentía puertorriqueño. Primero había sido funcionario del gobierno de Franklin Delano Roosevelt y miembro del *Brain Trust* del Nuevo Trato, o sea que le pagaban por pensar para Puerto Rico. Había estado viajando a la isla desde el 1934; de hecho, viajó a Puerto Rico en el mismo avión de cuatro motores de Pan American Airways en que viajó Eleanor Roosevelt, el mismo que amarizó en la bahía de San Juan. Quería decir que gran parte de los proyectos de ayuda social para Puerto Rico durante la década de 1930 fueron de su autoría. Luego fue canciller de la Universidad de Puerto Rico en el mismo año en que lo reclutaron para ser gobernador. Y Tugwell ocupó el puesto durante cinco años, pero siempre pensando en que los puertorriqueños debían elegir su propio gobernador. Era una idea fija en su pensamiento que orientó muchas decisiones y rigió gran parte de sus actos. Es un hombre muy educado, de muy apuesta figura, piensa Rosaura, y ya casi baila como un puertorriqueño. Viste una etiqueta de solapas de seda, chaqueta corta al frente y con dos rabos largos atrás. Luce corbata de lacito.

—Está usted muy hermosa —le dice Tugwell mientras ejecuta pasos de guaracha tan bien como cualquier mayagüezano.

La historia como que se repite, piensa Rosaura al recordarse a sí misma bailando con aquel otro gringo que se deshacía en loas a su belleza. Ella ya no es tan bella como había sido en su primera juventud, pero se esfuerza por conservarse lo mejor que puede. Su traje esta vez es de satén rosado, sin mangas y con amplio escote, bordado con lentejuelas y ceñido en la cintura. Usa guantes de cabritilla blancos, largos hasta más arriba del codo, hasta medio brazo. Se repite, claro, pero no de la misma forma, vuelve a pensar. Este señor es un intelectual, un hombre de sonrisa dulce, casi bondadoso. Además, es la boda de su propia hija, no es la inauguración de un puesto político.

—Usted también está muy elegante —dice Rosaura.

Y se ríe porque una señora no está supuesta a devolverle piropos a un señor, pero este no es un señor como los demás, es un intelectual, un escritor, es más inteligente y entiende mejor a la sociedad.

A Rexford Guy Tugwell lo divirtió muchísimo la osadía de Rosaura. Era una pena que el marido hubiera sido senador por el Partido Republicano, algo le había sucedido, si hasta estudió en Yale, debió ser liberal con tanta y tan buena educación de la que había disfrutado, y después debió militar en el Partido Popular con su amigo Luis Muñoz Marín. Pero bueno, nunca se sabe, la gente en esta isla a veces funcionaba al revés. Pero son cariñosos y son lindos. Le iban a hacer falta.

—Nos va a hacer falta... —se atrevió a decir Rosaura.

Pero lo dijo por ser amable. Tugwell no se creyó ni un chispo. Vuelve a reírse y devuelve a Rosaura a la mesa de la novia. Como es un hombre de modales impecables, para la próxima pieza invita a bailar a la madre del novio.

Carmen Silvia miraba a su alrededor y como que no lo podía creer. ¡Era el día de su boda! ¿Sería de verdad o lo estaría soñando? Su padre había dicho un brindis precioso cuando comenzaron a repartir el champán. Recitó poemas de Rubén Darío de memoria. A su hija le auguró una vida de felicidad ininterrumpida que sonaba a embuste y olía a flores plásticas. A Carmen Silvia le pareció extraño sentirse así de pronto, es más, las palabras de su padre casi le olían a detergente.

¡Y dijo el brindis en inglés! Claro que era para que los Thompson entendieran y para que J.D.D. Chesterton entendiera, porque el gobernador Tugwell hablaba español. Por suerte se le pasó bien pronto aquel mareo repentino. Demasiadas guirnaldas, piensa Carmen Silvia, pero no le dice nada a su madre ni a Andrew. A su madre la mira con infinito amor porque es verdadera, y porque es buena. Es verdadera como su abuela Josefa Sanmartín, quien quizás es la mujer más verdadera del mundo entero. Si tiene mujeres así como modelos, y que la quieren incondicionalmente, todo va a estar bien, piensa; no me pasará nada malo.

Quizás es cierto que va a ser feliz, se repite Carmen Silvia mientras baila el vals con su padre. Tomás Alberto todavía se desliza por la pista de baile con destreza. Todavía le encanta el vals, le hubiera gustado ser cortesano de la corte de los emperadores de Austria. A Carmen Silvia le fascina bailar con su padre y más aún un vals. El traje de novia tiene una falda anchísima, con enaguas de alambres debajo para que la inflen y se vea todavía más ancha. Y luego están la cola del traje y la cola del velo, el hecho es que este traje de novia pesa mucho, no ve la hora en que pueda quitárselo. Ya Andrew está mirándola con ganas de quitarle el traje, pero va a tener que esperar. Por el momento lo que hace es cortar, o sea, interrumpir el vals para sustituir a Tomás Alberto como pareja de la novia, no baila mal el Andrew, y después corta el señor Thompson porque así lo especifica la etiqueta. Las reglas lo son todo, decían las monjas, no hay sociedad sin reglas, sin rituales, decían las maestras y los maestros del colegio de Virginia. Sin reglas todo se desmorona, repetían una y otra vez.

Un pedazo del vals nupcial doña Josefa lo baila con Tomás Alberto. Primero lo ha bailado con Carlos Enrique y luego baila con Tomás Alberto, Luis César y don Pedro de Mirasol. Más tarde se sorprende cuando el señor Thompson la saca a bailar un bolero. Claro que no pueden conversar, pero el señor Thompson no deja de admirar la belleza de esta abuela que parece una reina de Inglaterra. ¡Si parece una aristócrata de la estirpe de los Windsor! Tiene un rostro de privilegio, esa nariz tan recta y perfilada, esos ojos inmensos que lo miran sabiendo. El señor Thompson está bajo la impresión de que esta señora sabe mucho. Le gustan sus cabellos, los que no tiñe. Le gusta su piel translúcida, que refleja las perlas que cuelgan de sus orejas. Le habla en inglés y ella sonríe gentil y le contesta en español. Supone que le ha dicho que le gusta bailar con ella. Tal vez dijo que la música latina era muy romántica. Se equivoca ambas veces. Él le ha dicho, caballero atrevido porque sabe que ella no lo entiende, que ella es hermosa. Ella le contesta, sin saber si él entiende y suponiendo que no:

—Usted parece de otra época...

Y él sonríe. Termina el bolero *Noche de ronda* que han estado bailando y el señor Thompson la devuelve a la mesa. Ella sonríe dulcemente y él queda deslumbrado.

Pero si se ha sorprendido cuando el señor Thompson la saca a bailar, pues era más o menos de esperarse según las reglas de los buenos modales, más sorprendida queda cuando el senador Luis Muñoz Marín la saca a bailar. Ella siempre lo ha admirado en secreto, porque aunque fuera enemigo político de su hijo, en la arena política se ha comportado con honradez y generosidad.

—Señora, ¿me permite?

Ella accede, pues claro, y se lanza a bailar *Capullito de alhelí* con Luis Muñoz Marín, quien canta la canción mientras baila. Ella lo acompaña a cantar.

—Yo también me la sé... —dice sonriendo.

—Es de Rafael Hernández...

—¿Usted lo conoce?

—Sí. Es puertorriqueño pero vive en México...

—Baila usted bien, señor Muñoz...

—Y usted también...

—Todavía me muevo, qué le parece...

—No se puede creer...

—Me dicen que es poeta...

—A veces trato, pero tengo amigos que son mejores poetas que yo, como Luis Palés Matos.

—Me dicen que en el corazón usted es independentista. ¿Sabe usted que yo me acuerdo cuando llegaron los americanos?

—¿Cómo se sintió?

—Mi esposo, que era español, los odiaba... Yo personalmente no les he hecho ningún caso. Por ejemplo, no he aprendido inglés...

—¿Le ha hecho falta?

—A mí no. Sólo tengo un colmado en Aguadilla. A mi hijo el saber inglés lo ha ayudado mucho; y a usted también, según tengo entendido.

—Sí, claro...

En este momento se termina *Capullito de alhelí* y Muñoz devuelve a doña Josefa a la mesa. Se ha terminado el *set* y ahora viene otra orquesta.

Sube a la tarima la orquesta de Rafael Muñoz, quienes suelen tocar en el Escambrón Beach Club. Tomás Alberto los ha contratado para el Condado Vanderbilt esa noche, y por el resto de la fiesta José Luis Moneró deleita a los asistentes con sus boleros. A veces también tocan rumbas para animar a la gente. Ya para el tercer bolero de los que se bailan bien apretados Andrew le pide a Carmen Silvia que se quite la ropa, le susurra la súplica al oído. Y ella decide que ya es hora de subir a la habitación que les tienen reservada en el hotel. De modo que cuando llega el momento de partir el bizcocho de tres pisos y con una pareja nupcial de azúcar en lo alto, debajo de una pérgola de chocolate y miel, ya los novios han desaparecido. Rosaura y Tomás Alberto no se alteran y los señores Thompson tampoco. El bizcocho se corta y se distribuye y continúan bebiendo champán. Ya para la medianoche J.D.D. Chesterton se ha retirado a su habitación, pero Vivien y Jennifer se han quedado bailando boleros, guarachas y rumbas. Han bailado con sus maridos y con todos los norteamericanos de la fiesta y hasta con algunos señores hacendados de Ponce. Ya para las tres de la mañana Vivien baila un bolero con Tomás Alberto:

—De veras te felicito. Eres un hombre de éxito excepcional en los negocios. Para eso hay que ser arriesgado, tenaz y valiente. Dejar la política fue lo mejor que hiciste.

—No convenía...

—Así parece.

Bailan un tango ahora y Vivien, que no es muy diestra, tropieza.

—Mejor nos sentamos ya —dice Vivien. Lo mira intensamente y añade, luego de recuperar el aliento:

—Has cambiado...

Tomás Alberto sonríe con nostalgia:

—Debes tener razón, pero es inevitable. Puerto Rico ha cambiado. El mundo ha cambiado.

Y no añade, porque le parece inútil:

—Tú también has cambiado.

19

Carmen Silvia y Andrew no salieron de su habitación en tres días.

Mandaron pedir sus comidas al *room service* del Condado Vanderbilt y luego de beberse las botellas del vino blanco más exquisito del norte de Italia para acompañar los pescados frescos y los pollos asados cocidos a la plancha con almendras y uvas se abrazaban en el balcón que abría al mar para ver las olas romperse y deshacerse en copos de espuma.

—¿Habrá algún sonido en el mundo con el que podamos comparar ese runrún de las olas al romperse? —pregunta Carmen Silvia.

—Las olas no se rompen. Sólo lamen las arenas —dice Andrew al lamerle el cuello a Carmen Silvia. Luego le lame las orejas.

—Pero las olas no son lenguas... —protesta Carmen Silvia—. ¡No es la misma música!

Lo hace por coquetear. Se vira y le lame la barba, el pecho, el cuerpo entero. Él le recuerda que acaban de cenar y deben esperar un poco.

Al cabo de tres días bajaron a la playa. Durante el mes de mayo el mar está tranquilo. Parece una playa de Aguadilla o Cabo Rojo, no parece el mar del norte, dice Carmen Silvia. Le recuerda a Andrew que sus padres están de visita en Mayagüez, huéspedes en el castillo de Tomás Alberto y Rosaura.

—Espero lo estén pasando bien —comenta por decir algo.

Pero esa tarde deciden visitar a sus padres antes de abordar el avión que los llevará a Nueva York. Alquilan un Ford rojo y toman la carretera del norte. Le dicen *La Militar* porque los norteamericanos la construyeron durante la Segunda Guerra Mundial para conectar a Ramey Field, la base aérea de Aguadilla, con el Fuerte Buchanan de la Infantería del Ejército Norteamericano en San Juan. Al bajarse del carro e irrumpir en la casa, Carmen Silvia sólo piensa en su madre.

—Mami, Mami —grita emocionada al ver a Rosaura bajar apresuradamente las escaleras.

Se abrazan un buen rato. Rosaura llora.

—Mami, no llores, estoy bien feliz.

—Gracias por venir... —suspira Rosaura.

Andrew se fascina con el castillo.

—Dan ganas de ponerse a jugar a los guerreros medievales —dice.

Y por supuesto no lo hace, pero se siente tentado a ponerse la armadura y montar el caballo de bronce.

A las dos horas regresan a San Juan. Mañana tomarán un vuelo a Nueva York que tarda más de seis horas. Una vez allí abordarán un barco de pasajeros que se dirige a Londres. Luego irán a Francia, a Italia y a España. Andrew ya ha estado en Europa pero Carmen Silvia es muy joven, no ha tenido tiempo de cumplir con ese requisito de una buena educación. Su padre ha estado demasiado ocupado para llevarla a Europa.

Al cabo de dos meses regresan a Nueva York. En el trasatlántico salen poco de la cabina porque Andrew como que no quiere parar de hacerle el amor a su esposa. La penetró en Londres, en París, en Florencia, en Venecia, en Madrid y hasta en Roma. Vieron al Papa de lejos porque Carmen Silvia quiso, a Andrew como tiene una educación religiosa protestante no le importa; lo que a los dos más les gustó fue la Capilla Sixtina, en el Vaticano, en la ciudad de Dios. ¡Qué manera de pintar!, suspiró Carmen Silvia al ver los frescos de la creación de Adán. Y pensó en ellos esa noche, cuando Andrew la poseyó. De vuelta en América, regresan a Richmond para vivir en una casa que los padres de Andrew les han comprado. Hablan mucho del viaje y Carmen Silvia le escribe a Rosaura:

Querida Mami:

El viaje a Europa ha sido como un sueño. Tenías razón. Hiciste bien en insistir. Fue la mejor luna de miel posible. Como Andrew ya había visitado algunos lugares, fue el mejor maestro. Lo que más disfrutamos fue Italia. En especial las pinturas de Miguel Ángel en las bóvedas de la Capilla Sixtina. Ahora entiendo muchas cosas que tratabas de explicarme y que abuelo Pedro trataba de explicarme. A mí me gustó Florencia más que a Andrew. Me admiré con ese palacio donde guardan pinturas, en especial esa pintura con una diosa del amor y la belleza naciendo en medio del mar, desnuda, con cabellos largos dorados y parada sobre una concha marina. Me identifiqué con ella porque así me he sentido desde que me casé con Andrew: como una diosa del amor. Cuando él me acaricia y me besa todo el cuerpo me siento dueña del universo. Me siento poderosa. Nunca me explicaste que el amor era así. Pensé que tenía que ver más con la ternura que con el poder. Me atrevo a confesarte esto aunque sé que una jovencita de buena familia no está supuesta a hablar de estas cosas. Pero yo tengo tanta confianza en ti, Mami adorada, que me atrevo a contártelo. Eres mi mejor amiga.

Por eso me atrevo a confesarte que no me dolió tanto como me advertiste. Me refiero a aquella noche dos semanas antes de la boda en que entraste en mi cuarto y me dijiste: "Tengo que explicarte de qué se trata el amor entre un hombre y una mujer" y me dijiste que la primera vez que un hombre penetraba a una mujer dolía muchísimo, tanto, a veces, que la mujer no podía disfrutar. Disfrutaba los besos y los abrazos pero la penetración sexual propiamente no. Te confieso no me dolió mucho aquella primera noche, pero tampoco sentí ese placer como en espasmos que he venido a sentir luego, igual o quizás mayor al que Andrew siente. Él sí que goza de lo lindo. Grita de placer al eyacular y luego se queda dormido.

Oye, Mami, yo me quedaba boba oyéndolo gritar. No me sentí eso que él sentía sino semanas después, y fue en Venecia. Habíamos ido a pasear en góndola por los canales y él se pasó la tarde tocándome las nalgas. Si le acariciaba los muslos sentía que tenía el miembro varonil bien pero que bien duro. Y creo que fue eso, pues al bajarnos de la góndola, Andrew le pagó al gondolero y me cogió de la mano y casi me arrastró hasta el hotel, un palacio antiguo con cortinas de terciopelo y ventanas que abren al Gran Canal. Entramos al cuarto y por poco me rompe la ropa encima. Cosa que no tuvo que hacer porque desde que subíamos la escalera de mármol yo venía desabotonándome la blusa. Me tiró en la cama y me besó todo el cuerpo primero. Aunque ya tenía el miembro bien grande y duro se tardó un buen rato en penetrarme. Ya yo me moría porque lo hiciera. Se lo pedí varias veces y sonreía divertido y me besaba los labios despacio y me decía: ya voy, ya voy, no te desesperes, pero no lo hacía, y cuando al fin lo hizo sentí que tenía que gritar, que por favor, que nunca me imaginé algo así y me puse a gritar que se fuera y me dejara y a besarlo y a pedirle que siguiera, que no parara por favor y sentí unas convulsiones que me pusieron a temblar y llegué como a un lugar lleno de luz y me inundó una paz que no pensé era posible y Andrew tuvo su espasmo y gritó como un gladiador romano en medio del Coliseo y después los dos nos quedamos dormidos.

Mami, no te enojes porque te he escrito mis emociones. Por favor quema estas páginas después que las leas. Me moriría de vergüenza si alguien más las lee. ¿Y Papi cómo está? Cuéntamelo todo. Andrew y yo nos mudamos a una casita de lo más linda no muy lejos de sus padres y él ha regresado a su oficina.

Escríbeme pronto.

Besos,
Carmen Silvia

Rosaura lee la carta y se asusta al llegar a las descripciones sexuales. Las lee varias veces y le parece increíble que sea su nenita preciosa la que ha escrito estas líneas. Luego sonríe porque le parece admirable que lo haya hecho. Además, suena feliz. Pero es impensable que Tomás Alberto lea algo así, y don Pedro de

Mirasol menos todavía. De modo que para impedir que esto suceda, para borrar la más remota posibilidad de que pueda suceder, Rosaura baja al comedor y busca en una gaveta unos fósforos que utiliza para prender velas cuando celebran cenas elegantes y coloca dos candelabros de plata en la mesa donde van a sentarse los invitados. Sale al jardín, prende un fósforo y lo acerca a la punta de los cuatro pliegos escritos a mano. Siente pena al ver la audacia de su hija deshacerse en cenizas que el viento dispersa. Es su deseo, es mejor, piensa después, y regresa a su habitación para escribirle a Carmen Silvia:

Adorada hija:

Ya he hecho lo que me indicaste. Quemé la carta. Las descripciones que haces del acto amoroso me parecen acertadas, sólo que como bien sabes las mujeres no debemos hablar de esas cosas. Pero me alegro que lo hayas hecho. Estoy orgullosa porque eres valiente al hacerlo. El miedo no nos permite disfrutar de la vida y menos aún del sexo. Yo no te crié miedosa, eso no. Menos mal que por ahí acerté.

Le contaré a tu padre que escribiste para contarnos de Venecia y de París. Algo me inventaré para contarle. Le diré que le mandabas besos y miles de agradecimientos por haberles regalado el viaje de luna de miel. Si quiere leerla, le diré que la carta tuve que botarla a la basura porque se me ensució con *frostin* de chocolate y se llenó de hormigas. Le pediré me lleve a Europa el año próximo, si es que no se puede ahora en septiembre. A él no le gusta viajar en septiembre por la amenaza de huracanes que hay siempre pendiente durante esos meses, debemos estar en

Puerto Rico si viene uno para proteger las propiedades. Pero un viaje a Europa él y yo solitos lo vamos a
hacer, si no ahora será después. Al leer tu carta me he
entusiasmado con la idea. Pena que no se la pude leer
a tu padre, para que me tirara a la cama como hizo
Andrew contigo, para que se inspirara. No es que no
lo haya hecho antes, pero no está de más un empujón
de vez en cuando. Bueno, al parecer la que se ha ins-
pirado he sido yo. Ya no debo escribir más.

Un abrazo fuerte,
Mami

Esa noche Rosaura hizo preparar un salmón fresco y
un arroz con gandures. Lo acompañó con una sopa
de calabaza para empezar y luego añadió al plato principal una ensalada de las más frescas lechugas, adere-
zadas con albahaca, nueces, jugo de naranjas y aceite
de oliva al momento de servirse. Estaba dispuesta a
esperar hasta la hora que fuera, hasta las diez de la
noche si le tocaba en suerte, pero esa noche Tomás
Alberto llegó temprano, a las siete de la noche, y ella
lo recibió en la gran sala del castillo con un abrazo
intenso e inmenso y una multitud de besos. Tomás
Alberto se dejó querer con alegría y con alivio. Había tenido una ardua jornada de trabajo.

Al día siguiente, Rosaura volvió a escribirle a
Carmen Silvia:

Querida hija:

Me haces una falta terrible. Anoche llegó tu padre y salí a recibirlo como suelo hacer y mientras lo
abrazaba me parecía que ibas a llegar tú con tus rizos
y lazos y tus trajes de guingán y organdí. Le ibas a

decir Papi, Papi e ibas a sentarte en su falda mientras cenaba.

Pero no sucedió. Nos rodeó un silencio tan hondo que adquirió aspecto de ausencia. Tu padre preguntó si habías llamado y le conté de tu carta y de lo mucho que aprovechaste el viaje a Europa.

Nos sentamos a cenar y como bebíamos vino blanco se puso alegre rápido y me felicitó por la comida. Creo quedó bien. Equilibrada. Es un menú ligero y satisfactorio a la vez. Pruébalo con Andrew. Como todavía era temprano, después de cenar salimos a dar una vuelta por el jardín. Había una luna como una moneda de oro. Daban ganas de pedírsela prestada al cielo para colgármela al cuello con una cadena. No me la va a prestar. Tampoco me la va a regalar.

A veces no queremos ver las cosas como son en verdad y nos aferramos a las ilusiones. Es mejor. ¿Para qué sufrir si eso no mejora las cosas? Pero tengo que aceptar que creciste, que ya eres una mujer. No es fácil. Cuídate mucho. Anoche tu papá estuvo muy cariñoso. No me puedo quejar; sé que me quiere, me lo demuestra a diario con pequeños detalles y hasta conserva un interés sexual en mi cuerpo, ¡después de tantos años! He tenido suerte. Sólo que a veces quisiera poder trabajar más con él, compartir sus proyectos y sus negocios. Se lo digo y me contesta que esos no son asuntos de mujeres. Entonces me siento sola. Tengo la impresión que a nadie le interesa lo que yo pienso. Ya te crié y te eduqué, ya cumplí, ya no sirvo para nada. A veces me siento así, pero cuando tu padre me hace el amor se me olvida. ¡Qué mucho nos gusta hacer el amor a las mujeres! ¡Y no podemos decirlo! Quisiera preguntarle a tu abuela Josefa lo que ella siente, quizás algún día me atreva. A mi madre ni soñarlo; me va a regañar y se persignará para alejar al diablo.

Bueno nena mía, escríbeme pronto.

Te adora tu madre,
Rosaura de Mirasol

Carmen Silvia sonríe al leer la segunda carta de su madre. Besa los pliegos y los estrecha contra su pecho. Los acaricia. Los guarda en el sobre y lo coloca en una gaveta de su tocador, junto a un sobre anterior. Antes de cerrar la gaveta, une ambos sobres con una cinta de seda rosa; remata con un lazo. Se mira en el espejo ovalado y ríe. No puede mirarse en el espejo sin reírse. Será porque siente que está haciendo una travesura. Se suelta el cabello largo y negrísimo, se peina y se despeina. Andrew ha salido temprano para la oficina y no vendrá a almorzar. Se pasará el día en líos de abogados, papeles y más papeles, palabras y más palabras. Carmen Silvia se toca el vientre y sonríe nuevamente, ahora con una dulzura inédita. Se levanta y camina descalza hasta la biblioteca, arrastrando la bata de seda que hace juego con la camisa y que usó la noche de bodas. Se la regaló su tía Marielisa. Piensa un momento en sus primas y en cómo corrían patines en el parque de El Parterre en Aguadilla. Piensa en Javier. Sólo un instante. Espanta el pensamiento como quien espanta una mosca. Pestañea y se asoma a la ventana. Es un día caluroso de septiembre, pero octubre vendrá pronto y va a refrescar. Ya alquiló a la compañía que le removerá las hojas del jardín cuando llegue el otoño.

Hay que hacerlo con anticipación, porque si espera a octubre y noviembre no se consigue quién haga el trabajo. Se sienta en el escritorio principal de la biblioteca. Toma una pluma y un papel de los que allí encuentra a la mano y escribe:

Queridísima Mami:

Tengo una noticia que darte. Pensé llamar por teléfono pero después se me ocurrió que mejor lo escribía. Así lo guardas y después leemos juntas cómo yo me sentí en este momento. Si no lo hago así, se olvida. Porque todo se olvida, ¿no es así? Eso te he escuchado decir. Yo soy aún muy joven para saberlo, pero sospecho tienes razón.

Pues bueno, aquí va: estoy encinta. Tengo un bebé en el vientre. Eso dijo el doctor. Ayer Andrew me llevó donde un amigo de él que es ginecólogo porque hacía dos meses que no me venía la menstruación. Me tomó el pulso y me tomó la presión y me auscultó el vientre con el estetoscopio. Cuando el doctor me lo dijo me acaricié el vientre con infinito amor.

Eso hago ahora, Mami. Si cierro los ojos y pongo ambas manos sobre mi vientre puedo ver el bebé. Te digo más, veo dos bebés preciosos, son varones, lo juro. Están jugando con una bola roja en una playa y se llaman Michael y Raphael. Vas a pensar que estoy loca, pero es lo que siento y quiero decírtelo. Quiero escribírtelo. No le contaré a Andrew. Se va a asustar. Pero tú no te asustas porque tú me entiendes, me conoces mejor que nadie.

Esta carta no la quemes. Guárdala.

Te quiere,
Carmen Silvia

Cinco meses después, Carmen Silvia escribe otra carta a Rosaura.

Mami querida:

Ya tengo una barriga grandísima. Ayer el médico me corroboró que eran gemelos. Escuchó dos corazoncitos latiendo.

Cuando me lo dijo pensé en la carta que te había escrito. El instinto me hizo ver en el interior de mi organismo. ¿No te parece asombroso?

Pero en realidad no lo es. Los hijos son parte de uno mismo. Siempre me dijiste eso. Es increíble que de pronto tú, que no pudiste tener más hijos, vayas a tener dos. Porque serán tuyos también. Y de Papi.

Muchos besos,
Carmen Silvia

Dos meses más tarde, Rosaura recibió la siguiente carta:

Mami querida:

Estoy a punto de explotar. Mi barriga es gigantesca y Andrew se molesta porque ya casi no podemos hacer el amor. ¡Es que casi no me puedo mover! Además, el médico me ha dicho que no es conveniente. Pero Andrew ha mandado al médico para ya sabes dónde e insiste en hacerme el amor aunque ya yo no pueda disfrutarlo. Le pido que tenga paciencia, que ya pronto vienen sus bebés; ojalá sean varones por él y por Papi, pero yo quisiera una nena. Mejor dicho, dos nenas. Sería más mías y tuyas. Ya veremos. Los papás de Andrew están bien contentos. Esa señora ha sido muy amable. Y el señor Thompson también, pero ustedes me hacen demasiada falta. No puedo esperar a que viajen a Richmond para el parto, en especial tú, Mami, pues te necesito a mi lado.

Sabes, Mami, no es que no me guste vivir en Richmond. Te he contado que me gusta la casa con sus ventanas francesas y sus cortinas de seda. A veces pienso que estoy en mi casa de muñecas y que estoy jugando a que cocino con mis primos. Aunque aquí casi yo no cocine porque lo hace la sirvienta que me trajo la señora Thompson. Pienso mucho en mis primos y en Tía Margarita y Tía Marielisa y en Tío Carlos Enrique y Tío Luis César. Y en Javier, pero no te hablo de él porque eso te enoja. Es en el único asunto en el que no hemos estado de acuerdo.

Le escribí a la abuela Josefa los otros días y me contestó una carta preciosa. Sigue allí en *El delfín de oro*, feliz como una lombriz como siempre. ¿Habrá ella encontrado la fuente de la juventud que buscaba Ponce de León? Hay quienes dicen que el Ojo de Agua de El Parterre en Aguadilla es la fuente de la juventud, pero si así fuera todos los primos seríamos inmortales y todos los habitantes de Aguadilla también. Y sabemos que hay aguadillanos que se mueren todos los días, y además los hay que se ponen viejos. ¿Y abuelo Pedro cómo está? Me muero por verlo. Él quisiera que yo regresara a vivir a Puerto Rico, ya me lo has dicho. Para él Richmond se encuentra en el fin del mundo. Vamos a ver si puede venir a verme algún día.

¡Ya estarás aquí la semana próxima, qué alegría!

Besos,
Carmen Silvia

La noche que nacieron los gemelos en el Hospital Thomas Jefferson de Richmond hubo quienes vieron a un ángel de túnica azul volar sobre los techos y las copas de los olmos centenarios que rodean los edificios. Nadie se atrevió a dar fe del prodigio, pero en los bares y en las farmacias muchos lo comentaron. Eso nunca se había visto en Richmond, ¡era algo insólito! Pero no dudaron de que fuera cierto, ya que impedirle acceso a la fantasía se les antojaba la peor de las cárceles. Aunque cuando se lo dijeron, Tomás Alberto creyó que estaba soñando. ¡Un hijo varón al fin, y no uno, sino dos! Debía ser su deseo de que así fuera. Al ver a Carmen Silvia con sus dos bebés, uno a cada lado, recostada entre almohadones en la cama del hospital, se pellizcó los cachetes. Fue y besó a su hija en la frente, a Rosaura en los labios, a los bebés en el gorrito tejido colocado tiernamente sobre sus cabecitas. No pensó que jamás volvería a sentir una emoción semejante. Abrazó a su yerno, al señor y a la señora Thompson. Luego volvió a abrazar a Carmen Silvia y no le importó que lo vieran llorar. Entonces, después de unos minutos, pidió le informaran dónde había un teléfono y llamó a Josefa Sanmartín, quien esperaba noticias en Aguadilla.

20

Un año después del nacimiento de Felipe y Andrés, Carmen Silvia le escribe a su madre:

Mami adorada:

Les celebré el cumpleaños a los niños y hubiera querido que Papi y tú estuvieran conmigo. Estaban superbellos con los trajes de algodón blanco que les mandaste de regalo. Sabes que aquí esos trajes hechos a mano no se consiguen. Soplaron las velas y abrieron los regalos como hombrecitos aunque todavía caminen aguantándose de las mesas y es más lo que gatean que lo que andan. Pero están sanos y duermen bien. No me puedo quejar.

Lo que pasa, Mami, es que me siento sola. No tengo amigas. Las señoras que la mamá de Andrew me ha presentado no se llevan bien conmigo. Las esposas de los amigos de Andrew me encuentran rara. Simplemente soy diferente, eso es. Y esta gente no está dispuesta a aceptar a los que son diferentes a ellos. Por eso quiero regresar a vivir en Puerto Rico. Me la paso llorando todo el día. Cuando llega la niñera por la mañana, yo me encierro en mi cuarto a llorar. Estoy deprimida. Hasta la casa me parece de cartón. Ni siquiera me interesa sembrar rosas en el jardín.

Ya te conté lo que me pasaba con Andrew y tú me aconsejaste que tuviera paciencia, que ya se le pasaría la mala racha. Pero no se le pasa, Mami. Desde que nacieron los bebés, ¡hace ya un año!, no me quiere hacer el amor. Ni me toca. Llega borracho del trabajo y se pone a mirar unas revistas de carros y ni me mira; ni aunque me ponga un traje rojo y apretado bien sexy. No me explico lo que le puede haber sucedido. Creo que tampoco le va muy bien como abogado, ¿será por eso que ya no me quiere? Cuando juega con los bebés se cansa pronto. ¿Qué será lo que le pasa? No lo puedo soportar. Ha sido como bajar de una nube flotando en el mismo cielo y caer a tropezones en un camino de espinas con piedras duras y cortantes y con botellas rotas que me laceran la piel y me hacen sangrar los poros. Todo me duele, Mami.

Los papás de Andrew están bien preocupados por él. Parece que el papá es quien nos está manteniendo económicamente en los últimos meses. Andrew no tiene clientes, ni siquiera sus amigos de la infancia y de la escuela superior lo procuran.

Escríbeme pronto para tener algún consuelo.

Besos,
Carmen Silvia

Rosaura se sentó a llorar en el borde de la cama al leer la carta de su hija, y como no podía quedarse cruzada de brazos decidió ir a hablar con doña Josefa. Llamó al chofer y éste la llevó en el Cadillac blanco hasta Aguadilla en menos de una hora, cruzando interminables campos sembrados de caña de azúcar.

Al entrar a *El delfín de oro* encontró a doña Josefa detrás del mostrador, como si no hubiera pasado el tiempo.

—Es mejor que algunas cosas no cambien —dijo al ver la cara de angustia de Rosaura. Y añadió de inmediato:

—¿Te sucede algo, hija?

Estaba sorprendida. Rosaura no solía presentársele así, de improviso. En todo caso lo hacía Tomás Alberto. Como contestación, Rosaura le puso en las manos la carta de Carmen Silvia. Josefa la leyó y respiró hondo.

—Es para preocuparse —dijo despacio.

—¿Qué hago? ¿Pero qué hago, doña Josefa? —se lamentó Rosaura hundiendo el rostro entre las manos.

—Ese muchacho necesita ayuda psiquiátrica, eso es lo que va a decir Tomás Alberto —dice doña Josefa con cara muy seria.

Y añade:

—Ahora bien, también nos debe preocupar Carmen Silvia...

—¡A mí ella es lo más que me preocupa! ¿Y los bebés? Ellos también importan. Y están en peligro.

Doña Josefa asintió:

—Llamaremos a Tomás Alberto. Debe saberlo sin pérdida de tiempo. ¡Ahora mismo!

Y en efecto, doña Josefa convocó a Tomás Alberto a una reunión de emergencia y él canceló todos sus compromisos y se trasladó desde su oficina en la Central Atenas hasta Aguadilla en menos de una hora y quince minutos. Algún detalle le informó por teléfono doña Josefa sobre el tema a discutirse para que en el trayecto no se preocupara por su salud o la salud de sus hermanos y sus respectivas familias, pero a pesar de esto al entrar a *El delfín de oro* tenía el rostro desencajado.

—Madre, haces bien en convocar de inmediato a una reunión —dijo al abrazarla.

Luego besó a Rosaura y ésta le entregó la carta. Al leerla, a Tomás Alberto le temblaban las manos.

—¡Ese tipo no sirve para nada! —rugió.

Pero luego se sentó frente al mostrador desde donde había vendido tantas yautías y malangas, tanto bacalao y tanto arroz, y hundió la cabeza entre las manos.

—Tú ves, madre, tanto trabajar tú y yo por años y años para que venga este tipo ahora a hacer sufrir a nuestra nena, a mi preciosa muñeca...

—Debes traértela a Puerto Rico —dijo sin titubear doña Josefa Sanmartín.

—Al marido ofrécele trabajo en Puerto Rico. Lo va a considerar porque no sirve como abogado y allá está viviendo del papá... —sugiere Rosaura.

Y en efecto, dos meses más tarde Carmen Silvia y Andrew Wyndham Thompson, acompañados de Michael y Raphael, llegaban al aeropuerto de Isla Grande en un avión de cuatro motores de la Pan American Airways. Fueron recibidos por prácticamente toda la familia, los Herrera Sanmartín y los De Mirasol, quienes entendieron el regreso de Carmen Silvia como un acontecimiento digno de festejarse.

Llovieron los besos y abrazos y también los regalos. Hasta champán francés les trajeron. Esos primeros días se trasladaron al castillo de Mayagüez y entre aquellas paredes de cemento armado imitando piedra y aquellos rosales cultivados por la mismísima

Rosaura de Mirasol, Andrew Wyndham Thompson parecía serenarse. Disfrutaba la ancha escalera central que subía a las habitaciones del segundo piso y sobre todo el caballo de bronce con la armadura medieval montándolo. Al cabo de una semana de observarlo con el rabo del ojo, Tomás Alberto lo convocó a una reunión en la biblioteca. Además de la terraza y el recibidor, el gran salón de tapices y los cuartos de huéspedes, en la primera planta había una biblioteca tapizada de libros hasta el techo. En el centro había un escritorio de caoba oscura, con gavetas a ambos lados y una silla de alto espaldar donde Tomás Alberto a veces se sentaba a garabatear pensamientos.

—Y dígame, joven —dijo muy serio, echándose para atrás en la silla y mirando a Andrew como quien mira a un gato impertinente—: ¿usted cree poder llevar a cabo el trabajo que le he ofrecido?

Andrew asintió.

—Sí, sí, señor. Yo sé mucho de barcos, señor.

—Lo importante es que sepa de números —respondió Tomás Alberto, bastante molesto. Y continuó:

—Mire usted, si lo administra bien, este negocio no puede fallar.

Compramos los barcos en La Florida y nos los envían en piezas hasta acá. Hay que montarlos y exhibirlos en un edificio que no quede muy lejos del Club Náutico. ¿Sabe usted dónde se encuentra el Club Náutico de San Juan?

—Sí, sí, señor, allí cerca del puente que hicieron los hermanos Ben, el que conecta la isla de San Juan con el área del Condado donde está el hotel en que se celebró la boda de Carmen Silvia y yo...

—¡Precisamente!

Tomás Alberto, muy impaciente, puso ambas manos sobre el escritorio:

—Y bueno, ¿acepta usted dirigir esta empresa? Vivirán en San Juan.

—Sí señor, por supuesto. Ya le había informado a usted, en más de una ocasión, mi interés en vender barcos de pesca. Y piezas de repuesto, claro. Además, podemos tener un equipo de técnicos que reparen motores.

Los ojos de Andrew brillaban de entusiasmo. Se le veían más azules que nunca debido al efecto del sol sobre su piel, ya que llevaba varios días visitando la playa Punta Arenas con Carmen Silvia y los gemelos.

—Papi, Papi —entraron a la biblioteca, gritando, los bebés.

Y se le colgaron de las piernas, Michael de la rodilla izquierda y Raphael de la derecha. Tomás Alberto sonrió al verlos y muy especialmente al ver a Carmen Silvia, quien entró detrás de ellos y parecía que gritara Papi, Papi, también. Sólo que ella fue hasta donde Tomás Alberto y él se levantó a abrazarla, la abrazó fuertemente como diciéndole no te preocupes, nena, que yo estoy aquí. Y ella hubiera querido llorar pero no pudo, le fue imposible.

Entonces Tomás Alberto llevó a cabo los trámites necesarios para la instalación de una empresa de embarcaciones deportivas.

Últimamente se había puesto de moda entre los ricos puertorriqueños practicar el deporte de la pesca del marlin, el pez espada que podía alcanzar hasta ochocientas libras o más y saltaba en el aire cuando tragaba el anzuelo. Luego los abogados, los dentistas y los ginecólogos pondrían los peces disecados en las paredes de sus oficinas para hacer alarde de sus destrezas deportivas. Decididamente estaba de moda tener un yate, el que no lo tuviera no se distinguía, ¿cómo ser un hombre de éxito y no tener un yate? Las empresas tenían yates y Tomás Alberto muy pronto se veía obligado a que la Cervecería Borinquen adquiriera uno con cocina, camarotes, baños, comedor. Así podría invitar a los clientes y colaboradores a pasear por la costa suroeste; los norteamericanos a menudo exigían ver la isla desde el mar mientras bebían Cerveza Borinquen. Claro que el negocio de los botes no se lo había inventado sólo por aquello de ayudar al yerno, no señor. La idea era algo así como ayudarlo para ayudarse o, dicho de otra manera, ponerlo a ganar dinero para el suegro.

El almacén de vender lanchas lo ubicaron en Miramar, justo a la salida del aeropuerto de Isla Grande, y desde que lo inauguraron se perfiló como un éxito. Era ya un prestigio especial el que tuviera un administrador norteamericano; Andrew Wyndham Thompson estaba contentísimo jugando con botes de todos los tamaños, de motor y hasta de vela. En poco tiempo vendieron tantas embarcaciones y ganaron tanto dinero que pudieron comprar una casa muy cerquita del negocio, allí en la Calle Cuevillas de Miramar, al final de la calle que llegaba hasta el borde del agua. Era una casa estilo español californiano y tenía un jardín que se extendía hasta la laguna. Lo que más le gustaba a Andrew era que podía tener una embarcación a la puerta de la casa, porque mandó a construir un muelle sobre los mangles en las orillas y allí atracaba una lancha para pasear a los gemelos por la laguna e incluso para pasar por debajo del puente Dos Hermanos y salir a la costa norte en días de mar manso.

A Carmen Silvia le encantaba llevar los nenes a pasear; inclusive llegaban hasta una playa después del puente y se tiraban a nadar en un agua azul turquesa y transparente. Dentro de la laguna las aguas eran sucias y no habían playas, sólo raíces de mangle con basura atascada entre los tentáculos vegetales. Pero era una casa grande y hermosa y Carmen Silvia se esmeraba en arreglarla: muebles nuevos estilo francés, muebles de ratán, cortinas de algodón y de gasa, alfombras de pared a pared en la sala y en los dormitorios, losas de mármol pulido en el resto de la casa.

Todo parecía ir viento en popa y Rosaura y doña Josefa se felicitaban por las decisiones tomadas. Y tomadas a tiempo, antes de que fuera demasiado tarde. Sólo que parece que para el Diablo nunca es tarde, pensó doña Josefa cuando lo supo. Esa noche el ángel la consoló hasta avanzada la madrugada.

Tomó a todos por sorpresa. Parecían una familia feliz. Hasta Carmen Silvia creía que era feliz. Andrew todavía bebía y se emborrachaba de vez en cuando, pero también había vuelto a hacerle el amor a su esposa de vez en cuando. Y ella tenía a sus padres cerca y a sus gemelos creciendo sanos, hermosos y traviesos. Todo normal. Aquel viernes del mes de julio los niños ya dormían y Carmen Silvia se duchaba para espantar el calor cuando Andrew, sin decirle ni ya vuelvo ni no me esperes y acuéstate a dormir, salió de la casa. Salió por la puerta de la terraza que daba a la laguna y la juntó al salir. Luego se desplazó con pasos silenciosos hasta el muelle, tomó un bote de remos que utilizaba para ejercitarse en los atardeceres y remó hasta el centro de la laguna. Al otro lado, más allá de la orilla con mangles del Condado, se veían las luces del Condado Vanderbilt, donde Carmen Silvia y él se habían casado en aquel legendario fiestón.

Recogió los remos y tiró el ancla para que la corriente no lo arrastrara poco a poco hasta la orilla donde estaba la planta eléctrica. Estuvo un rato mirando la luna llena que reflejaba su plenitud sobre las aguas. Entonces sacó una pistola negra de cañón corto del bolsillo del pantalón y se pegó un tiro en la sien.

Carmen Silvia dormía. Hacía tiempo que no esperaba a Andrew para meterse en la cama y quedarse dormida, y ya dormía profundamente cuando escuchó un estallido atravesar la oscuridad de la noche como si fuera una estrella que cae y cruza el silencio. Y lo marca con su cola de luz. Pero ella estaba sumergida en lo hondo del sueño y en la cueva resonó el eco del disparo y rebotaron las voces contra aquellas paredes llenas de agua. Quiso despertar y no lo logró.

De modo que al día siguiente fueron los gritos y lamentos de la servidumbre y los golpes en su puerta los que la devolvieron a la realidad.

—¡Señora, ahí en el muelle hay un pescador que dice encontró a don Andrew!

Carmen Silvia se puso una bata de seda de Andrew sobre su camisa de dormir de encaje y abrió la puerta. Los gemelos cuando vieron a su madre se escaparon de los brazos de las niñeras y corrieron a ella.

Estaban asustados por los gritos. Carmen Silvia los abrazó y los besó varias veces, los abrazó de nuevo, largamente, se sentó en una silla que había en el pasillo y entonces se enfrentó al jardinero:

—¿Qué dice usted, Armando?

El pobre hombre, humilde y boquiabierto, sólo pudo decir, balbuceante y torpemente:

—Don Andrew está muerto, señora. Se pegó un tiro. Está en el muelle. Yo lo vi. El pescador sabía que él vivía aquí porque lo conocía, lo había visto en el muelle. El pescador vive en Santurce, en la Parada 17, señora.

Carmen Silvia ordenó a las niñeras que se encerraran con los bebés en el dormitorio y no les permitieran salir bajo ninguna circunstancia, e incluso ordenó que les llevaran allí el desayuno. Luego respiró hondo, se puso de pie y dijo:

—Vamos a ver ese muerto.

Y era, efectivamente, el mismo hombre que la había hecho feliz en un hotel de Venecia el que yacía sobre los maderos del muelle. Ya la policía había llegado e interrogaban al pescador:

—Eran las cinco y media y yo vi, balanceándose entre los primeros amagos del amanecer, aquel bote solitario anclado en el mismo centro de la laguna. Me pareció raro y me acerqué para ver qué era aquello y al pegar mi bote al otro y mirar adentro lo vi. Creo que grité. Había un charco de sangre en el fondo. Era una sangre que manaba del lado derecho de su frente. Tenía los ojos abiertos y todavía tenía la pistola en la mano derecha. Lo primero que hice fue cerrarle los ojos. No podía soportar aquellos ojos azules donde se perdía el cielo de la mañana que se aproximaba. Y eso que no era la primera vez que veía un muerto. El primero que vi fue a mi propio padre, señores, en un cafetín de Santurce. Se metió en una pelea por tocarle las nalgas a la mujer de otro tipo. En fin, que lo acribillaron a balazos. Yo mismo le cerré los ojos y tenía diez años en aquel tiempo. Entonces, ¡que me tocara a mí encontrar este muerto! Cosas de la vida...

Carmen Silvia lo escuchaba como sin poder creer lo que decía, miraba el cadáver de Andrew allí tendido sobre el muelle a pleno sol, miraba a los policías que tomaban notas y sólo pudo decir:

—Por favor, cubran el cadáver.

No sintió deseos de abrazarlo y besarlo. Esa noche en su casa de la Calle Cuevillas sus padres, quienes al enterarse se trasladaron desde Mayagüez en un abrir y cerrar de ojos, la abrazaron y la consolaron.

Carmen Silvia dio gracias a la vida porque ellos pudieran estar allí con ella. Entonces pudo llorar por largo rato y se sintió mejor. Los gemelos preguntaron por su padre varias veces y tuvo que inventarse que había tenido que salir de viaje, que ya volvería. Tomás Alberto se sentó con los niños en el cuarto de juegos y jugó a los indios y a los vaqueros con ellos. Para distraerlos. Para que olvidaran. Ya olvidarían, se repetía a sí mismo con aquella determinación que siempre lo caracterizó.

El velorio lo celebraron en una funeraria de San Juan. Primero esperaron a que llegaran los padres de Andrew, quienes al ver a su hijo ya en el ataúd lloraron sin consuelo. Carmen Silvia lloró por ellos. Los quería mucho. Eran gente bien intencionada. ¿Qué había sucedido?

Era imposible explicarlo y Carmen Silvia ni siquiera trató. Se sentó en un lugar junto al ataúd con tapa abierta y allí, flanqueada por los padres de Andrew en un lado y por sus propios padres en el otro y rodeada de las guirnaldas y coronas de flores, obsequio de los amigos de sus padres, recibió a las muchas personas que acudieron esa noche a ofrecer sus condolencias.

Carmen Silvia estaba escuchando las expresiones de compasión de varias señoras cuando de pronto escuchó una voz única e irrepetible, aquella voz que creyó nunca volver a escuchar y que la visitaba en sueños, que le decía:

—Carmen Silvia, vine enseguida. Lo siento tanto que ni te imaginas...

Y alzó la vista y lo vio allí frente a ella, más alto de lo que lo recordaba pero igualmente dulce.

—Javier, ¿eres de veras tú?

Él asintió y ella se levantó y lo abrazó. No le importa lo que diga la gente. No le importa la ira de su padre y de su madre ni el asombro y el desconcierto de los Thompson. Javier la abraza largamente, con unos brazos más recios de los que recordaba, más recios de los que había imaginado en sueños. Era él finalmente y no lo podía creer; era una alegría que opacaba su dolor y de pronto sintió vergüenza por aquello que sentía. Javier le acarició los cabellos y la besó en la frente. La miró a los ojos; se asomó a las entrañas de su alma y Carmen Silvia volvió a sentarse junto al ataúd sin desprenderse de sus ojos. Javier entonces continúa su recorrido saludando a los Sanmartín y las tías lo abrazan emocionadas. Los tíos no tanto, eran más fríos pero no se atrevieron a negarle un saludo. Doña Josefa Sanmartín lo abraza sin poderse aguantar, su nene lindo, su bomboncito cómo estaba, qué alegría tan vasta, tan inmensa era verlo. A ella qué le importaba que hubiera estado en la cárcel. Era su nieto, era su sangre y eso nada podía cambiarlo.

Tomás Alberto y Rosaura no se lo habían contado a Carmen Silvia. Por el contrario, le habían ocultado que Javier Herrera era el rebelde de la familia;

era el radical, el muy radical. Cuando regresó a Puerto Rico graduado de la Universidad de Harvard y orgullo de su padre Carlos Enrique Herrera Sanmartín y de su tío Tomás Alberto Herrera Sanmartín, Javier no hizo lo que se esperaba de él. Fue una terrible decepción para su tío y para su padre, quien había costeado una educación esmerada en la más prestigiosa universidad de los Estados Unidos. Porque en vez de abrir un bufete y hacerse millonario, en vez de urdir trampas para que los ricos burlaran la ley, se dedicó a defender a los pobres. En la universidad de niños ricos aprendió a defender a los pobres. ¿Dónde se había visto semejante disparate? Y luego, para hacerlo peor, mientras Carmen Silvia vivía en Virginia ingresó al Partido Nacionalista, el que quería traer la independencia a Puerto Rico a tiro limpio, utilizando los métodos y las estrategias de Michael Collins, el héroe libertador de Irlanda. Javier participó en una conspiración para matar al senador Luis Muñoz Marín y lo metieron preso en las cárceles federales por dos años. La sentencia era de diez años, pero le otorgaron libertad bajo palabra. Había regresado a la isla hacía poco tiempo y nadie de la familia lo había visto todavía hasta el día del velorio de Andrew. De lo que sí se habían enterado el mismo día del matrimonio era de que se había casado con una mujer mulata, una hermosa mujer que también era nacionalista. ¡Era demasiado desprestigio para la familia!, habían dicho los Herrera Sanmartín reunidos en la sala de doña Josefa frente a la plaza de Aguadilla. No lo expresó aquel día de la reunión familiar, pero doña Josefa no estuvo de acuerdo con sus hijos. En aquel momento sólo dijo:

—Me reservo mi opinión.

No creyó prudente decirles su parecer porque habían trabajado mucho para obtener la posición social de la cual disfrutaban. Y Javier era una decepción, un verdadero obstáculo y tropiezo según las metas que la familia se había trazado; Tomás Alberto y Carlos Enrique no podían perdonarlo y las tías no podían entender por qué el muchacho era así, tan distinto y cabeciduro. Pero aquel día, al presentarse en el velorio de Andrew Wyndham Thompson, solo y desarmado, con sólo su amor por su prima como escudo, la familia no pudo sino admirarse de su valor.

—Después de todo, el muchacho tiene cojones —dijo Tomás Alberto.

Se lo dijo a Rosaura por lo bajo y ella asintió. Y tuvo que sonreír hacia adentro, para sí misma y para que no se notara demasiado.

Al otro día trasladaron el cadáver de Andrew a Mayagüez y allí celebraron otro velorio en una funeraria de la Calle Méndez Vigo.

Luego los Thompson reclamaron el cadáver y se lo llevaron consigo para Richmond, Virginia, en un avión militar, de carga, que contrataron en la Base Ramey. Allá descansaría, finalmente, en el panteón familiar de los Thompson. Carmen Silvia regresó a vivir con sus padres en el castillo de Tomás Alberto y Rosaura, y desmontaron la casa de Miramar y el negocio de embarcaciones. No valía la pena conservar las huellas de ese dolor, pensó Tomás Alberto. Sólo algunas huellas valían la pena y las de Andrew no eran ciertamente de aquellas que la memoria escoge para fortalecerse.

21

J.D.D. Chesterton no asistió al velorio de Andrew en San Juan ni siquiera por aquello de que el muerto era norteamericano. Ni siquiera tuvo en cuenta de que el mes anterior le había comprado un yate a Andrew Wyndham Thompson. Se presentó en el negocio de barcos una mañana a las once y pidió ver a Andrew personalmente. En ese momento revisaba unos catálogos de yates y cuando le dijeron quién lo procuraba se levantó de su escritorio y fue a recibirlo.

—Señor Chesterton, qué honor el tenerlo con nosotros, pase usted a mi oficina por favor.

—¿Sabes quién soy? —dijo con altivez el viejo aristócrata.

—Lo recuerdo de la boda, señor. Además, en esta isla todos saben quién es usted —dijo Andrew, intentando un gesto adulador y un lenguaje político.

J.D.D. Chesterton auscultó en el fondo de los ojos de aquel joven de Virginia y no le gustó lo que vio. Había pensado que quizás aquel joven podría conversar con él, aliviarle un poco la soledad que lo consumía.

Desde la muerte de Teddy Junior no tenía con quién comunicarse en Puerto Rico. Al saber la noticia de que Teddy Junior había participado como oficial en la Invasión de Normandía, la que dio inicio a la participación norteamericana en la Segunda Guerra Mundial, J.D. maldijo al mismísimo cielo. Y lo peor era que su amigo no había muerto el día de la invasión y en el campo de batalla, fulminado por una bala alemana y ni siquiera espachurrado por un tanque Panzer de aquellos que tanta fama le habían ganado a la industria bélica nazi.

Había muerto de un ataque al corazón unas tres semanas después del desembarco en las costas de Francia. Teddy Junior cortejaba a la muerte, pensó J.D. al enterarse; heredó de su padre esa audacia en el campo de batalla que Teddy Senior dramatizó en las colinas de Cuba. Casi podría decirse que Teddy Junior se vio obligado a ser audaz, a demostrar arrojo y desafío en honor a la memoria de su padre para estar a la altura de un recuerdo, de un mito forjado con sangre y a tiro limpio. El hecho de que el Congreso estadounidense le hubiera otorgado una medalla de honor a Teddy Junior por su participación en Normadía parecía confirmar esta sospecha. El documento del Congreso decía así:

Por su caballerosidad e intrepidez a riesgo de su vida más allá de los límites del deber el 6 de junio de 1944, en Francia. Después de que dos solicitudes para acompañar a las tropas invasoras le habían sido negadas, la solicitud escrita del Brigadier General Roosevelt fue aprobada y desembarcó con la primera ola de fuerzas invasoras que atacaron las playas ocupadas por el enemigo. Uno tras otro, dirigió grupos de soldados desde la playa, sobre la muralla del mar y tierra adentro. Su valor, su arrojo y su presencia en el mismo frente del ataque y su absoluta indiferencia a encontrarse bajo fuego inspiraron entusiasmo en la tropa y los motivó al sacrificio personal. Aunque el enemigo tuvo la playa sometida a un fuego constante, el Brigadier General Roosevelt se desplazaba de un lugar a otro arengando a los hombres a su alrededor y luego dirigiéndolos personalmente contra el enemigo. Bajo su liderato preciso, tranquilo y nunca vacilante, las tropas invasoras eliminaron las defensas en la playa y penetraron tierra adentro con un mínimo de pérdida de vidas humanas. Así fue como, por lo tanto, su contribución a la victoria de las tropas aliadas fue considerable.

Teddy Junior fue el hombre más viejo que participó en la invasión, pensó J.D. al mirar a Andrew, quien conversaba sobre los diferentes modelos disponibles. "Ya no los fabrican como antes", masculló entre dientes. "A este muchacho le pasa algo raro", se dijo al observar de nuevo a Andrew. Pero lo cierto era que necesitaba un barco de ésos para pasear por el Mar Caribe a los accionistas de Central Aguirre y lo iba a comprar.

—A usted le conviene éste.

Andrew le señaló un modelo en un catálogo. Era blanco, con cuatro camarotes, un bar y un salón de estar bastante amplio. En cubierta tenía una torre de pesca muy hermosa, perfecta para pescar el pez espada. Ya lo veía trepado en lo alto y luchando con el pez que tenía ensartado, el pez saltaba y saltaba en el aire hasta debilitarse, le dijo Andrew. Si no se sabía cuándo darle cordel y cuándo recogerlo el pez podía romper el hilo. Era sólo una advertencia. También podía romperse la caña, que se curvaba cuando el pez saltaba sobre el agua.

J.D. permitió que Andrew se expresara libremente para observarlo y luego dijo, sin titubear:

—Lo compro. Y lo quiero en los muelles de Aguirre lo antes posible.

Y a las tres semanas el yate ya estaba en el muelle, alto, blanco y majestuoso, con proa de baranda y popa de asientos acojinados, listo para pasear magnates y distraer financieros de sus tensiones neoyorkinas. J.D. había sido bien servido. No tenía quejas del muchacho por ese lado.

Pero no fue al velorio de San Juan. Fue, y por poco rato, al de Mayagüez celebrado en la Calle Méndez Vigo. Don Pedro de Mirasol se mantuvo distante y lo saludó sólo de lejos. Tomás Alberto fue más efusivo y los Thompson se lo agradecieron. Aunque no fuera cierto, sintieron que J.D. de veras los acompañaba en su pena.

Unas semanas más tarde, J.D.D. Chesterton se presentó en la oficina de Tomás Alberto en la Central Atenas. No había avisado que iba pero sus informantes le informaron que Tomás Alberto se encontraba allí ese día. Así es que llegó como a las cuatro de la tarde, en su limosina Lincoln Continental conducida por un chofer negro y uniformado, con gorra gris igual que el uniforme y zapatos brillados con betún y balleta. Tomás Alberto estaba revisando unas cuentas de la Central Atenas cuando su secretaria abrió la puerta y le anunció:

—Señor Herrera Sanmartín, el señor Chesterton, de la Central Aguirre, lo procura.

No podía creerlo. Era la primera vez en largos años que J.D. se dignaba a visitar su oficina.

—Hágalo pasar de inmediato —dijo alisando un poco con las manos las arrugas de su traje de dril blanco.

Al entrar J.D.D. Chesterton, Tomás Alberto se puso de pie y fue a recibirlo. Le extendió la mano:

—¡Dichosos los ojos! —dijo agradecido.

Y no fingía. Desde el asesinato del coronel Riggs a manos de los jóvenes nacionalistas, J.D. no frecuentaba amistades puertorriqueñas. Había sido consistente en esa práctica. El que estuviera hoy aquí era un acontecimiento.

—Bueno, chico, decidí venir a tu oficina para darte el pésame personalmente, sólo tú y yo, como en los viejos tiempos...

Tomás Alberto estaba emocionado.

—Gracias, señor. Sé que usted le compró un yate a Andrew unos pocos meses antes. No lo hacía tan mal el muchacho. Lo que pasó fue inesperado...

—A mí me atendió muy bien...

—Me alegra saber eso, señor Chesterton. Si necesita alguna pieza para reponer algo, puedo comunicarlo con la compañía a quien traspasamos el negocio.

—Todo está bien. Pero gracias. Dile a tu secretaria que llame a mi secretaria en Central Aguirre y le informe el nombre de la compañía. Por si acaso...

Al decir esto, J.D. se sienta en una silla de brazos anchos y espaldar alto.

—Y bueno, señor Herrera Sanmartín, ¿puede ofrecerme una Cerveza Borinquen? Ya sé que no le ha ido mal en esa empresa...

—No, quiero decir sí, por supuesto, señor...

J.D. se ríe. Le parece estuviera viendo al muchachito recién graduado de Yale que estuvo en su oficina de Aguirre hacía ya más de veinte años. ¡Era mucha el agua que había corrido bajo el puente desde aquel entonces! A pesar de sus años, sin embargo, J.D. conservaba intacta su autoridad de déspota.

La secretaria le sirvió una Cerveza Borinquen fría y la saboreó con placer:

—No está mal. Me dicen que trajiste expertos de Alemania para que te asesoraran. No lo hace mal el muchacho, ¿eh? Siempre supe que ibas a llegar lejos... Y dime —añadió—, ¿por qué dejaste la política?

—Ya no convenía. Fíjese que ganó el Partido Popular y están muy bien afianzados en el poder. Además, son amigos de los demócratas norteamericanos. Luis Muñoz era amigo de Franklin Delano, usted bien lo sabe. Ahora es amigo del Presidente Truman y fue electo gobernador de Puerto Rico por el pueblo, en elecciones libres...

—No suena bien para los cañeros...

—Por eso hace ya rato que diversifiqué mi capital...

—Te lo aplaudo...

—¿Le parece peligroso que tengamos gobernadores puertorriqueños?

—Más o menos..., pues sí. Por cincuenta años hemos tratado de civilizarlos, les construimos escuelas y acueductos, casas decentes, los alimentamos. Y en vez de agradecernos y bajar la cabeza, buscan zafarse y ser más libres; nos asesinan a tiros. Buscan autoridad, hacer sus propias decisiones. No creas que no me doy cuenta.

—¿No le parece natural que así sea? ¿No quisieron las trece colonias liberarse de Inglaterra?

J.D. dio una palmada sobre su rodilla derecha:

—¡Hombre, chico, pero no compares! Parece mentira. Esta es una isla de mierda, un territorio pequeñito de recursos limitados y nosotros somos una gran nación.

—Es cierto, pero los seres humanos vivimos de ilusiones. Y no sé por qué, los puertorriqueños nos hacemos de la idea de que somos un país.

—Los sueños no se comen, Tomás Alberto. Yo discutía mucho esos temas con Teddy Junior. Él era soñador. Sabes que murió después de la invasión a Normandía. Participó en ella y murió a las tres semanas. Para un hombre de cincuenta y siete años fue demasiado esfuerzo. Se le debe haber roto una arteria de esas que van al corazón.

—Lo leí en la prensa y lo sentí mucho. Rosaura también. Él simpatizaba con ella.

—Decía que tu mujer era la señora más bella que había visto en su vida. ¿Qué te parece el don Juan enamoradizo? Ahora que se murió ya puedo decírtelo sin que te molestes.

—Sí, claro —dijo Tomás Alberto, aparentemente indiferente. Pero lucía molesto.

—No puede ser, ¿vas a sentir celos de un muerto? Además, ella es un dechado de virtudes, jamás le hizo caso.

—Yo no soy ningún dechado de virtudes...

—Eso me cuentan... Después de cincuenta años en esta isla, me entero de todo lo que pasa aunque no quiera... La información simplemente llega hasta mí...

J.D. hizo un gesto de resignación teñido de picardía al decir esto.

Sepultados entre miles de arrugas, sus ojos azules todavía brillaban con un brillo frío. Tomás Alberto se defendió como pudo. No podía negarle información al rey del cañaveral, que aunque viejo, viejísimo y llegando al final del camino, conservaba intacta su autoridad.

—Son debilidades de hombre. Me gustan las mujeres. Me han atraído mucho en estos años...

—Tienes tres hijos ilegítimos, todos varones, además de Carmen Silvia...

—Les he brindado una educación. Pero los veo poco. Sus madres se han casado con hombres de su clase. Mis hijos varones se han criado en otra clase social.

—¡Qué conveniente! Ver para creer...

—Su comentario es irónico, lo sé, pero ahora estoy tranquilo. Vivo dedicado a Rosaura y a Carmen Silvia, que ha regresado a vivir con nosotros en el castillo. ¡Si viera los gemelos, señor Chesterton! Son adorables.

—Suenas como un abuelo.

J.D. terminó su cerveza y sonrió divertido:

—De modo que no te fue bien con el yerno estadounidense...

—Me fue bastante mal.

—¿Te parece que no nos debemos mezclar? Quizás nuestros antepasados tenían razón.

—No dije eso... El mío es un caso aislado. La mezcla enriquece. Lo demasiado puro se encoge y se seca porque no se renueva.

—Tú siempre con tus teorías. Ya yo no creo en nada. Sólo vine a decirte que me voy de Puerto Rico. Venderé mis acciones de Central Aguirre. Creo que en el futuro venderán la central al gobierno de Puerto Rico. Ya la caña no se perfila como un buen negocio. Se avecina un desplome. Lo veo venir. El gobierno comprará la central para que no aumenten las cifras de desempleo y no por otras razones.

—Ya no habrá quién quiera cortar la caña. Pueden trabajar en esas fábricas que va a traer Muñoz Marín... Si pueden coser pantalones o limpiar pescados, ¿para qué van a destrozarse las manos y los brazos en una cepa de caña? ¿Y a un sueldo miserable?

Tomás Alberto parecía que hablara solo:

—En la legislatura, traté de detener el proceso...

—Protegiste la caña, lo sé. Gracias. Pero no se puede detener la Historia.

—Duran poco las rosas. Son breves. No son de papel...

De nuevo parecía que Tomás Alberto hablara solo.

—Si fueran de papel también serían breves —añadió.

—Pero no tanto... —sugiere J.D.

—Son hermosas porque son breves, la belleza depende de la brevedad.

—La belleza sólo es permanente en el arte.

—Las rosas tendrían que ser de bronce, como las guirnaldas de flores que adornan los monumentos públicos y que pasan los años, a sol y sereno, y siguen igual.

J.D. se puso de pie con dificultad y ayudándose con un bastón caminó hacia la puerta.

—Me voy, señor Herrera Sanmartín. Lo felicito por su cerveza y por los mantecados que no comí. ¡Espléndido! El mes próximo me voy definitivamente de Puerto Rico. Debo atender mis inversiones en la Banca de Boston. También he adquirido acciones en una empresa de seguros. Pase antes por Aguirre si puede. Si no puede, le digo adiós en este momento.

Tomás Alberto lo vio salir de su oficina sin pronunciar palabra; no pudo ni siquiera decirle que ojalá se pudriera en el infierno. El viejo aristócrata era demoledor. ¿A J.D.D. Chesterton qué le importaban los trabajadores puertorriqueños? ¿A J.D. qué le importaba Puerto Rico? Al regresar a su castillo esa noche, a Tomás Alberto lo recibieron los amorosos brazos de Rosaura y pensó: "Después de todo, la vida vale la pena. A pesar de J.D.D. Chesterton." Pero era un pensamiento de consuelo y él no servía para lamentaciones. Así le había dicho una vez a doña Josefa Sanmartín y ella le había advertido:

—En algún momento de nuestras vidas aparece algo por lo que debemos lamentarnos. Es inevitable. Además, un puertorriqueño que no sabe lo que es quejarse es algo insólito.

Tomás Alberto no supo entonces si le tocaba celebrar o lamentarse cuando el americano del Colegio de Agricultura y Artes Mecánicas de la Universidad de Puerto Rico en Mayagüez empezó a visitar a Carmen Silvia. Le dijeron, porque preguntó, que era muy serio y muy estudioso, que era un profesor de matemáticas con doctorados de universidades en los Estados Unidos.

—Parece que nos persiguen los maestros de matemáticas —dijo doña Josefa cuando Tomás Alberto se lo contó. Y añadió:

—Por experiencia te digo que probablemente no llegue a nada...

Eso le decía su experiencia con Marielisa y su maestro de matemáticas hacían ya miles de años, pero que a ella le parecía ayer. A veces, toda su vida era como si acabara de suceder.

Sólo que aunque la historia se repite, no lo hace de la misma manera y el joven Harry Smith no se dio por vencido fácilmente. Se daba la vuelta por el castillo y sus jardines por las tardes, en su camioneta amarilla, a ver si veía a Carmen Silvia. Un día se ofreció a llevarla a un colmado para que comprara la comida de los gemelos; otro día se ofreció a llevarlos a la playa de Rincón, que era su preferida. Eso dijo. Aún otro día llamó por teléfono a Carmen Silvia para invitarla a cenar, ellos solos, en un restorán de Joyuda, en Cabo Rojo.

—¿Te gusta el pescado fresco?

—Lo más que me gusta en el mundo.

—¡Igual que a mí!

Y así fue como salieron en su primera cita, a cenar pescado fresco cogido el mismo día en las redes de los pescadores caborrojeños.

—Está delicioso —dijo Carmen Silvia cuando probó aquel chillo jugoso y aromático—. No tiene igual en el mundo.

—De acuerdo —dijo Harry paladeando el chillo que adornaba su plato.

Bebían vino blanco y saboreaban el pescado más delicioso del universo, acompañado de tostones de plátano y ensalada de tomate y lechuga, en un restorán frente a la playa, en una especie de terraza abierta al mar, pero con techo.

—No puedo creer que todavía estés sola. Eres muy apetecible.

Carmen Silvia tembló:

—Hace sólo un año que enviudé.

—Un año es muchos meses —dijo Harry Smith como susurrando, y esa noche, al dejarla frente a la entrada del castillo, volvió a susurrarle al oído:

—Un año es muchos meses...

Quería estar sola por un tiempo, se había casado a los diecisiete años y había sufrido mucho, todo eso lo espepitó como pudo. Pero se quedó temblando al despedirse de este otro gringo. Y esa noche daba vueltas en la cama acordándose de aquel Andrew de Venecia que la había dejado suspirando por el resto de su vida. No se conformaba con haberlo perdido. Todavía un año después no se conformaba. Sólo le quedaban los gemelos, dos pedacitos de Andrew, para consolarla.

Abrió la puerta de entrada del castillo y subió a su habitación. Al pasar por la habitación de los gemelos entró y les dio un beso en la frente a cada uno, pero el sueño profundo que vivían ni se inmutó.

—Mis bomboncitos preciosos, ¿y ahora qué hago? —les dijo como si la oyeran. En verdad se lo preguntaba a sí misma y no tenía respuesta. Mejor no se apresuraba. Mejor esperaba a ver qué sucedía con este otro americano antes de apresurar una decisión.

De esta manera sucedió que Harry Smith tuvo dificultad en obtener una segunda cita. Cuando llamaba por teléfono, Carmen Silvia le mandaba decir con Rosaura que no estaba disponible.

—No se da por vencido el gringo éste —comentó Rosaura por decir algo, luego de la tercera negativa.

—Ay, Mami, a mí me gusta, es verdad, pero todavía yo amo a Andrew. Si cuando Harry y yo salimos a cenar me parecía que hablaba con Andrew al hablar con él.

—Haces bien, debes esperar a que el olvido te limpie la casa.

Al menos ahora su madre estaba con ella. ¡Qué dulzura era tener su compañía! Hubiera querido ver a Javier, eso sí. Pero Tomás Alberto se lo prohibió terminantemente y se lo subrayó a su hermano Carlos Enrique: "No quiero ver a Javier por casa. Ni siquiera como amigo de la nena; claro que ya está casado y con hijos, pero qué importa. ¿Desde cuándo eso le importa a un macho puertorriqueño? ¡Ni soñarlo! ¡Ese hijo tuyo es un comecandela!"

Todo más o menos tranquilo hasta que un día en la Plaza del Mercado de Mayagüez caminaba entre los puestos buscando una calabaza bastante dura y jugosa. De pronto unas manos le taparon los ojos y una voz susurrante le dijo en inglés:

—Ahora sí que nunca vas a encontrar lo que buscas...

El corazón empezó a latirle aceleradamente y tanteó con sus manos a ver si reconocía aquellas manos. No le eran familiares. Trató de zafarse y no pudo.

—Tengo que encontrar la calabaza. Al menos un pedazo. Voy a hacer una sopa. ¿No te gusta la sopa de calabaza? —logró decir.

Al escuchar esto la soltaron y ella se viró para encontrarse con los ojos pícaros y azules de Harry Smith. Se la comía con la mirada.

—¿Puedo adivinar que me estás invitando a cenar esta noche?

Carmen Silvia tuvo que reírse. Tanto cae la gota sobre la piedra hasta que hace un hoyo, pensó. Entonces se dejó convencer, mejor dicho, dejó que el profesor de matemáticas americano le acariciara el pelo y la mirara a los ojos y le dijera, casi rozando sus labios:

—¿A qué hora me esperas esta noche?

Y efectivamente, a las siete y media en punto la camioneta amarilla subía la cuesta del castillo. Cenaron en el comedor con la familia completa: Tomás Alberto, Rosaura, Carmen Silvia y hasta los gemelos. Al americano lo sentaron, en la mesa larga preparada con mantel y candelabros, entre Michael y Raphael. Si piensa que con esto me asusta se equivoca, pensó Harry Smith. Si no se asusta hoy, ¿entonces qué hago?, pensó Carmen Silvia. Y Tomás Alberto pensó: "Lo menos que necesito es otro gringo. Y menos éste que resuelve problemas de números escribiendo con una tiza sobre una pizarra y calcula con ecuaciones las distancias entre las masas de materia del universo."

Rosaura fue la única que no pensó. No tenía opinión. Le molestaba hablar inglés, le dolía la lengua de tanto pegarla a los dientes delanteros de la quijada superior para pronunciar esos th, pero qué remedio. Ya veremos a ver qué pasa, se repetía a sí misma mientras duraron los comestibles y los temas de conversación.

—Hace tres años que enseño matemáticas en el Colegio de Agricultura y Artes Mecánicas y creo que estamos preparando muy buenos ingenieros. El país los necesita.

—¿Y por qué el país necesita ingenieros, señor Smith? —lo confrontó Tomás Alberto.

—Porque este país se está transformando. Se está industrializando, lo cual quiere decir que va a tener una economía con base industrial, con fábricas donde los trabajadores devengarán un salario mayor, mucho más justo. El país necesitará mejores carreteras, mejores edificios; en fin, que debemos reconstruirlo.

—¿Y usted siente que está colaborando en la reconstrucción al enseñarle matemáticas a los jibaritos?

—Sí señor, eso siento. Tal vez peco de ingenuo. Usted pensará que los matemáticos andamos con la cabeza en las nubes.

A Carmen Silvia la conmovió que dijera eso. Este gringo empezaba a gustarle demasiado.

22

—¡Otro gringo! —expresó con disgusto don Pedro de Mirasol cuando Tomás Alberto le informó de la boda. Sería el mes próximo. Su hija se había enamorado otra vez, es que todavía era muy joven, no se podía evitar, no lograría encerrarla en el castillo y vestirla de negro por el resto de sus días, le protestó al suegro.

—¡Otro más! —comentó incrédula doña Josefa Sanmartín—. Tu padre no lo hubiera tolerado. En vez de acabar de irse de aquí se casan con las mujeres más lindas. ¡Y las más ricas! Pero bueno, será que los nenes necesitan un papá.

—El padre de esos niños he sido yo.

—Entonces es que Carmen Silvia necesita un macho...

—Eso puede ser. La nena me ha salido ardiente. ¿A quién habrá heredado? ¿A mí? Yo pensaba que las mujeres no heredaban estas cuestiones...

Doña Josefa se rió para sí, pero no le reveló a Tomás Alberto el lado apasionado de su persona. Ella para él era la madre y debía cumplir con los requisitos de ese rol en la medida de lo posible. Según la cultura y sus arquetipos, a los hijos varones la madre no les podía revelar su aspecto de hembra en celo.

Esa tarde hacía con el ángel su caminata diaria por el malecón y el sol teñía de anaranjado todo el paisaje.

—Hoy el mar es de jugo de naranjas —dijo el ángel.

—Shsh... Lo que sucede es que nadie se ha dado cuenta. Si lo supieran se lo bebían completo. Ibas a ver a la gente corriendo a beberse la playa.

Josefa Sanmartín puso el dedo índice de la mano derecha sobre sus labios y luego lo puso sobre los labios del ángel.

—No debemos decírselo a nadie —susurró despacito—... Shsh...

Le gustaba jugar con el ángel. A veces llegaban del malecón después de correr una hora y se tiraban en la cama a hacerse cosquillas.

Terminaban comiéndose a mordiscos uno al otro. Doña Josefa había llegado a pensar que era tan feliz, que debía ser que se había muerto y ya estaba en el cielo. Pero luego surgían problemas y contratiempos y se convencía de que no podía ser. El nuevo amor de Carmen Silvia, por ejemplo, la tenía preocupada. Era extraño que esa niña volviera a enamorarse de un norteamericano y se lo comentó al ángel:

—¿Por qué insistirá Carmen Silvia en enamorarse de norteamericanos?

—Será que los encuentra superiores.

—¡Pero su primer norteamericano de superior no tenía ni un pelo! ¡Al contrario!; era un infeliz, un débil inmaduro y un fracasado.

—Es psicológico. Lo ha percibido en el ambiente en que se crió.

—¿Ella no se da cuenta de que los percibe superiores?

—Creo que no. Es inocente. Si se lo señalaras te lo negaría. Pero hay otro factor: el gringo no le tiene miedo a Tomás Alberto. Un puertorriqueño le tendría terror. Tomás Alberto hace sentir poca cosa a los hombres a su alrededor.

—¡Pobre Carmen Silvia! Creo que don Pedro y Tomás Alberto quisieron convertirla en una viuda tradicional.

—Para eso estás tú, para que no pudieran encerrarla en esa cárcel.

—No, claro que yo no los hubiera dejado. ¡Pero tan pronto y enamorada de otro gringo!

—Lo que se le quedó a la mitad con el otro lo quiere terminar con éste.

—Hace sentido. Pero no me convence.

Tampoco se convenció cuando logró conocerlo. Era alto y guapo, eso sí. Era como que más varonil que el primero, sin duda. Y tenía una profesión en la que trabajaba; y tenía éxito ejerciéndola. Era un flaco de ojos azules y medio rubión. Usaba espejuelos. ¿Todos los profesores de matemáticas usarán espejuelos? Será que usan mucho los ojos; leen mucho desde que son pequeñitos, se repetía a sí misma.

En fin, que Carmen Silvia cedió a los ruegos y quebrantos del gringo matemático desde antes de casarse y una noche en la camioneta, frente a la playa de arenas negras de la Bahía de Mayagüez, dejó que le bajara los pantis.

—Ay, mamacita, mira que me muero...

Y ella, que se moría también aunque no tanto como él, cedió a sus ruegos.

Le gustó mucho. No se lo pudo negar a sí misma. Al regresar al castillo esa noche, Rosaura la notó distinta y se lo comentó:

—Parece como si un aura de luz te rodeara, mija.

Ella se rindió ante la sabiduría de su madre.

—Ay, Mami, estoy enamorada, no lo puedo ocultar más, yo no he querido, hemos hecho el amor y quiero volver a hacerlo con él.

—¿Sin casarte?

—Sí, Mami, no me pude aguantar esta vez, ya sabía lo que era y me hacía falta.

—Vas a tenerte que casar, porque si tu padre y tu abuelo lo saben, no lo tolerarán. Te digo más, mandarán a algún matón a que le pegue un tiro.

—Sí Mami, yo se lo dije a Harry y no le importó. A mí qué, dijo furioso. Será porque es americano y se siente protegido por el ejército, por los aviones de Ramey Field, los barcos de Roosevelt Roads y la infantería del Army en el Fuerte Buchanan.

Era imposible de explicar cómo el gringo se había atrevido, pero el hecho es que se había atrevido y había que hacer algo antes de que Tomás Alberto se enterara. Por lo tanto, hubo que apresurar el compromiso, que consistió de un almuerzo sencillo un domingo cualquiera al que asistieron los miembros de la familia más cercana. Don Pedro miraba al gringo con desconfianza, pero el profesor de matemáticas, que era de Texas y se había criado en una granja, no se daba por aludido. Él también sabía montar a caballo y disparar un revólver si fuera necesario. No se lo decía en la cara a don Pedro, pero era como si se lo dijera. Y el día de la boda continuó tan desafiante como siempre; se paró frente al altar, altísimo y espe-

juelado como era, y recibió la novia de manos de Tomás Alberto como si le dijera ahora esto es mío sin
ningún pudor, o peor todavía, como si dijera: ¡esto ya
es mío y qué!

Tomás Alberto entregó a su hija por segunda vez
en un altar de la Iglesia Católica, tal y como requería
la tradición. Los gemelos, vestidos de satén blanco,
desfilaron por la nave central de la Iglesia del Carmen de la playa de Mayagüez y llevaron los anillos
matrimoniales en unos cojincitos. Una soprano cantó un aria de ópera italiana, de Verdi probablemente,
y cinco músicos tocaron una pieza de Mozart. Después almorzaron en los jardines del castillo, debajo
de unas carpas levantadas para la ocasión y al son de
tríos de guitarras que cantaron boleros y décimas cam-
pesinas. Y hubo lirios blancos por todas partes, hasta
intercalados con las rosas rojas de los rosales de Rosaura. Carmen Silvia accedió a vestir de blanco, pero
usó un traje corto, encima del tobillo, y sin velo, sólo
dos rosas blancas recogiéndole el pelo en un moño.
Pero estaba bellísima, eso no lo pusieron en duda ni
siquiera don Pedro de Mirasol y Tomás Alberto, quienes no sólo no veían muy bien eso de que las viudas
volvieran a casarse, sino que no disimulaban ante los
invitados su desaprobación ante todo aquel jolgorio.

Pero Carmen Silvia se veía feliz y su gringo más
todavía. Qué braguetazo, chico, comentaron en Mayagüez. Y no era para menos. ¿A qué soltero o viudo
de Mayagüez no le hubiera gustado casarse con Carmen Silvia? Se morían de envidia. Una mujer bella y
riquísima, la niña consentida del millonario de la región, ¡hija única y heredera de una fortuna! Cualquiera quiere comer de ese bizcocho. Era con la

fantasía, claro, porque en su fuero interno el orgullo boricua se resentía ante la superioridad de Tomás Alberto. Aunque no se lo propusiera, Tomás Alberto al hablar parecía que miraba a los que lo rodeaban como si fueran hormigas. Y la gente en el fondo lo resentía. De lejitos lo aceptaban, lo admiraban. Tomás Alberto era todo un gran señor, amable y simpatiquísimo y cariñoso con los humildes. Eso comentaban entre sí. Todo el pueblo de Mayagüez, y de Aguadilla, Aguada, y el de Cabo Rojo y San Germán, Hormigueros y Moca, y Maricao, lo querían. Le agradecían sus bondades porque era generoso; no le hablaba duro a la gente, les regalaba ron para las fiestas, juguetes para sus niños en el Día de los Santos Reyes Magos. Sí claro, por supuesto, pero eso era de lejitos. Aquello de casarse con la hija era otra cosa: ¿quién iba a soportar un suegro así? O mejor, ¿quién no se sentía empequeñecido al aproximarse a Tomás Alberto Herrera Sanmartín?

Carmen Silvia es una niña privilegiada, le dijo Josefa Sanmartín al ángel cuando le contó de la boda.

—Y también es prisionera de sus circunstancias —contestó el ángel. Y no quiso continuar la conversación por ese camino. Era un ángel que hablaba mucho pero que debía ser prudente. Se repetía a sí mismo: "No debo abusar de mi suerte."

—Todos somos prisioneros de nuestras circunstancias —comentó doña Josefa. Y ese día no hicieron el amor. El ángel debió irse temprano porque lo esperaban en el cielo. "Hay una reunión", eso dijo.

Para su luna de miel, Carmen Silvia y Harry Smith se fueron a pasear en el yate de Tomás Alberto por las costas caribeñas de las islas al sur de Puerto

Rico. Fueron a Martinica, a Guadalupe, a Antigua y a Barbados. Fueron a las Islas Vírgenes. Aquellas playas tranquilas, de escaso oleaje y de aguas transparentes color turquesa no tenían igual en el mundo. A Harry le gustaba zambullirse desde la proa. Con los brazos juntos sobre su cabeza y las manos formando una punta, al caer abría un surco en las aguas. Y se hundía en aquel silencio azul poblado de corales y peces y algas sorprendentes. Abría los ojos al entrar al agua; le encantaba ver aquel silencio, verlo y oírlo con los ojos y con la piel al mismo tiempo, como si fuera un coro de voces armoniosas. A través de los ojos de Harry, Carmen Silvia comenzó a ver el mar de otra manera, comenzó a conocerlo y a aceptar que era parte integral de su vida y de su cuerpo.

—Por lo general, los puertorriqueños vivimos de espaldas al mar. La mayoría no sabemos nadar. Abuela Josefa nunca aprendió porque se crió en el cafetal y Papi sabe nadar, pero no muy bien. Se mantiene a flote a duras penas por terco. "Es que estábamos muy ocupados sobreviviendo con lo que la tierra producía", me dice Papi. "Vivíamos ofuscados con la tierra", me repite. Claro que eso no incluye a los pescadores de las villas ubicadas en las bahías de las costas, quienes como vivían del mar, de lo que sus aguas producían, vivían ofuscados también, pero precisamente con el mar. Ellos sí lo conocen. Y muy bien. Y claro que aprenden a nadar desde niños.

Para Harry el mar era una región exótica, un mundo desconocido poblado de misterios, tal y como lo eran el universo y sus millones de galaxias. Nunca había visto el mar hasta que aceptó aquel puesto de profesor de matemáticas que le ofrecieron al graduarse de la Universidad de Dallas. Y una vez lo vio y se sumergió en sus aguas, quedó aficionado no sólo a nadar y pescar desde botes o desde arrecifes, o desde muelles. Quedó también aficionado a las profundidades marinas. Desde antes de conocer a Carmen Silvia frecuentaba las playas de Rincón y las de Cabo Rojo.

—Yo aprecio el mar más que tú porque sé lo que es vivir sin él. Ustedes no lo aprecian porque siempre lo han tenido ahí, al alcance de la mano.

—Debes tener razón... —le respondía Carmen Silvia, y aprovechó el matrimonio con el gringo para conocer el mar desde la perspectiva de un extranjero. Era como si lo acabara de ver por vez primera. Se matriculó en el Colegio de Agricultura y Artes Mecánicas, donde enseñaba Harry, y tomó cursos de biología marina.

—¿Y para qué vas a regresar a la universidad? Ya eres una mujer casada. Atiende a tu marido y a tus hijos —le dijo Tomás Alberto.

Doña Josefa, por el contrario, le aplaudió los estudios. ¡Ya quisiera ella poder estudiar en la universidad! Y don Pedro de Mirasol, extrañamente, también se los aplaudió, porque no hay que olvidar que a pesar de ser un patriarca "cortado a la antigua" era un firme defensor de la educación de las mujeres. A Rosaura le pareció perfectamente coherente con el padre amoroso y respetuoso que ella siempre había conocido.

Así entonces, durante aquel primer año de su segundo matrimonio Carmen Silvia comenzó a sentir que empezaba a ser una mujer no tan niña como antes. Cuando quedó encinta continuó asistiendo a la universidad y a las playas de Cabo Rojo y Rincón.

Un jueves de septiembre, en la Clínica Perea de Mayagüez, parió su tercer hijo y fue, para la inmensa
alegría de Rosaura, una niña. Tomás Alberto, doña
Josefa, don Pedro, Tía Margarita y Tía Marielisa, Tía
Elvira, Tío Carlos Enrique y Tío Luis César, Tío Rafael y Tío Eduardo, todos se fascinaron con aquella
carita sonrosada y aquellos ojazos azules. Harry Smith también, pues claro, pero se sentía ofuscado y con-
fuso ante toda aquella fiesta que le hacían a su hija.

Debió acostumbrarse a la mentalidad familiar
puertorriqueña, pero no fue así. Al año siguiente,
cuando Carmen Silvia dio a luz un varón, el barullo y
el bochinche lo confundieron todavía más. A éste lo
iba a llevar él a pescar, fue lo único que pudo decirle
a Carmen Silvia cuando le acarició el cabello y la besó
en los labios frente a las enfermeras, los doctores y
toda la tropa familiar que los rodeaba.

Carmen Silvia tenía cuatro hijos y amaba a su
segundo gringo. Él la quería un montón, de eso ella
no dudaba, pues le hacía el amor todos los días sin
fallar, tomándose su tiempo y esperando a que ella
tuviese su orgasmo antes de él tener el suyo, pensando en ella siempre, respetándola y cuidándola. Era
todavía mejor hombre que Andrew.

—Mi marido es bien chulo —le contaba a sus
amigas de la infancia cuando asistía a las fiestas de
cumpleaños y notaba la envidia en los ojos de todas
aquellas jóvenes señoras madres de niños en edad pre-
escolar al contarles de cómo hacían el amor. Ellas la
escuchaban interesadísimas, pero callaban. Carmen
Silvia comenzó a sentir que la miraban con rencor, lo
cual quería decir que no les iba tan bien como a ella.
Pero eso no iba a robarle el sueño. El único problema

importante y de consecuencia que Carmen Silvia veía en su vida era el que Harry Smith no hacía amago de mudarse del castillo. Ocupaban los dos cuartos de huéspedes de la primera planta y al llegar la nena hubo que mudar los gemelos al dormitorio contiguo al de Tomás Alberto y Rosaura en la segunda planta. Como Tomás Alberto prácticamente se consideraba el padre de Michael y Raphael, no protestó, pero comenzó a incomodarle el que Harry Smith no hiciera ni el más mínimo esfuerzo por encontrar casa para su cada vez más numerosa familia.

Al llegar el varón de Harry Smith, lo llamaron Alberto por el abuelo. Había que hacerle concesiones a ese señor, admitió Harry a Carmen Silvia al discutir el asunto del nombre del varón. Y estuvo de acuerdo y lo instalaron en el dormitorio de ambos en una cuna. Pero eso sólo era posible hasta que comenzara a pararse solo y a caminar, ¿qué harían Harry y Carmen Silvia cuando el nene trepara la baranda, abandonara su cuna y se les metiera en la cama? No lo podían meter en el cuarto de la nena. Y tampoco en el de sus hermanos, porque eran cinco años mayores que el bebé, tenían otros hábitos, otra niñera.

—Señor Smith, debe usted pensar en conseguirse una casa adecuada a su familia —lo increpó Tomás Alberto un día en que encontró a Harry menos huraño que de costumbre.

Estaban sentados en el jardín y era un domingo por la tarde. Los gemelos jugaban con unas patinetas que Tomás Alberto les había regalado y bajaban la cuesta del castillo a una velocidad pasmosa. Por si acaso subiera algún vehículo, Tomás Alberto tenía un jardinero velando la base de la carretera.

—*Sure*, sí, claro, un día de estos lo hago...

Y antes de que Tomás Alberto pudiera responderle, se levantó y entró en la casa. La contestación de Harry Smith era evasiva. ¿Qué le pasaba al gringo? Actuaba como si su estadía en Puerto Rico fuera una temporada de vacaciones, como si estuviera de paso y cualquier día ponía pies en polvorosa.

Esa noche, Tomás Alberto se desahogó con Rosaura. No le gustaba el gringo, no señor, tres años después de la boda le gustaba menos todavía. No conocían a su familia. Dijo que sus padres habían muerto y que era hijo único, pero era mentira. Un detective se lo había averiguado. El padre era camionero y la madre enfermera y estaban divorciados. Se había criado en el rancho de unos tíos.

—A mí tampoco me gusta —admitió Rosaura—. Fíjate qué malos modales tiene en la mesa. Al principio ni siquiera sabía colocar el tenedor y el cuchillo en el plato al terminar de comer, pero vamos a ver si ahora que no tiene remedio se compone y busca su propia casa.

Así las cosas, y a pesar de estos y otros contratiempos, el Día del Pavo de ese año Tomás Alberto decidió celebrar una fiesta para reunir a la familia Herrera Sanmartín. Desde el 1898, el *Thanksgiving* norteamericano era celebrado en Puerto Rico con pavo asado y todo porque era un día de fiesta oficial, era como el día del cumpleaños de George Washington. Los puertorriqueños asaban su pavito adobado con ajo, sal y orégano y lo acompañaban con tostones de plátano y yuca hervida. Los más "americanizados" hacían asar unas papas importadas de Idaho, pero eran los menos. También hacían uso de una salsa de *cranberry* importada de U.S., claro, para endulzar la carne del pavo. Otros la sustituían con mermelada de mangó confeccionada en la misma casa.

Tomás Alberto hizo su fiesta de Sangivin y en vez de los pavos hizo asar un lechón. Hizo matar y adobar el puerco desde el día antes y lo asaron en la vara, sobre leños encendidos tal y como manda la tradición campesina. Aquel Sangivin bastante alejado del ritual de acción de gracias de los peregrinos de Plymouth era una fecha más en la cual celebrar la vida. A pesar de los contratiempos con los yernos, a Tomás Alberto la vida no lo había tratado tan mal. El año anterior había fundado una casa aseguradora y la Cerveza Borinquen, los Mantecados Ricura y las gaseosas Dulzura Mía aumentaban sus ventas año tras año. La Central Atenas iba de mal en peor, pero podría recuperar esa pérdida porque las tierras subían de precio día a día al irse industrializando el país.

Como en el día de la boda de Carmen Silvia y Harry, hizo levantar carpas en el jardín. E hizo traer mesas, sillas, manteles y tríos de música campesina. Aunque no era tanta la gente que vendría esta vez, porque sólo los miembros de la tribu de los Herrera Sanmartín estaban invitados. Doña Josefa llegó temprano. Quería jugar con los biznietos y mecer al bebé de Carmen Silvia en un sillón. Quería recibir a sus hijos, nietos y biznietos parada junto a Tomás Alberto. Era una gran matriarca ahora, pero su figura aún no se encorvaba. Se mantenía derechita, vestía de hilo blanco y recogía su pelo entrecano en un moño. Las dos perlas antiguas siempre colgaban de sus orejas. A las nueve de la mañana el Cadillac de Tomás Alberto conducido por el chofer uniformado ya la esperaba estacionado frente a *El delfín de oro* en la plaza de Aguadilla. De modo que llegó temprano al castillo y encontró a su hijo, super organizado como siempre, enfrascado en los preparativos de última hora.

—Hola, mi amor... —dijo a su hijo con esa suavidad que sólo otorga la sabiduría.

—Si tú llegaste, ya empezó la fiesta; tú eres la fiesta —dijo Tomás Alberto, iluminado de amor.

Los hijos fueron llegando uno a uno a lo largo y a lo ancho de la mañana. Y luego llegaron los nietos con sus hijos. Margarita tenía cuatro hijos y cada uno tenía tres. Marielisa tenía cinco hijos y cada uno tenía dos. Luis César tuvo cinco y cada uno tenía dos. Carlos Enrique tuvo tres hijos y sus hijas tuvieron cuatro hijos cada una.

Tomás Alberto advirtió a su hermano cuando llegó:

—He invitado a Javier. Le envié una carta. Espero no te incomode.

—¿Cómo? ¿Qué dices? ¿Que qué?

—Lo que acabas de escuchar. Estás prevenido. Y cállate. No lo pregones.

Fueron llegando entonces uno a uno, de tres en tres y cuatro y de cinco en cinco. Por lo tanto, a eso de las doce del mediodía todos los ya reunidos, que no estaban prevenidos, se llevaron la sorpresa más grande imaginable: allí estaba Javier bajándose de un Chevrolet azul y en sus brazos tenía un bebé de tres años. A su lado viajaba una hermosa mujer mulata de pelo trenzado y ojos verdes que abrió la puerta delantera derecha y se alzó a la vista de todos con un bebé de apenas seis meses en brazos. Era llena de gracia como el Ave María, quien la vio no la pudo nunca más olvidar. Era alta y delgada e inmensamente dulce y los hombres de la familia al verla no pudieron evitar sentir un jalón en las entrañas. Hasta Harry Smith la miró dos, quizás tres veces y a escondidas de sí mismo. Luego se abrieron las puertas traseras del Chevrolet y de ellas salieron cuatro hijos más, tres varones y una niña. Javier y Eva Rivera tenían seis hijos, éste botó la bola, tres varones y tres hembras y los traían todos consigo, y casi todos eran blancos acamelados con la excepción de un varoncito de piel oscura que era precioso; los miembros de la familia allí reunidos no lo podían creer.

Tomás Alberto se abrió paso entre el desorden general que afligía a su tribu y se llegó hasta donde Javier, muy derecho y con cara de luchador tenaz, enfrentaba aquella Corte. Lo miró a los ojos. Javier sostuvo su mirada.

—Hijo, gracias por venir —dijo sencillamente, con todo aquel cariño y aquella humildad de que era capaz.

Se abrazaron. Javier tenía lágrimas en los ojos y Tomás Alberto también. No podían hablar. Entonces Josefa Sanmartín se abre paso entre tanto boca abierta y ojos llorosos y le abre los brazos a Javier:

—Hijo, al fin has vuelto...

Javier la abraza conmovido. Ahora sí llorando.

—Es lo único que importa, hijo, que yo pueda abrazarte y decirte que te quiero, ¿me entiendes? —le repite doña Josefa.

Y él no está de acuerdo pero asiente y la abraza. Y ella lo sabe pero piensa:

—Algún día se dará cuenta...

Javier presenta a su esposa Eva y a sus seis hijos: el mayor, un muchacho espigado de diez años, mira a su alrededor con ojos desconfiados. Los niños se pegan al padre, agarrándose a sus pantalones. Doña Josefa los va abrazando uno a uno, profundamente emocionada. Siente que los quiere como si fueran sus propios hijos y se los hace saber. Al llegar donde Eva la abraza emocionada:

—Hija, bienvenida a nosotros... —le dice.

Rosaura y Tomás Alberto también abrazan a Eva y a sus hijos.

Marielisa y Margarita, Carlos Enrique y Luis César se unen al coro.

Menos mal que los niños se cansan pronto del lloriqueo y del pidepide de los kleenex para soplarse las narices, piensa Tomás Alberto al verlos escaparse de aquel barullo, y pide a los músicos que comiencen a tocar. Finalmente, los sirvientes pasan las morcillas y los bacalaítos en bandejas para acompañar las primeras Cervezas Borinquen.

A todo esto, desde que abrió la puerta del Chevrolet azul y le entregó las llaves al chofer de Tomás Alberto para que fuera a estacionarlo, Carmen Silvia no le ha quitado los ojos de encima a Javier. Se ha aproximado a conocer sus hijos; ha abrazado, sinceramente, a Eva. A Javier le acaricia la mejilla y lo besa en la boca.

—Perdona, primo, pero es lo que siento. Yo sé que tú me entenderás.

Javier expresa su acuerdo con los ojos. Y tiembla.

23

Harry Smith continuaba sin hacer un amago por encontrar casa. Pasaban los días y los meses y el bebé crecía y se ponía en pie y pronto se saldría de la cuna. Una mañana Harry se atrevió a sugerir:

—Podemos mudar la nena al cuarto de costura de la segunda planta. Está vacío. Tiene una cama y una máquina de coser. Además, tiene un baño propio para uso de la costurera, que viene dos o tres semanas cada seis meses a arreglar cortinas, faldas, enaguas, arandelas, sábanas y todas las demás gasas y guidalejos de tu mamá. El nene puede mudarse al lado nuestro, en el cuarto que ocupa ahora la nena.

Se lo sugería a Carmen Silvia, claro que no a su padre, y ella sintió como si le hubiera caído un ladrillo en la cabeza.

—¿No te parece lógico, amorcito? —volvió a insistir el gringo.

Era lógico, sí, para qué irse a otra parte si aquí había suficiente espacio; y no tenían que pagar, eso era lo mejor de todo.

—No es lo que mi padre espera de ti... —fue la respuesta de Carmen Silvia.

—¡Sabes que lo que él piense no me importa!

El izquierdazo fue en la boca del estómago:

—Pues debería importarte, porque vives en su casa y comes de su cocina.

Harry Smith, en vez de enfurecerse y darle una bofetada y luego violarla, tal y como habría hecho un marido puertorriqueño de ésos que beben en los cafetines, se sentó en la cama y se echó a reír. Se reía y se reía sin poderse contener.

—Así me gusta, baby, mira qué brava te me pones. Sólo te falta la correa con las balas y dos revólveres sobre las caderas para ser una vaquera de verdad.

Carmen Silvia no entendía lo que estaba sucediendo y se puso furiosa.

Cuando Harry la abrazó lo golpeó en el pecho con sus puñitos.

—Rica, rica, dame más —le dijo él y la besó en la boca con una pasión que Carmen Silvia no pudo resistir. Y al cabo terminaron en la cama enroscándose y desenroscándose hasta quedar agotados.

Pero la pelea era un hecho. Y el amor desatado no borraba lo sucedido.

Dos días después, Rosaura le dijo a Carmen Silvia:

—Tu padre ayer me comentaba que ya es hora que tu marido vaya asumiendo el gasto de poner una casa...

—Parece que le gusta vivir en el castillo, Mami, yo se lo he dicho y no me hace caso.

Mas lo peor estaba aún por verse. Rosaura y Tomás Alberto debieron haberlo sospechado, pero no se atrevieron. Rosaura siempre decía que ella creía en la gente hasta que le probaran lo contrario. En esta ocasión se lo probaron, ¡y de qué forma! Al finalizar el semestre académico en mayo, Rosaura observó que

Harry Smith tiraba a la basura los libros que utilizaba para impartir sus clases. Extrañada, preguntó a Harry:

—Y qué, ¿ya están obsoletos?

—No, señora —dijo Harry muy cortésmente—, el obsoleto soy yo.

—¡Pero si apenas cumples treinta años, eres un niño!

—Hoy presenté mi renuncia, señora. No vuelvo al salón de clases.

—¿Y qué se hizo tu deseo de colaborar en el desarrollo social y económico de Puerto Rico? —preguntó Carmen Silvia cuando se enteró.

—Me cansé. Se acabó. No vuelvo al salón de clases.

—¿Y en qué vas a trabajar?

La pregunta no podía ser más directa. Harry se le cuadró cuan alto era, que era bastante, y puso ambos puños sobre sus caderas.

—Creo que saldré a pescar de vez en cuando...

—Bromeas. Te conozco. Quiero decir trabajar para ganar un sueldo...

Carmen Silvia insistía. Harry caminaba de un lado a otro de la habitación y agitaba las manos al hablar:

—Creo que no volveré a trabajar por un sueldo. A menos que tu padre me emplee como piloto del yate o algo así. Para algo me casé con la hija del millonario Tomás Alberto Herrera Sanmartín. Ciertamente no fue para seguir dando miserables clases de matemáticas y física a un montón de nenes por el resto de mi vida.

—No trabajo más —añadió—. De ahora en adelante viviremos de lo que tu padre nos dé y punto.

—Pero, Harry...

—Pienso que está bien claro. Es una ecuación matemática simple. ¿Para qué voy yo a matarme trabajando si no tengo necesidad? Si lo que yo me gano en un año tu padre se lo gana en un día, no tiene sentido que yo siga trabajando. Así es que se acabó. ¡Y no quiero hablar más del asunto!

Dio un puño contra la puerta, la abrió y salió de la habitación. Sentada en el borde de la cama, Carmen Silvia escuchó cómo Harry prendía su camioneta amarilla y bajaba la cuesta del castillo.

Esa misma tarde, cuando Tomás Alberto llegó a su casa, Carmen Silvia ya había tomado la decisión de informarle a su padre sobre las decisiones económicas de Harry. Tendría que pedirle que les asignara una cantidad mensual para cubrir gastos.

—A pesar de todo, yo lo quiero, Papi, y es el padre de mis dos hijos menores —añadió al hacerle la petición.

Tomás Alberto no lo podía creer.

—No pensaba que este gringo fuera tan vividor y tan sinvergüenza. ¡Es peor que el primero! Pero será como tú quieras, mija, no te puedo abandonar. En junio comienzo a pasarles una cantidad mensual. Y por supuesto que se pueden quedar viviendo en el castillo. Si no fuera por ti ya sabes que lo ponía de patitas en la calle.

Esa noche, durante la cena, Tomás Alberto no le dirigió la palabra al yerno y cuando Harry le hizo una pregunta le viró la cara. Carmen Silvia le hizo señas a Harry de que callara y Rosaura, a quien ya Tomás Alberto en un arrebato de furia le había informado de lo acontecido, hizo otro tanto. Rosaura y

Carmen Silvia conversaron con Harry durante la cena, pero al terminar el postre se levantaron con Tomás Alberto y lo acompañaron a pasear por el jardín de los rosales. Al día siguiente Tomás Alberto llamó por teléfono a doña Josefa Sanmartín:

—Madre, mira lo que está pasando. Ahora el gringo matemático ha decidido dejar de trabajar y vivir de mí...

—Está feo, hijo...

—¿Qué me aconsejas? No lo puedo botar de la casa...

—Si lo haces, Carmen Silvia va a pasar necesidad. Pero el gringo se vería obligado a trabajar.

—La pondría a fregar platos y a lavar pisos...

—Quizás le pida a Carmen Silvia que se divorcie de él...

—Lo dudo. Él ya encontró la gallina que pone los huevos de oro; no la va a abandonar.

—¿Y si ella lo deja a él? Puedo hablar con ella y aconsejarla...

—No lo hará. Ella lo quiere. Me lo ha dicho. Piensa en otra cosa y me llamas, madre.

Josefa Sanmartín colgó el audífono y regresó a su vigilia detrás del mostrador de *El delfín de oro*. A esta hora de la tarde no venía mucha gente, y menos desde que instalaron unos supermercados en las afueras del pueblo. La gente que vivía en las nuevas urbanizaciones o en el campo alrededor ya no entraba al centro del pueblo a comprar. Tenía la clientela que todavía vivía en el pueblo viejo frente a la playa, pero tan pronto ellos también se fueran tendría que cerrar. Ayer le había regalado a Adela unos plátanos a punto de podrirse. Mejor era regalarlos que dejar que se perdieran... Pensó en ésa y en otras cuestiones que tenía pendientes, pero cuando el ángel llegó, a eso de las seis de la tarde, lo primero que hizo fue informarle sobre el asunto del marido de Carmen Silvia.

—Ninguno de ustedes le veía buena cara, tenía aspecto de *treasure hunter* o buscador de fortunas. Pero como era gringo le perdonaron sus carencias... —contestó el ángel. No parecía sorprendido.

—Ayúdame a pensar en una solución...

—Me temo que si se casaron por la Iglesia Católica, Tomás Alberto tendrá que cargar con esa cruz.

—¡Dirás Carmen Silvia!

—No, Tomás Alberto, porque él es quien lo detesta y a él fue que lo engañaron.

Josefa Sanmartín no acababa de entender a los norteamericanos. Primero, hacía ya un fracatán de años, aquel gobernador, el Teddy Junior, se le presenta aquella tarde en el colmado. Habían conversado por un buen rato. Teddy Junior quería saber cómo ella veía la presencia norteamericana en la isla. Como él hablaba un español bastante accidentado, a la conversación a veces se le perdía el rumbo, pero al cabo resultó una velada agradable. Era una pena que se hubiera muerto durante la Segunda Guerra Mundial. ¡Y murió como un héroe! El Congreso Norteamericano le otorgó una medalla de honor por su participación en la invasión de Normandía. Aquella tarde, Josefa había quedado impresionada con sus modales de caballero. Había quedado bajo la impresión de que Teddy Junior estaba genuinamente interesado en la isla de Puerto Rico.

El ángel, que adivinaba lo que Josefa estaba pensando, añadió:

—Mientras fue gobernador de Puerto Rico, detuvo un pánico financiero de los bancos en el 1931; acuérdate que eran unos años de gran inestabilidad económica. Un banco había cerrado y otro amenazaba con cerrar y Teddy Junior, para impedir el desplome y mostrar confianza en los bancos de Puerto Rico, depositó cien mil dólares de su fortuna personal.

—No sabía ese detalle y creo que Tomás Alberto tampoco lo sabe.

—El viejo Chesterton sí que lo sabe...

—Algunos norteamericanos nos han tratado de ayudar, es cierto, pero...

—Vámonos a caminar el malecón antes de que se hunda el sol...

Y al decir esto el ángel la tomó suavemente por un brazo y salieron a la plaza. La pared de la iglesia y el pueblo entero comenzaban a teñirse de anaranjado y caminaron por la acera de la alcaldía hasta llegar a la Calle Comercio y girar a la izquierda para tomar el paseo frente a la playa. Caminaron un trecho y de pronto el ángel alzó a doña Josefa en brazos. Ella no protestó. Venía sintiéndose cansada, con dolor en los huesos y en las coyunturas; era un alivio que la cargaran así, tan amorosamente, tan delicado que era siempre su ángel. Y él se fue elevando entre las nubes teñidas de violeta, azul turquesa y fresa hasta perderse en lo más alto.

Adela pudo verlos cuando se iban remontando por las nubes y quiso gritar. Era su señora y ahora se la robaban. Pero también era un secreto y no quería revelarlo. Calló ese día y en días sucesivos no abrió el colmado ni contestó el teléfono. Ya eran cuatro días y su señora no regresaba. Sin saber bien lo que hacía, Adela se sentó en el piso del colmado, entre los sacos de arroz y los racimos de plátanos, y se entregó al llanto. Lloraba y lloraba la desaparición de doña Josefa sin poderse contener. Cuando Tomás Alberto llamó, le dijo que se había ido al cielo.

—¿Qué dices?

—El ángel se la llevó.

—¡No digas disparates!

En menos de una hora Tomás Alberto se encontraba frente a *El delfín de oro*. Al verlo cerrado se preocupó de verdad y tocó el timbre lateral de la entrada a la residencia. Adela acudió al balcón y bajó de inmediato a abrirle. En la sala ya se encontraban Margarita y Marielisa y tenían los ojos rojos de tanto llorar. Tomás Alberto las sacudió por los hombros:

—¡Despierten! ¿Qué les pasa? ¿Dónde está Mamá?

—Dice Adela que el ángel se la robó —dijo Marielisa entre sollozos.

—Subió al cielo en brazos del ángel —repitió Adela—. Yo lo vi cuando se la llevó, comenzaba a hundirse el sol y las nubes habían adquirido muchos colores preciosos.

Margarita miró fijamente a Tomás Alberto:

—Mamá ha desaparecido. Tendremos que creer lo que dice Adela.

De modo que tuvieron que creer lo que dijo Adela y decidieron no celebrar ni velorio ni entierro, total, si no tenían cadáver para velar ni para enterrar. No sentía que su madre hubiera muerto, dijo Luis César al enterarse, estaba viva aún, ya volvería. Tomás Alberto pensaba igual en el fondo de su corazón, pero eso no le impidió mandar diseñar un panteón para ubicar las tumbas de la familia más cercana. Mandó a un arquitecto de San Juan diseñarlo y le especificó que quería un edificio estilo romano, sólo que ni tan grande ni tan redondo como el edificio original, porque ése no cabría en el Antiguo Cementerio Municipal de Aguadilla. El arquitecto diseñó entonces un edificio cuadrado con tres ventanas de cristales de colores representando escenas de la vida de Jesucristo y con una cúpula redonda por techo, labrada con cristales de colores también, pero representando a Dios Padre. A ambos lados de un altar diseñado para oficiar misa en ocasiones necesarias dibujó nichos de tumbas desde el piso hasta el techo.

El Panteón de los Herrera Sanmartín cuesta trabajo ubicarlo en el Antiguo Cementerio Municipal de Aguadilla. Ni siquiera la bóveda del gran poeta aguadillano José de Diego se le puede comparar. Tampoco se le compara la tumba del poeta José de Jesús Esteves, ni la del pintor Rafael Arroyo Gely, ni la de la familia Del Valle. El pórtico de columnas de mármol blanco del Panteón de los Herrera Sanmartín nos devuelve a la Grecia y a la Roma de los clásicos. Entonces, Tomás Alberto hace trasladar la tumba de su padre al Panteón. El día de la ceremonia Rosaura lo acompaña.

—Mi madre hubiera querido descansar junto a mi padre, aquí, en esta tumba...

Rosaura se atrevió a estar en desacuerdo:

—Ella está bien donde está, Tomás Alberto. Creo que es feliz. Lo digo con dolor, porque me hace falta, pero tengo que admitirlo.

—Será que yo no logro admitirlo...

Y eso daba la impresión de que era lo que sucedía, porque Tomás Alberto pasó el día con los hombros caídos y la cabeza hundida.

Carmen Silvia, que lo vio así, abrazaba a su padre cada vez que podía, sentía que su padre necesitaba mucho amor. Le hacía falta doña Josefa.

Al enterarse, el gringo le había dicho:

—Ésa se fugó con algún hombre más joven. Se veía bien todavía. No sabrán de ella nunca jamás.

Pero Carmen Silvia no lo creía. El Harry juzgaba a los otros por su propia condición, pensó de él. Se había vuelto cada vez más vago y recostado. Se pasaba el día sentado en la terraza del castillo en una silla de coger el sol y cada vez que quería una cerveza o un refresco llamaba a gritos a Carmen Silvia. Le decía Puchunga esto, Puchunga lo otro y así pasaba todo el día. Tantos años estudiando y ahora no cogía un libro ni por casualidad. Lo de él era la playa, jugar con los chiquitos, menos mal, comer opíparamente, que ya estaba engordando, hacerle el amor a su esposa, eso sí que no podía faltar, salir a veces a pescar, en el barco del suegro, por supuesto. Se daba la gran vida, como decían en el pueblo.

—No se podía esperar otra cosa —decían las viejas en los balcones de la Calle Méndez Vigo. Cuchi... cuchi... cuchi... cuchicheaban todas las tardes sobre el tema, y lo que no sabían se lo inventaban. Ya circulaban por Mayagüez mil historias de Tomás Alberto y el yerno. Por eso cuando pasó lo que pasó la gente no se sorprendió demasiado, continuaron su cuchi cuchi sin tomarse un respiro, deliciosamente impulsados por los acontecimientos. Porque una noche Carmen Silvia esperaba el regreso de Harry Smith, esperó y esperó hasta tarde en la noche y hasta tempranas horas de la madrugada y no regresó. Al recordar su experiencia con Andrew se acostó a dormir, pero era la primera vez que Harry le hacía esto, no se lo podía explicar, no estaba en consonancia con el resto de su comportamiento. Harry ni siquiera era muy bebedor.

Cuando al otro día tampoco se apareció, Tomás Alberto avisó a la policía, quien se lanzó en su búsqueda. Tres días después llamaron a Tomás Alberto:

—Encontramos una camioneta amarilla que responde a la descripción dada por usted. Está en el fondo del Lago Guajataca y estamos en el proceso de sacarla a flote con una grúa.

Tres horas más tarde Tomás Alberto recibió una segunda llamada:

—Señor Herrera Sanmartín, le habla el coronel Pérez. Nuestra brigada acaba de informarme que han encontrado un muerto dentro de la camioneta amarilla. ¿Podría usted identificarlo para cumplir con los requisitos de la ley?

—Sí claro, de acuerdo —dijo Tomás Alberto, y sin esperar por el chofer tomó su Cadillac negro y se presentó en el Lago Guajataca, en la curva de la carretera que le señalara el coronel de la policía.

Efectivamente, era el mismísimo Harry Smith, y la policía descartó que se hubiera tirado al lago para quitarse la vida. Tenía dos heridas de bala en el pecho y una tercera en la cabeza. Quien lo mató tiró la camioneta al lago para deshacerse del cadáver, eso dijeron los peritos en tales cuestiones. Al recibir la información, Carmen Silvia se quedó como si la hubieran golpeado con un martillo entre ceja y ceja. No podía creer que le hubiera sucedido de nuevo. ¡Y ella que hasta había vuelto a estudiar! Pero seguiría estudiando, le demostraría a su padre que ella no necesitaba tener un marido para coger juicio y darle un propósito a su vida.

No faltó en el pueblo quien dijera que la muerte del yerno eran negocios turbios de Tomás Alberto.

—El suegro alquiló unos matones para que acabaran con él.

—Vivía del suegro y se reía. En los cafetines se jactaba de que así fuera.

—El gringo creía que podía burlarse del jíbaro de Aguadilla. No, señor, ese jíbaro sí que es un gallo con espuelas. En la gallera no hay quien pueda con él.

24

A Harry Smith le celebraron un velorio en una funeraria de la Calle Méndez Vigo y luego lo enterraron en el Cementerio Vivaldi en la carretera de Hormigueros. Tomás Alberto no quiso enterrarlo en el Panteón de los Herrera Sanmartín en Aguadilla, y como nadie reclamó el cadáver desde Texas, hubo que disponer de él. A Carmen Silvia por momentos le parecía que volvía a vivir sus días durante el duelo de Andrew. Toda la familia de Puerto Rico se presentó a mostrarle sus condolencias; todo el montón de primos y tíos, hermanas y sobrinos, hasta los hermanos de su Mami se presentaron. Javier también se presentó, acompañado de sus dos hijos mayores. Dijo quería que aprendieran los deberes para con la familia y los había traído consigo con ese propósito. Los llevó directo hasta donde estaba Carmen Silvia:

—Te he tenido en el centro de mi corazón desde que me enteré —le dice abrazándola.

Carmen Silvia se desahoga:

—Javier, tú eres el único que me acompaña.

Se lo dijo así, a boca de jarro, porque era verdad. La presencia de tanta gente no hacía sino subrayar su soledad.

—¿Sabes que en los últimos dos años Harry había dejado de trabajar?

Papi estaba muy enojado. Harry decía que lo que él se ganaba en un año Papi se lo ganaba en un día y no valía la pena.

Carmen Silvia le abrió su corazón a Javier, como siempre había hecho, y al escucharla él buscó una silla y se sentó junto a ella. Comenzó a reírse con discreción, sin que se notara mucho, y ella le dijo que dejara de reírse, que se veía mal y las viejas chismosas de Mayagüez iban a elucubrar culebrones, uno tras otro, por espantar el hastío de vivir, por eso lo hacían.

—Perdona que me ría...; es irónico que a tu padre, y precisamente a tu padre, le pase algo así.

—Piensas que lo tiene merecido, lo sé. Pero yo no pienso igual...

—Tu marido era un matemático e hizo su ecuación.

—¡Y ahora tú lo defiendes!

—Sólo trato de ser justo. Tranquilízate. Ya no tiene remedio. Hace falta abuela. Estaría aquí diciendo joyas de sabiduría. Era santa. Por eso el ángel se la llevó.

—Sí. Lo sé. Pero ya volverá. ¡Si ni siquiera tuvo entierro!

Rosaura y Tomás Alberto vieron a Javier sentado junto a Carmen Silvia y se miraron. Dos maridos después, quizás debían reconocer que el hombre para Carmen Silvia era Javier a pesar del parentesco, las ideas radicales y la cárcel. Era como si al fin y al cabo no hubiera factor alguno que pudiera separarlos.

Carmen Silvia quería contarle de su vida a Javier:

—Volveré a estudiar. Ya tomaba cursos de biología marina y de historia del arte en el Colegio de Agricultura y Artes Mecánicas. Así no seré mucho más ignorante que tú...

Javier volvió a reírse.

—Estás coqueteando conmigo. No deberías hacer eso en el funeral de tu segundo marido... —le susurró al oído.

—No me puedo aguantar.

Ella lo dijo bien bajito, pero temió que sus padres la escucharan; o que la escuchara su abuelo, don Pedro de Mirasol. Pensarían que era una descarada. A don Pedro comenzaba a doblársele el espinazo y caminaba ayudado por un bastón, pero eso que decían de seguro lo iba a escuchar. Aunque ya no oía muy bien y olvidaba los nombres de las personas. Sus hijos Rafael y Eduardo lo acompañaban a todas partes, inclusive a la oficina de la Central Libertad, donde se presentaba a diario. No tenía que hacerlo, porque Rafael lo había sustituido como presidente de la Central Libertad, pero iba a la oficina aunque fuera un rato en la mañana. La imagen de la grúa trasladando los mazos de caña de los camiones a las cintas trituradoras iba a acompañarlo hasta la muerte. Especialmente en época de zafra, cuando el olor a guarapo moja el aire que se respira, don Pedro de Mirasol ya no puede vivir sin el espacio de la central azucarera.

En el velorio del segundo marido de su primera nieta siente temor por ella. ¿Y ahora qué será de Carmen Silvia? ¿Irá a entrar al convento? Tiene cuatro hijos que cuidar; no puede. Tomás Alberto tendrá que encargarse de esos niños. Él si pudiera lo haría, son preciosos, esos gemelos son un encanto, ¡son tan despiertos! Pero ya no puede con su alma, camina con dificultad, el día menos pensado se despide del mundo. Ya está preparado. Ha vivido su vida a plenitud y no entiende el presente. Eso debe querer decir que ha llegado la hora de irse. A donde sea. Piensa en doña Josefa. Quiere irse donde esté ella, eso es. Pero nadie sabe qué ha sido de ella ni dónde se ha metido.

Tomás Alberto contempla al suegro y piensa en su madre. Mandó tallar una nueva lápida de mármol blanco para su padre cuando trasladó su tumba al Panteón de los Herrera Sanmartín y de una vez mandó a tallar una lápida para Josefa Sanmartín. Aunque la tumba de su madre está vacía, pone una lápida junto a la otra:

José Herrera
Nació en España - Murió en Aguadilla,
Puerto Rico, en 1919
Josefa Sanmartín
Nació en Maricao, Puerto Rico

Y nada más. El resto queda en blanco.

Esa tarde, luego de enterrar al yerno en el Cementerio Vivaldi y de dejar a Rosaura y a Carmen Silvia y a los niños en el castillo, decidió ir hasta el Antiguo Cementerio Municipal de Aguadilla. Había sido construido en el 1814 por el Cuerpo de Ingenieros en lo que fue una pequeña hacienda azucarera y estaba ubicado entre la falda de la montaña y la playa, cercano a la entrada norte de la ciudad y rodeado por un muro de mampostería. El terremoto del 1918 había afectado parte del muro y varias tumbas, pero casi todos los daños habían sido reparados. En la actualidad, el Antiguo Cementerio Municipal de Aguadilla era uno de los más bellos de la isla. Al atravesar sus portones, a Tomás Alberto le parecía entrar a una ciudad habitada por los muertos. Escuchaba sus discusiones, sus pregones, y a veces también los escuchaba cantando. Ese día se dirigió al Panteón que había mandado a construir en un extremo a la derecha, detrás de una ceiba majestuosa que daba sombra a docenas de tumbas. Llegó hasta las escalinatas del Panteón, que estaba un poco elevado, y subió las escaleras de mármol blanco. El techo triangular del pórtico era sostenido por cuatro columnas dóricas. Tomás Alberto sintió con las puntas de los dedos las estrías en las columnas. Los capiteles eran simples, como los del Partenón ateniense. Había querido para sus progenitores la más elegante de las tumbas: la iconografía cristiana sólo adornaba las ventanas de cristal y el interior. Al entrar, Tomás Alberto aspiró al perfume de unos floreros de rosas y jazmines. Al parecer sus hermanas Margarita y Marielisa, quienes vivían en Aguadilla, habían estado aquí el día anterior. Haciendo una genuflexión frente al altar, Tomás Alberto fue a arrodillarse frente a la lápida con el nombre de su madre, la cual cubre un nicho vacío.

Madre, hace falta tu voz, le dijo sin preámbulos, no me llegaste a aconsejar sobre el asunto de Harry Smith antes de irte. Tuve que tomar medidas, madre, no podía permitir que el gringo se saliera con la suya. Es lo que hubiera hecho J.D.D. Chesterton, el muy maldito, ese hombre me influenció mucho, madre querida, porque lo conocí al tiempo de morir mi padre y me mostró un camino a tomar, estuvo dispuesto a darme lecciones, aunque sin decírmelo. Don Pedro de Mirasol no hubiera llegado a tanto; es un hombre bueno, tú siempre lo dijiste, pero vive encerrado en su visión de estirpe aristocrática y estos son otros tiempos, qué mucho cambia el mundo, de minuto a minuto pasan cosas. Esta mañana al amanecer me asomaba a la terraza del castillo y vi los valles a ambos lados del monte en que se alza. Donde antes había sembrados de caña de azúcar ahora hay urbanizaciones, en especial al lado de Mayagüez, parece que sembraran las casas de cemento en filas, todas igualitas con techos chatos y sin balcón, unos cajones calurosos que lo único bueno que tienen es que resisten huracanes. No te hubiera gustado este nuevo Puerto Rico que estamos construyendo, madre, aunque tiene sus cosas buenas y hay más niños yendo a las escuelas, eso te hubiera gustado. También tiene mejores hospitales.

Mientras hablaba, Tomás Alberto miraba fijamente la tumba vacía de su madre. Lloraba y se secaba las lágrimas con finos pañuelos de hilo blanco que tenían sus iniciales bordadas a mano. Poco a poco se fue formando una silueta de mujer frente a la tumba, una figura de moño entrecano y delicadas perlas antiguas en las orejas. Al verla Tomás Alberto calló sólo para balbucear una súplica:

—Madre, ¿eres tú? No me engañes, te necesito, vuelve...

—Soy yo, pero no puedo acercarme. Quédate arrodillado...

Tomás Alberto, que quería apresurarse a abrazarla, se quedó inmóvil. Ya no lloraba. Ahora el asombro y el espanto le ponían los pelos de punta. Extendió un brazo para tocar a su madre y atravesó la imagen.

—Es inútil que quieras tocarme.

Era un fantasma. Tomás Alberto no sabía si se lo estaba imaginando o estaba allí en verdad. ¿Sería su inconsciencia?

—Me pareció mal lo que hiciste. Quien va a disfrutarlo cuando se entere es J.D.D. Chesterton. A él le parecerá muy bien.

—Tenía que proteger a Carmen Silvia. Además, ese tipo se me reía en la cara.

—Tendré que rezar mucho por ti.

—Por favor, madre, regresa...

—No puedo, hijo, ya he muerto y no tengo cuerpo. Gracias por la tumba, pero me temo que permanecerá vacía.

—¿Debo informarle a la familia?

—Ya se irán dando cuenta. Se irán olvidando de mí. Vivir la vida consume mucha energía.

Y al decir esto, Josefa Sanmartín se esfumó. Tomás Alberto intentó agarrar los reflejos de ella que quedaban y se le escaparon entre los dedos. Agitado, hundió la cara entre las manos y sollozó. Esa noche Rosaura tuvo que mecerlo en un sillón como si fuera un niño y cuando le preguntaba qué le sucedía él se limitaba a decir que otro día le contaba. Nunca le contó.

Tal y como tenía planificado, Carmen Silvia continuó sus estudios en el Colegio de Agricultura y Artes Mecánicas de Mayagüez. Durante cuatro años estudió todos los requisitos para un bachillerato en biología marina y al cabo se graduó con altos honores. El día de la graduación vistió toga y birrete como el resto de los graduandos y sus padres se sintieron muy orgullosos de ella. Sus cuatro hijos estaban allí aplaudiendo; hasta el más chiquitito, Alberto, estaba entusiasmado aplaudiendo a su mamá. Esa noche, en la celebración en familia que no podía faltar, don Pedro de Mirasol le preguntó si iba a ser maestra. Él siempre había tenido la idea de que las mujeres debían trabajar como maestras.

—No se me había ocurrido, abuelo, pero ahora que lo dices, voy a solicitar como maestra de biología en el Colegio La Milagrosa, en la Calle Post. ¿Te acuerdas dónde yo estudié escuela superior?

—¿Las monjas de sombreros almidonados y como con alas?

—¡Esas mismas, abuelo, qué memoria tienes!

Y al decirle esto lo abrazó amorosamente.

Tomás Alberto miró a su hija y respiró aliviado. Había regresado varias veces al Panteón de los Herrera Sanmartín en el Antiguo Cementerio Municipal de Aguadilla y su madre no había regresado.

Cuando se arrodillaba frente a su tumba, le parecía escucharla:

—Yo ya viví lo que tenía que vivir...

Lo decía con aquella voz cargada de dulzura y sabiduría que siempre la acompañaba. Ahora, al ver a su hija con el abuelo, se acordaba de Josefa Sanmartín. Ignoraba por qué. Quizás porque doña Josefa amaba profundamente a su nieta. Le había regalado, para su boda con Andrew, su propio anillo de matrimonio, el cual Carmen Silvia siempre llevaba en su anular derecho, no importa con quién estuviera casada.

Hoy estaría orgullosa de su nieta, pensó, porque ella creyó firmemente en que las mujeres estudiaran y tuvieran una profesión. A ella no le tocó, llegó tarde a ese bautizo, solía decir. Recordó sus palabras el día del entierro de don José Herrera: "Margarita y Marielisa serán maestras. Es una profesión digna para una mujer. Es necesario que las mujeres se hagan de una profesión. Una sociedad de mujeres educadas será infinitamente más rica en pensamiento y obra."

Y así fue como vino a suceder que Carmen Silvia, hija del hombre más rico del oeste de Puerto Rico y habitante de un castillo, entró a dar clases de biología en el segundo año de Escuela Superior del Colegio La Milagrosa en la Calle Post. Aunque los salones donde impartía clases estaban modernizados y tenía a su disposición un laboratorio donde había microscopios, neveras, materiales microcelulares, laminillas y hasta sapos muertos sumergidos en formaldehído para que cada estudiante diseccionara el suyo propio, Carmen Silvia no dejaba de visitar diariamente la capilla. Abría a un patio interior rodeado de galerías y en su centro reinaba aún la Virgen Milagrosa, una estatua de tres pies de alto con manto azul y corona de joyas. De sus manos emanaban los rayos de luz milagrosos y de sus pies, que se posaban sobre una bola del mundo, emanaban las aguas cristalinas de una fuente. En este patio se acordaba de doña Josefa y le pedía la Virgen que volviera. A veces iba con su padre al Panteón de los Herrera Sanmartín en el Antiguo Cementerio de Aguadilla y pedía lo mismo.

Nunca regresó. Pero algo debía estar haciendo ella desde el cielo, porque Tomás Alberto notaba que en la reuniones familiares Carmen Silvia y Javier se pasaban la velada juntos. Se lo contaban todo. No podían parar de hablar. Hasta la esposa de Javier participaba de las conversaciones. Cuando se enteró del accidente, Tomás Alberto pensó que doña Josefa sabía lo que iba a suceder y preparó a sus nietos para que el dolor no les hiciera tanto daño. Un vuelo de

Pan American Airways que volaba desde el aeropuerto de Boston a San Juan había caído al vacío. La esposa de Javier viajaba en ese vuelo. Había ido a visitar a una hermana que emigró a Massachusetts. Al avión, que llevaba más de trescientos pasajeros, se le incendió un motor y cayó al mar. Algunos pasajeros lograron mantenerse a flote con los chalecos salvavidas y las balsas inflables, pero otros perecieron ahogados y otros fueron devorados por los tiburones. La esposa de Javier no se encontraba entre los pasajeros afortunados.

Al enterarse, Carmen Silvia pidió el automóvil y el chofer de su padre y se presentó en el apartamento de Javier en Río Piedras.

—Ahora me tocó a mí. Vine en cuanto me enteré.

Fue lo único que dijo cuando él le abrió la puerta y se abrazaron.

Lloraron un buen rato. Los niños, a los que Carmen Silvia trajo consigo, se saludaron unos a otros. Sumaban diez.

Seis meses más tarde, Carmen Silvia y Javier se casaron en una ceremonia civil sencillísima. Simplemente se casaron porque no pudieron hacer otra cosa, dijo Rosaura a las señoras de Mayagüez que le preguntaban por la calle. Allá en lo más alto, en su región más transparente, doña Josefa Sanmartín sonreía.

Epílogo:
Cierra los ojos y verás

25

Estuve largos años recopilando cartas, recortes de periódicos y revistas, fotos, mapas, planos y hasta dibujos, en fin, todo tipo de documentos que pudieran darme una pista en cuanto al destino de Louise Ashton se refiere. Sus hijas Jennifer y Vivien Chesterton me contrataron. Soy un investigador profesional. Es mi oficio. Ellas querían saber la verdad.

—Pase lo que pase, yo quiero saber por qué mi madre murió tan joven —me dijo Vivien aquel día.

Traté de disuadirla aquella primera vez y en ocasiones sucesivas traté de nuevo. El asunto era oscuro, digamos turbio por lo menos.

Porque la verdad es que mientras más detalles averiguaba más me iba dando cuenta de que aquí había un elemento siniestro socavando los cimientos. Había algo que Louise Ashton no le contaba a su hermana Nannie en las cartas. Me parecía ver algo asomado detrás de las historias de cenas con sirvientes de guantes blancos y langostas acabadas de comprar en las playas de Loíza Aldea. Finalmente decidí entrevistar sirvientes. Ellos saben lo que pasa de veras en las casas, ya que son ellos los que hacen posible que una casa sea habitable. Ellos son los socos mismos de la estructura. Ellos lavan la ropa, la secan y la planchan; ellos preparan los alimentos: ellos barren los patios y las escalinatas, los pasillos y las habitaciones; ellos pulen las lámparas de los salones y limpian los cubiertos de plata y las bandejas y las copas. Ellos conocen la verdadera historia, lo que pasó de verdad. Iba de casa en casa por Salinas preguntando quién había trabajado en La Central a principios de siglo. Era específico para ahorrar tiempo.

Aparecieron montones de jardineros que trabajaron en *La casa grande*. Luego aparecieron jardineros del Hotel Americano; ésos no habían trabajado con la señora Chesterton, ésos no eran los que yo quería. Al fin apareció uno muy viejito, octogenario, que caminaba con dificultad.

—Tengo ochenta y seis años —dijo lentamente.

Quedé impresionado con su habla. Era muy claro al expresarse.

—¿Qué quiere saber usted?

—Hábleme del señor J.D.D. Chesterton y su esposa Louise Ashton.

Hábleme de sus hijas Jennifer y Vivien.

—Yo trabajé con doña Louise. Era muy buena. Le gustaban los setos de amapolas. Le gustaban los flamboyanes.

—¡Magnífico!

No podía ocultar mi entusiasmo. Pero el viejito, llamado Nicolás, me miró con desaprobación.

—No debía decir eso. No es una historia muy bonita.

Me excusé como pude. Hasta que no supiera la historia no podía comprender. Él debía entender que hacía ya varios años que buscaba saber lo que había sucedido con Louise Ashton.

—¿Y quién quiere saber? El olvido puede ser una bendición.

—Sus hijas Jennifer y Vivien quieren saber. Ellas me contrataron.

—Las recuerdo. De adolescentes venían a La Central y corrían en caballos de paso fino con el abogado amigo de ellas, el licenciado Herrera Sanmartín.

—¿Usted lo conoció de joven? Es un hombre muy rico hoy en día.

—Supo aprovechar las lecciones del señor Chesterton. Además, estudió en una universidad norteamericana con las becas que ofrecían, porque eso de estudiar los pobres vino con los americanos, no crea usted... Eso decía mi padre...

—¿Qué decía su padre?

—Decía que los americanos ayudaban a los pobres. Más que los españoles, por lo menos.

—Los ayudó Franklin Delano Roosevelt. Con el Nuevo Trato.

—Yo lo vi cuando pasó por Salinas. Iba en un descapotable...

—¿De veras?

—Chesterton lo invitó a que pasara la noche en Aguirre. Pero no quiso. No tenía tiempo.

—Ya Louise Ashton había muerto.

—Hacía ya muchos años. Las niñas eran muy pequeñas cuando ella murió. Ella sí estaba aquí cuando vino el otro Presidente Roosevelt, Teddy Senior.

—¿En el 1906?

—Sí.

—¿Cómo trataba Louise a sus empleados domésticos?

—Muy bien. Era bondadosa. Y generosa. Quería que los empleados comiéramos la misma comida que los señores. El señor Chesterton le peleaba por eso.

—¿Enfermó aquí en Aguirre?

—Sí.

—¿De qué enfermó?

—Dicen que de cáncer...

—¿No le parece que Louise Ashton era demasiado joven para eso? ¡Si aún no cumplía treinta años!

—Las malas lenguas dicen que no murió por eso. Lo dijeron en aquellos entonces en todos los balcones.

—¿Y de qué murió?

Don Nicolás se encogió de hombros:

—Ya hace tanto tiempo que no importa. Olvídese de eso. Ya no vale la pena.

—¡Sus hijas quieren saber!

—La memoria de los muertos debe respetarse...

—¿No me va a decir lo que sabe?

—Creo que no... Mejor pregúntele a Milagros. Vive en la Calle Muñoz Rivera.

Nicolás se puso de pie con dificultad y se alejó calle abajo arrastrando el pie derecho. Pero antes de levantarse puso un papelito con un número entre mis manos. Lo miré con la pregunta en la punta de la lengua. No tuve que hacerla.

—Ahí tiene la dirección de Milagros —me dijo antes de desaparecer.

Ni corto ni perezoso, me dirigí a casa de Milagros. La llamé. Era una casa de madera con techo de planchas de zinc. Tenía un balconcito enfrente y estaba pintada de amarillo. Llamé varias veces. Al cabo de diez minutos, la puerta de enfrente se entreabrió. La voz cascada de alguien que ha vivido mucho se dejó escuchar:

—¿Quién es?

—¿Señora Milagros?

La cabeza asomada asintió.

—¿Y usted qué quiere?

Abrió la puerta al decir esto. Tenía un pelo blanquísimo recogido en un moño y las mejillas surcadas por miles de arrugas. Los dedos de sus manos manchadas estaban torcidos. No llegaba a medir cinco pies y su espalda se encorvaba.

—Quiero hablar con usted. Por favor —supliqué.

—¿Qué quiere hablar?

—Nicolás me contó que usted había trabajado con Louise Ashton Chesterton; que usted había sido su empleada...

—Cocinaba y lavaba ropa en *La casa grande*...

—¿Puedo pasar?

Milagros terminó de abrir la puerta y lo invitó a sentarse en una salita muy humilde donde lo único que había en las paredes eran unas fotografías a color del Niño Jesús con el corazón abierto y reluciente de la Virgen Dolorosa con lágrimas de sangre corriendo por sus mejillas.

Había colgada, además, una foto en colores de Franklin Delano Roosevelt. Señalé a Franklin y pregunté:

—¿Usted lo conoció?

—Lo vi cuando pasó por Salinas. Lo vi desde lejos. El dio de comer a los pobres. Yo le serví café al otro presidente, al Teodoro Roosevelt Senior, el de la guerra con España. Cuando estuvo en Aguirre, la señora se esmeró en atenderlo. Se quedó a dormir en *La casa grande*.

—¿Usted cree que Louise murió de cáncer?

—Ya no venía a Puerto Rico. Dejó de venir al enfermarse.

—¿Cuánto tiempo estuvo enferma?

—Varios meses. En realidad ella se enfermó cuando dejó de verlo.

—¿A quién dejó de ver? ¿Tenía un amigo?

—Sí, señor, nadie lo supo nunca. Era un joven ponceño educado en Europa. Ella iba a las actividades teatrales y musicales en el Teatro La Perla para encontrarse con él.

—¿J.D.D. Chesterton se enteró?

—Un día se presentó a un concierto en Ponce sin avisar, porque había estado en Boston la semana anterior y el barco se adelantó. La encontró con él.

—¿Formó una pelea de celos?

—No, señor, el señor Chesterton nunca perdía el control. Era muy frío. Eso le decía doña Louise a su galán; yo los escuchaba hablando en la sala mientras planchaba ropa.

—¿Él la visitaba en *La casa grande* de Aguirre?

—A veces...

—¿Entonces qué pasó?

Ya me encontraba ansioso. ¿Qué demonios había sucedido? La historia del mundo está llena de rotos. Parece un mantel devorado por las ratas.

—Yo no sé, señor. Lo que pasó en verdad nadie lo sabe. Nadie se atrevió a averiguarlo. Sé que el joven abogado educado en París fue encontrado asesinado una mañana en su propio dormitorio, en una casa antigua de la Plaza Las Delicias de Ponce. Fue un escándalo en la ciudad. Lo encontraron en medio de un charco de sangre porque lo habían degollado.

Tuve que suprimir un gemido. Milagros continuó:

—Doña Louise al enterarse se encerró en su cuarto y no quería salir. Al fin tuvo que hacerlo porque las nenas lloraban. La querían mucho.

—¿Ella pensó que J.D.D. Chesterton era el responsable de aquel asesinato?

—Eso pensó la gente. Las malas lenguas, usted sabe cómo es... Era de esperarse. Además, doña Louise no quería dormir con el marido, eso es lo que yo sé porque lo veía suceder con estos dos ojos que tengo en medio de la cara. Le negaba la entrada a su dormitorio. Él tuvo que ocupar otra habitación. Un día los escuché peleando.

—¿Una pelea? Cuénteme...

—Si no me hubiera dicho que era detective, pensaría que era un chismoso. Pero a pesar de eso te gusta el chisme, mijo, se nota. A mí no, pero tuvieron una pelea terrible. No la puedo olvidar. Yo pensé que don J.D. le iba a romper una silla encima a la señora. Él la quería mucho.

—¿Las niñas presenciaron la pelea?

—No, las niñas no estaban en la casa esa tarde. Ellas no saben nada. Ellas ignoran todo lo que ahora yo sé. El padre las crió ocultándoles la verdad. Ahora me toca a mí revelársela. ¿Pero qué sucedió?

—¿Usted cree que él mató a doña Louise también?

—Yo no lo sé. Puede ser. Como le comenté, eso dijeron las malas lenguas en Salinas. Mire, ella murió en Boston, así es que yo no sé. Pudo suceder cualquier cosa. Si hubiera sucedido en *La casa grande* yo lo sabría. Los sirvientes nos enteramos de todo. Nos hacemos los locos por no meternos en problemas, por no quedarnos sin trabajo, mire usted, especialmente en aquellos tiempos en que éramos más pobres todavía. Usted no había nacido, pero a los niños de los pobres, que andaban desnudos, se les hinchaban las barrigas por las lombrices. Además, estaban llenos de piojos. Mis hijos padecieron de las dos cosas, de piojos y de lombrices. Pero los crié trabajando honradamente.

—¿Quién me puede informar lo que sucedió en Boston con la señora Chesterton?

Milagros no era esa persona. Nunca había salido de Puerto Rico.

Más todavía, nunca había salido de Salinas. Su vida a punto de apagarse había transcurrido día a día en el esfuerzo del trabajo para poder seguir viviendo. Era fuerte, pero a sus setenta y pico de años parecía centenaria. Cuando se trabaja mucho la vejez se nos amanece, a los cincuenta años nos duele todo el cuerpo y no nos huelen ni las azucenas al despertar cada mañana. Es como si se nos gastaran las baterías. Milagros era casi una niña cuando Teddy Senior estuvo en Puerto Rico, en el 1906, y se acordaba perfectamente. Al menos eso decía, pero tal vez no se acordaba tanto como ella contaba que se acordaba. Me gustó conocer a Milagros y aprendí mucho con su testimonio. Conocer gente de otra época es como viajar en una máquina del tiempo. Tienen otro ritmo, otra manera de respirar. Con la información de que dispongo en la actualidad puedo entregar un informe a Vivien Chesterton y cobrar mi cheque. Pero no me siento cómodo, no me siento con el derecho de sembrar la duda en la mente de unas hijas. Tampoco tengo pruebas suficientes. ¿Qué ganan ellas con saber que su padre asesinó, o mandó a asesinar, a su madre?

J.D.D. Chesterton está viejito y vive los últimos días de su existencia en su casa de Boston. Es probable muera dentro de poco. Pero con su muerte no se resuelve nada. La incertidumbre queda. Sobrevive como una circunstancia permanente. Ya los sirvientes que atendieron a Louise en Boston murieron. Los únicos que podían proveer un testimonio confiable han desaparecido. William Ashton murió el año pasado. A él tuve la oportunidad de entrevistarlo, pero fue hermético. Amaba a Jennifer y a Vivien, me dijo una y otra vez, sólo me recibía porque ellas se lo pedían como un favor. Intenté explorar su opinión en varias ocasiones. Sólo una tarde de un octubre otoñal lo vi titubear. Ante mi insistencia para que hablara de su hermana Louise cayó en la tentación:

—Era hermosa, de ojos azules y pelo rubio natural, alta y delgada. Y era, al igual que yo, un espíritu romántico. Nos llevábamos muy bien; nos parecíamos. Ella era más atrevida, más valiente que yo. Desde que murió no he vuelto a ser el mismo. He vivido la mayor parte de mi vida faltándome la mitad de mí mismo, que era ella.

Tuve que preguntar:

—¿Cómo murió?

Pero se negó a responder.

Rosas de papel se terminó de imprimir en marzo de
2002, en Litográfica Ingramex, S.A. de C.V. Centeno
162, Col. Granjas Esmeralda, C.P. 09810, México,
D.F. Composición tipográfica: Angélica Alva Robledo.
Cuidado de la edición: Ramón Córdoba. Corrección:
Rafael Serrano y Tamara Rodríguez.